中国"类"范畴思想研究

Research on the Thought of
Chinese "lei" Category

王加良 著

中国社会科学出版社

图书在版编目(CIP)数据

中国"类"范畴思想研究/王加良著. —北京：中国社会科学出版社，2021.7

ISBN 978-7-5203-8589-3

Ⅰ.①中… Ⅱ.①王… Ⅲ.①古典哲学-研究-中国 Ⅳ.①B2

中国版本图书馆 CIP 数据核字(2021)第 110066 号

出 版 人	赵剑英
责任编辑	刘 芳
责任校对	冯英爽
责任印制	王 超

出　　版	中国社会科学出版社
社　　址	北京鼓楼西大街甲 158 号
邮　　编	100720
网　　址	http://www.csspw.cn
发 行 部	010-84083685
门 市 部	010-84029450
经　　销	新华书店及其他书店
印　　刷	北京君升印刷有限公司
装　　订	廊坊市广阳区广增装订厂
版　　次	2021 年 7 月第 1 版
印　　次	2021 年 7 月第 1 次印刷
开　　本	710×1000　1/16
印　　张	15.5
字　　数	278 千字
定　　价	85.00 元

凡购买中国社会科学出版社图书，如有质量问题请与本社营销中心联系调换
电话：010-84083683
版权所有　侵权必究

国家社科基金后期资助项目
出 版 说 明

后期资助项目是国家社科基金设立的一类重要项目，旨在鼓励广大社科研究者潜心治学，支持基础研究多出优秀成果。它是经过严格评审，从接近完成的科研成果中遴选立项的。为扩大后期资助项目的影响，更好地推动学术发展，促进成果转化，全国哲学社会科学工作办公室按照"统一设计、统一标识、统一版式、形成系列"的总体要求，组织出版国家社科基金后期资助项目成果。

全国哲学社会科学工作办公室

目　　录

导　言 ……………………………………………………………… (1)

第一章　中国"类"范畴思想的起源 ……………………………… (11)
第一节　"类"的字源考证 ………………………………………… (11)
第二节　"类"范畴形成的原因 …………………………………… (16)
第三节　"类"范畴的萌芽 ………………………………………… (22)

第二章　先秦时期的"类"范畴思想 ……………………………… (27)
第一节　儒家的"类"范畴思想 …………………………………… (28)
第二节　墨家的"类"范畴思想 …………………………………… (43)
第三节　名家的"类"范畴思想 …………………………………… (61)
第四节　道家的"类"范畴思想 …………………………………… (76)
第五节　法家与纵横家的"类"范畴思想 ………………………… (84)

第三章　秦汉时期的"类"范畴思想 ……………………………… (93)
第一节　《吕氏春秋》与"类固不必可推知" …………………… (94)
第二节　《淮南子》与"类不可必推" …………………………… (101)
第三节　神学思想与"类"范畴 …………………………………… (106)
第四节　论证思想与"类"范畴 …………………………………… (111)
第五节　名辩思想与"类"范畴 …………………………………… (115)

第四章　魏晋南北朝时期的"类"范畴思想 ……………………… (121)
第一节　言意之辨与"类"范畴 …………………………………… (121)
第二节　连珠体与"类"范畴 ……………………………………… (126)
第三节　《墨辩注序》与"类"范畴 ……………………………… (130)

第五章　隋唐时期的"类"范畴思想 …………………（133）
第一节　因明与"类"范畴 …………………………（134）
第二节　义理思想与"类"范畴 ……………………（139）

第六章　宋元明清时期的"类"范畴思想 ……………（144）
第一节　理学与"类"范畴 …………………………（144）
第二节　心学与"类"范畴 …………………………（150）
第三节　"气本论"与"类"范畴 …………………（157）
第四节　西方"类"范畴的引入 ……………………（161）

第七章　近现代时期的"类"范畴思想 ………………（169）
第一节　对墨家"类"范畴的反思 …………………（170）
第二节　西方"类"范畴再次引入 …………………（173）
第三节　"类"范畴的比较研究 ……………………（178）

第八章　"类"范畴思想的逻辑意义 …………………（202）
第一节　"类"范畴与亚氏逻辑的比较 ……………（202）
第二节　"类"范畴与中国逻辑 ……………………（215）

参考文献 ………………………………………………（229）

导　　言

"类"是中国逻辑思想研究中的一个核心范畴，对"类"范畴的研究已成为中国逻辑思想研究中的一个中心问题。从理论上来讲，任何一种科学理论体系首先是概念和范畴的体系，任何科学的研究都离不开一定的概念和范畴。通过对逻辑范畴深入、系统的研究，可以揭示中国逻辑发展的客观规律，明确中国逻辑的特点和发展水平，认识中国逻辑发展史的复杂性和曲折性，总结出中国逻辑发展中的一些经验教训，为中国逻辑的进一步发展开辟新的道路。

一　研究背景

"类"范畴是"逻辑学——关于思维的科学借以产生的基础，因而，它的发生和发展的历史，实际上也就是人们逻辑思维发生发展的历史，它的发展阶段，也就是人们逻辑思维发展的阶段。所以，研究类概念的发生和发展直接关系着逻辑科学产生和形成的过程"[1]。也就是说，对"类"范畴的自觉认识是逻辑学赖以产生和建立的基础。因此，无论是古希腊亚里士多德逻辑还是中国逻辑，都是在"类"范畴的基础上构建的。"类"的同异关系是推理的基本依据。但是，由于受到不同社会历史条件与文化背景等方面的影响，他们对"类"范畴研究的侧重点不同。

古希腊哲学家主要是为求知而进行学术研究，对分类有严格的科学标准。亚里士多德逻辑对"类"的认识，侧重于概念外延上的分析，"类"的同异是从两个类有无相同的分子来区分的，"类"外延上的这种包含关系是亚氏三段论建立的基础。中国逻辑在先秦文化"求善""求治"等现实社会伦理政治的影响下，注重实际问题的探讨，形成了结合"辩"的具体内容而构建的推类逻辑。推类是以"类同"为依据，类同是"有以同"，指事物的本质属性相同，因而，中国逻辑侧重于概念的实质性分析，

---

[1] 吴建国：《中国逻辑思想史上类概念的发生和发展》，《中国社会科学》1980年第2期。

却未能深入探讨类与分子之间的外延关系。当然，在中国古代的推理形式中，也有根据类的属种关系即从外延方面进行的推理，只是这种推理形式并不是主导的推理类型。

很显然，由于两种逻辑对"类"范畴研究的侧重点不同，形成了两种不同的主导推理类型。因此，对中国逻辑"类"范畴的深入研究，是理解中国逻辑和亚里士多德逻辑不同的根本所在。

中国古代思想家对"类"的问题进行了比较充分的探讨。在春秋时代，孔子的"能近取譬""举一反三"等方法的运用就是以"类"范畴为基础的，只是孔子没有对此进行更为深入的理论上的阐释。把"类"作为一个独立的对象并进行理论意义上的探讨是从墨子开始的。墨子提出"察类明故"的思想，旨在通过"明故"即抓住事物的本质来明确事物的"类"。墨子的"类"即本质，并使"类"成为论辩的有力武器。之后的孟子、庄子等思想家进一步发展了墨子的"类"范畴，如孟子主张"故凡同类者，举相似也"（《孟子·告子上》），庄子提出"虎之与人异类"（《庄子·人间世》），认为同类事物具有相同的性质，不同类的事物本质属性不同。但他们有时对"类"范畴无限扩大，从而导致"无类"的出现，庄子的"类与不类，相与为类，则与彼无以异矣"（《庄子·齐物论》）以及孟子提倡的"充类"，又完全否定了墨子的"类"范畴思想。惠施的"小同异、大同异"以及公孙龙的"白马非马"，分析了"类"的属种关系，对墨子"类"范畴的发展做出了重要贡献。在此基础上，后期墨家用"辞以类行"高度概括了墨家推理的特点，提出"有以同，类同也""不有同，不类也"（《经说上》）的"类"范畴思想，认为本质属性相同的事物为"类同"，本质属性不同的事物为"不类"，并把这种以类为据的推理称为推类，提出推类的理论依据是"类同"，还把"以类取，以类予""异类不比"作为推类的基本原则，列举了"效、辟、侔、援、推、止"等具体的推类形式。由此可见，"类"作为中国古代逻辑思想中的一个基本范畴，是由后期墨家建立起来，具有本质、规律等意义。中国逻辑思想中的"类"基本上可以理解为本质，类同就是本质属性相同。

近代以来，学者们对中国古代逻辑思想中的"类"也尤为关注，但由于研究观念的不同，对"类"范畴的认识迥然有异。梁启超、胡适等人把中国逻辑中的"类"范畴直接对应于亚氏三段论中的中项或大、小前提；陈启天、虞愚认识到墨家的"类"是以同异为基础的，"类同"就是指性质相同；汪奠基认为中国逻辑思想中的"类"有着特殊的性质，它受到思想家自身的政治立场、哲学观点的影响；沈有鼎认为古书中的"类"字可以用"本质"两字来翻译；陈孟麟指出墨辩逻辑学中的"类"是事物的本质和规律，非常注重内涵的解释；温公颐认为墨辩中的"类"不仅具有物类的包含关系，而且具有类同、类异的含义，比演绎三段论中"类"的含义更为丰富；孙中原认为，墨家的"类"是以事物同异关系的认识为基础的，是标志事物同异的界限、范围的一个范畴；崔清田认为"类"是指与辞相关的事物的同异关系；等等。

学者们对"类"范畴的不同解释，源于他们不同的研究观念和研究方法。研究观念和研究方法的采用主要取决于他们的逻辑观念。因此，我们有必要先说明逻辑观念的问题。所谓的逻辑观念，就是对"什么是逻辑""什么是中国逻辑"的看法。中国逻辑学研究自建立以来，形成了不同的逻辑观念。总的来说，有狭义的逻辑观念和广义的逻辑观念之分。狭义的逻辑观念认为，逻辑仅包括演绎推理的理论，即有效论证的理论；广义的逻辑观念认为，逻辑不仅包括演绎逻辑，还包括辩证逻辑、归纳逻辑以及非形式的逻辑等。本书所采用的是一种广义的逻辑观念，认为逻辑主要是研究推理和证明的规律、规则，包括演绎推理、归纳推理和类比推理等。在狭义逻辑观念的指导下，有些学者主张中国逻辑是不存在的；事实上，中国古代思想家对推类理论进行过详细的研究，提出了推类的理论基础、推类的原则、推类的形式等内容，推类作为中国逻辑的主导推理类型，是具有演绎推理、归纳推理和类比推理性质的推理形式。因此，中国逻辑的存在是不容争辩的事实。

亚里士多德逻辑和中国逻辑之间的关系，是同中有异。"从一般意义上来说，逻辑以证明为研究对象，证明的基本方法是推理，推理要有一定的表达形式，而且要有推理的规则。"① 虽然亚里士多德在《工具论》中没有明确地使用"逻辑"这一术语，但是，亚里士多德对于他所研究的这门科学的对象作出了明确规定，他说："我们首先要说明我们研究的对象以及这种研究属于什么科学：它所研究的对象是证明，它归属于证明的科学。"② 中国逻辑也不例外，本质上也是证明的逻辑。墨家提出："辩也者，或谓之是，或谓之非。当者胜也"（《墨子·经说上》），"辩"就是要有个"是非"之争，或者"是"，或者"非"，这种思想在本质上是一种论证。另外，"逻辑是在论辩中产生的，或者更严格地说，逻辑是在'诡辩'的

---

① 翟锦程：《用逻辑的观念审视中国逻辑研究——兼论逻辑史研究中的几个问题》，《南开学报》（哲学社会科学版）2007年第4期。
② 苗力田主编：《亚里士多德全集》第1卷，中国人民大学出版社1990年版，第83页。

理论斗争中产生的,即逻辑发生于理论斗争的社会实践。所以,古因明、古希腊亚里士多德逻辑和《墨辩》逻辑本质上都是证明的逻辑而不是发现的逻辑"①。

中国逻辑、古因明和古希腊亚里士多德逻辑都是证明的逻辑,这是它们的共性。但是,由于任何一种逻辑思想或学说都是在特定的社会历史条件与文化背景中产生和发展起来的,不同民族的文化与语言决定了其逻辑具有特殊性,这种特殊性表现为它的证明方法与方式的独特。中国古代的推理类型推类是以类同为依据的推理,强调两者之间的同一性或相似性,而以三段论为代表的西方逻辑的推理是依据类的属种包含关系,即概念外延之间的包含关系。所以,古代中国人和古希腊人虽然都关注"类"在逻辑推理中的作用,却形成了两种不同的推理类型,这主要在于它们所基于的"类"范畴的不同。"类"范畴在中国古代的形成有其内在的原因,与中国的自然环境、政治制度和文化背景密切相关,这就决定了中国"类"范畴具有不同于西方"类"范畴的特点。

古希腊的亚里士多德创立了词项逻辑,推理的主导类型是三段论。亚里士多德对类进行了详细考察,得出类与类在外延上的各种关系:如全同关系、全异关系、包含关系和交叉关系等。正如涅尔夫妇所指出的:"如果我们把一般词项认为是类的名称,我们就发现任何两个类 X 和 Y 之间存在五种可能的关系:重合关系;X 包含 Y 但 Y 不包含 X 的包含关系;Y 包含 X 但 X 不包含 Y 的包含关系;交叉关系和全异关系。"② 亚里士多德认为,三段论就是根据词项外延上的包含关系进行的推理,"如若三个词项相互间具有这样的联系,即小词整个包含在中词中,中词整个包含在或不包含在大词中,那么,这两个端词必定能构成一个完善的三段论"③。亚里士多德没有明确提出把"类"范畴作为三段论的基础,但是,亚氏三段论是建立在对类包含关系传递性规律的认识基础上的,从这一意义上说,亚氏三段论是一种"类"的外延逻辑。德国著名逻辑学家亨利希·肖尔兹就曾经指出:"亚里士多德的逻辑可以说是一种谓词的或概念的逻辑,也可以说是类的逻辑。"④ 这里所讲的"类的逻辑",实际上是指依据概念外延上的包含关系进行推演的逻辑。

---

① 李匡武主编:《中国逻辑史》(先秦卷),甘肃人民出版社1989年版,第5页。
② 〔英〕威廉·涅尔、玛莎·涅尔:《逻辑学的发展》,张家龙、洪汉鼎译,商务印书馆1985年版,第51页。
③ 苗力田主编:《亚里士多德全集》第1卷,中国人民大学出版社1990年版,第88页。
④ 〔德〕亨利希·肖尔兹:《简明逻辑史》,张家龙译,商务印书馆1977年版,第34页。

中国逻辑的主导推理类型是推类，它是以"类同"为依据的推理，"类同"是指本质属性相同，也就是说，中国逻辑的推类是注重概念内涵的分析，依据概念在内涵意义上有某一共同点。从这一意义上说，中国逻辑是一种概念的内涵逻辑。由此可见，中国逻辑与亚里士多德逻辑的推理有着实质性的不同，而对于"类"范畴的研究则是揭示两种逻辑不同性质的关键所在。

二 研究意义

温公颐认为："逻辑推理，不论是归纳是演绎或类比，都是基于类的关系进行的，因此，自先秦以来，类始终是逻辑研究的重要范畴。"① 周文英指出："墨家的'效'式推论或者一般说中国古代名辩逻辑也是概念的逻辑和类的逻辑，正因为如此，《墨辩》总结它的逻辑原理为四个字'辞以类行'。"② "类"作为推类的基础和依据，在墨辩逻辑中有着重要的地位和作用。周云之、刘培育对此作出了详细的论述："事实上，整个墨家都是把逻辑的推论建立在'类'的同异基础上的，'以说出故'、'以类取'、'以类予'实际上都是关于类的推演或归纳。不了解《墨经》中关于类的思想，就不可能正确地理解和分析'以说出故'、'以类取'、'以类予'中的逻辑思想。"③ 所以说，"理解《墨经》中的类概念是理解《墨经》推理学说乃至整个《墨经》逻辑的基础，类概念成为《墨经》推理学说中最基本的逻辑范畴之一更是无可非议的。"④ 董志铁指出："类在传统逻辑中是一个非常重要的概念，不论是在概念理论、判断理论还是推理理论中始终离不开类概念。从根本上说，逻辑的基础就是事物类及其相互关系，离开了事物类及其相互关系，就无法研究、了解逻辑理论，就更谈不上运用了。"⑤ 因此，"类"范畴是中国古代逻辑中最基本、最核心的范畴。

本书尝试把中国逻辑思想中的"类"范畴作为研究对象，系统梳理自先秦至近现代"类"范畴的形成与演变的全过程，探讨不同历史时期"类"范畴的特点，揭示中国逻辑发展的历史脉络，以期更好地把握中国

---

① 温公颐：《中国中古逻辑史》，上海人民出版社1989年版，第29页。
② 周文英：《中国逻辑思想史稿》，人民出版社1979年版，第56页。
③ 周云之、刘培育：《先秦逻辑史》，中国社会科学出版社1984年版，第149—150页。
④ 周云之：《墨经校注·今译·研究——墨经逻辑学》，甘肃人民出版社1993年版，第313页。
⑤ 董志铁：《名辩艺术与思维逻辑》，中国广播电视出版社2007年版，第191页。

逻辑的主导推理类型——推类的逻辑性质和中国逻辑的特性，比较中国逻辑与西方逻辑中"类"范畴的异同，进而更好地揭示中西逻辑的不同。因此，关于本书的研究意义主要有以下几个方面。

第一，挖掘不同历史时期中国逻辑"类"范畴的发展特点，能准确地勾画出中国逻辑的发展轮廓。中国逻辑思想中的"类"范畴有着自身的特点，在不同的历史时期呈现出不同的发展趋势，对其进行全面、系统地逻辑梳理，可以厘清中国逻辑发展的内在脉络，在中国逻辑思想史上有着重要的历史意义。

第二，抓住中国逻辑"类"范畴侧重分析概念的内涵这一特点，更好地探讨中国逻辑的特性。"类"是逻辑推理的基础，由于中西逻辑对"类"范畴研究的侧重点不同，形成了两种不同的逻辑传统。中国逻辑强调"类"的内涵分析，而亚氏三段论强调"类"在外延上的包含关系。因此，对"类"范畴的深入分析，是理解中西逻辑不同的一把金钥匙，对中国逻辑的进一步发展具有重要的理论意义。

第三，从中国逻辑"类"范畴的角度审视中国逻辑的发展，对于丰富和发展中国逻辑科学事业具有重要的现实意义。推类的理论基础是"类"，它是以事物同异关系的认识为基础的，是人类认识的结果。以"类"范畴为切入点，对中国古代思想家关于"类"的理论和实践的考察进行细致的分析，揭示出认识史发展的客观规律，这对于提升理论思维的能力是很有帮助的。

三　研究方法

我们采用的研究方法主要有：考据与训诂的方法、文献解读的方法、比较研究的方法、文化解读的方法和逻辑解读的方法。

（一）考据与训诂的方法

考据的研究方法是进行科学学术研究的一种基本的研究方法，在对"类"范畴的研究中，我们对一些模糊的文献资料进行详细的考核、证实和说明，以增加研究结果的科学性和准确性。在此基础上，注重用训诂的研究方法考察"类"范畴的演变脉络，在这个研究过程中，注重区分"类"范畴的词义的思想内容与感情色彩的变化，同时注意区分在此演变过程中"类"范畴内涵的逻辑意义。

（二）文献解读的方法

研究"类"范畴的发展演变，一定要大量阅读不同时期、不同阶段的文献资料，从中挖掘出"类"范畴演变的根据与特点。因此，要充分收集和分析国内外有关中国逻辑"类"范畴的研究文献和理论成果,对"类"范畴的演变过程进行详细、系统的考证,以增强研究结论的科学性、权威性和可靠性。在研究过程中,对于先秦时期浩繁的文献资料,我们要从中挖掘出与逻辑相关的"类"范畴,在此基础上进行大量的考证工作,以忠于文献,从而真实地体现中国逻辑思想中"类"范畴的原貌。

(三) 比较研究的方法

比较研究的方法是"类"范畴研究中不可或缺的重要方法。尽管以往的中西逻辑比较研究,存在一些牵强附会之意,但比较研究的研究方法却是我们一贯坚持的。只有进行比较,才能清楚地认识中国逻辑中"类"范畴的本质特点。而且,中国逻辑、西方逻辑和印度逻辑是世界逻辑体系中并行发展的三大逻辑传统,中国逻辑的发展不是孤立的,是世界逻辑体系的一个重要组成部分。本书研究中国逻辑思想中"类"范畴的演变过程,应注重把中国逻辑中的"类"范畴与西方亚氏逻辑中的"类"范畴进行比较,在注重寻求两种逻辑中"类"范畴的相同部分时,更注重寻求它们之间的相异之处,在公允的立场上对中国逻辑思想中的"类"范畴进行全面、正确的评价,进而分析出中国逻辑的特质,揭示出中西逻辑本质上的不同。

(四) 文化解读的方法

中国逻辑思想中的"类"范畴是在特定的社会历史条件与文化背景下形成的,"类"范畴的意义与价值与当时的文化密切相关。因此,本书将中国逻辑思想中"类"范畴的演变,置身于中国特定的历史环境和文化环境中去进行研究考察,把"类"范畴看成中国传统思想发展的有机组成部分,这样在进行中国逻辑思想中"类"范畴的研究时,自觉地把它与当时的各种学术思想结合起来,从而进行全面、系统、科学地分析、考察和概括,以得出全面、确切的结论。只有这样,才能正确解读"类"范畴的含义,真正理解其演变的原因。

(五) 逻辑解读和非形式论证的方法

中国古代文献中有关"类"的阐述纷繁复杂,作为逻辑史的研究,需要从逻辑的观念入手,借助于非形式论证,才能剖析、整理出与中国逻辑密切相关的"类"范畴思想。"类"范畴是中国逻辑的主导推理类型——推类的理论基础,是中国逻辑思想中的核心范畴,所以,要用逻辑的观念、逻辑的方法来梳理中国古代文献中的"类"范畴,紧紧抓住"类"范畴的这一逻辑意义,揭示出不同历史时期作为推类基础的"类"范畴的演变特点。

四 研究内容

本书选择对"类"范畴思想的演变与发展进行研究，目标是厘清"类"范畴形成的原因和发展演变的过程，弄清不同历史阶段"类"范畴发展的特点，并从哲学的角度对不同学派"类"范畴的发展演变过程进行评析，在此基础上，分析"类"范畴与中国逻辑的特性。因此，本书研究的内容主要包括以下八个部分。

第一，中国"类"范畴思想的起源。本部分内容主要探讨"类"的字源考证、"类"范畴思想形成的原因和"类"范畴思想的萌芽。在中国逻辑思想史中，"类"最初并不是作为一个逻辑范畴出现的，它是经历了无数次的实践和内容的转换之后，才逐渐在人们的思维中以逻辑思维规律的形式确定下来的。"类"最初的本义是兽名，后来逐渐引申为祭祀、善以及族类等含义，但这些含义还都是非逻辑意义上的"类"范畴，后来又有了物类、相似、种类、法式、类推等含义的发展演变，才真正成为逻辑学的核心范畴固定下来。中国"类"字的含义演变主要是受到特殊的地域环境、政治制度以及文化背景等方面的影响。

第二，先秦时期的"类"范畴思想。先秦时期是中国"类"范畴思想的形成阶段，也是"类"范畴思想发展最辉煌的时期，诸子百家对"类"范畴思想都有涉及。儒家创始人孔子的"类"范畴思想主要运用于伦理思维；孟子的"类"范畴思想渗透着他对类有共同本质规定的认识；荀子的"统类""以类度类"更多地受到政治伦理的影响。墨家墨子提出的"察类明故"标志着逻辑意义上"类"范畴思想的产生；后期墨家提出的推类依据、推类原则，推类形式等"类"范畴思想，代表了中国古代逻辑"类"范畴思想的发展水平和特点。名家邓析提到别类的重要性；惠施、公孙龙分析了"类"的属种关系，从概念的内涵与外延两个方面展开研究。道家老子和庄子从"道"的高度看待万物，从而导致"无类"思想。纵横家的《鬼谷子》也基本上沿袭了老庄的"类"范畴思想。法家集大成者韩非用"连类譬喻"的推类方法来说明一些抽象的道理，遵循了墨家的推类思想，发展了推类的论证形式。

第三，秦汉时期的"类"范畴思想。秦汉时期是中国"类"范畴思想的深化阶段。后期墨家早就认识到"推类"是存在一定困难的，《墨经》中就提出"推类之难，说在名之大小"，然而先秦诸子并没有进行详细阐释。这一时期的《吕氏春秋》和《淮南子》提出"类可推，又不可必推"的思想，并详细分析了"类不可必推"的原因。但自汉武帝提出独尊儒术、罢黜百家之后，墨家逻辑逐渐衰微，在这种情况下，"类"范畴思想的发展也随之发生了改变。在董仲舒天人感应的神学思想中，"类"范畴成为他阐述神学思想的武器；东汉时期的王充反对董仲舒的神学，"类"范畴又成为其反对董仲舒神学的重要工具，这一时期的"类"范畴思想与神学结合在一起。同时期的王符、徐干在名辩思想中把"辩"与"别类"联系起来，但更多属于伦理逻辑的范畴。

第四，魏晋南北朝时期的"类"范畴思想。魏晋南北朝时期是"类"范畴思想的转折阶段。这一时期的研究不像墨家一样，在纯粹的逻辑理论意义上阐述，而是和其他的学科进行了交融，出现了哲学和文化意义上的"类"范畴。魏晋南北朝时期，由于玄学的兴起，论辩之风盛行一时。王弼和欧阳建在"言意之辩"中对名实关系的运用，都坚持了同类事物具有相同的名，名是由实决定的。在玄学论辩之风的影响下，陆机、葛洪大力制作"连珠"。连珠在魏晋南北朝时期风靡一时，除了哲学上盛行的谈玄说理的影响之外，与文学上讲求声律对偶有着密切联系。"类"范畴成为陆机、葛洪所提出的"连珠体"的基础，而"连珠体"主要和文学结合在一起。

第五，隋唐时期的"类"范畴思想。隋唐时期的逻辑学发展主要体现在印度因明的传入，本部分主要介绍因明中的"类"范畴思想。因明是印度的古典逻辑学，从其发展来看，可以分为古因明和新因明。古因明是五支论式，新因明是三支论式。玄奘所传因明是陈那所创立的新因明。陈那着重研究的是三支式，他还为三支式因明提出一整套推理的理论和规则，即"因三相"："遍是宗法性""同品定有性""异品遍无性"。印度因明的三支式主要是运用了宗因之间的类种包含关系进行的论证。因明的三支式与西方逻辑的三段论推理在形式上有所不同，但都是依据类种之间的包含关系进行推理论证的。

第六，宋元明清时期的"类"范畴思想。随着理学的兴起，"类"范畴思想的突出特点是被作为一个哲学范畴。程朱理学对"类"范畴的观点是在客观唯心主义的基础上阐释的，虽然承认物类各异，但强调"万物皆只是一个天理"，在这一个"天理"的统辖下，万物同出一理，万物皆为一类，类是同一的，理也是同一的，模糊了"类"的确定性认识。陆九渊、王阳明的心学，强调"心"的重要性，"心即是理"，他们在主观唯心主义的基础上阐释"类"，人们通过明心就可以穷理。张载、王夫之对理学中的唯心论提出了批判，但理学颓势已经无法挽回。

第七，近现代时期的"类"范畴思想。西方逻辑的再次输入，引起近代学者对中国墨家逻辑的反思和研究。近代学者用两条不同的进路研究中国逻辑,一是用比较研究的方法挖掘中国古代文献中的逻辑,以梁启超、胡适、章士钊等人为代表;二是以历史分析的方法进行研究,以陈启天、郭湛波、伍非百、谭戒甫、虞愚、冯友兰、张岱年等人为代表。通过比较研究和历史分析的方法,学者们对"类"范畴思想有了一些新的解释。

  第八,"类"范畴思想的逻辑意义。通过对中西逻辑中"类"范畴的同异比较以及中西逻辑中的演绎推理、类比推理的比较,分析"类"范畴思想的逻辑意义。亚氏三段论所基于的"类"范畴,着重探讨概念的外延方面,也就是从两个类有无相同的分子来断定类的同异,墨辩逻辑则主要从概念的内涵方面进行"类"概念的考察,即从概念所反映的事物的本质属性出发,把握"类"的规定性。

第一章 中国"类"范畴思想的起源

在中国逻辑思想史上,"类"最初并不是作为一个逻辑范畴出现的,它是经历了无数次的实践和内容的转换之后,才逐渐在人们的思维中以逻辑思维规律的形式确定下来的。逻辑主要是研究推理的学问,中国名辩学的主导推理类型是推类,这是中国逻辑与希腊逻辑、印度逻辑不同的重要方面。推类类似于西方逻辑中的类比推理,但又有所不同,它根据两个对象是同类,由其中一个对象具有某种属性,而推出另一个对象也具有这种属性。推类作为我国逻辑思想中特有的一种思维方式,是以类同为依据而进行的一种由此达彼的推理。很明显,这种推理是建立在"类"范畴的基础之上的。因此,我们有必要追根溯源,对"类"范畴的来源进行详细的考证。

第一节 "类"的字源考证

在先秦典籍中,"类"字出现得较早,它最早出现在上古时期遗存的《山海经》的记载中,经过几百年的变化,"类"到战国时期最终确立为逻辑上的最普遍的范畴,具有了现代"类"范畴的含义。"类"是中国先秦墨家逻辑思想中的一个重要的范畴,在先秦逻辑中,基于"类"范畴的有推论、定名以及立辞。但是,"类"的最初意思和先秦逻辑中的"类"的意义有着明显的区别,从"类"的最初意义到先秦逻辑推类思想基础的"类"的意义演进,反映了不同时代人类认识的进步以及人类逻辑思维发展的阶段性。

从"类"的结构分析,"类"的繁体写作"類",是形声兼会意字,犬为形,是说各种犬很相似。《说文解字》中对"类"的解释为:"类,种类相似,唯犬为甚。从犬頪声。力遂切。"[1] 段玉裁注曰:"说从犬之意

---

[1] 黄侃批校:《黄侃手批说文解字》,上海古籍出版社1987年版,第628页。

也。类本谓犬相似，引申假借为凡相似之称。"① 可见，"类"的本义是种类相似。从"类"的音义来讲，古人认为"类"来源于"雷"，因为古人有万物之类生于雷霆之说。东汉许慎在《说文解字》中的解释印证了这一观点："靁，阴阳薄动靁雨，生物者也。从雨，畾象回转形。""霆，雷余声也铃铃。所以挺出万物。从雨廷声。"② "靁"，亦作雷。段玉裁注："薄，音博。迫也。阴阳迫动，即谓靁也。迫动下文所谓回转也。所以回生万物者也。"③

通过对先秦文献资料的考证，本书认为，"类"最初的本义是兽名，后来逐渐引申为祭祀、善以及族类，但这些含义还都是非逻辑意义上的"类"范畴，后来又有了物类、相似、种类、法式、类推等含义的发展演变，才真正成为逻辑学的核心范畴固定下来。

一 兽名

从目前掌握的文献来看，在甲骨文中并没有"类"字的出现，在可考的文献中，"类"字最初出现在《山海经·南山经》中，在这篇文章中，"类"字指的是一种似狸的兽："亶爰之山，多水无草木，不可以上。有兽焉，其状如狸而有髦，其名曰类。自为牝牡，食者不妒。"《山海经·南山经》这段话的大体意思是亶爰山间水流多，但没有花草树木，人不能攀登上去。在这座山中有一种野兽，形状像狸一样，却长着人一样的长头发，名称是类。它具有雄雌两种性器官，吃了它的肉就不会使人产生妒忌心。《列子·天瑞》进一步把这段文字解释为"亶爰之兽自孕而生曰类"。因此，"类"的最初意思是一种像狸一样的野兽。

二 祭祀

在《山海经》之后的文献上，出现了很多与祭祀密切相关的"类"字。《诗经·大雅·皇矣》中出现的"是类是祃，是致是附，四方以无侮。"在这里，"类"通"禷"，是出征时祭天的意思。祃是师祭，特指军队到达所征之地举行的祭祀，也称为祭马神。很明显，这里的"类"是"祭祀"的一种名称。《尚书·舜典》中出现的："正月上日，受终于文祖。在璇玑玉衡，以齐七政。肆类于上帝，禋于六宗，望于山川，遍于群

---

① （汉）许慎撰，段玉裁注：《说文解字注》，上海古籍出版社1981年版，第476页。
② （汉）许慎撰，段玉裁注：《说文解字注》，上海古籍出版社1981年版，第571—572页。
③ （汉）许慎撰，段玉裁注：《说文解字注》，上海古籍出版社1981年版，第571页。

神。"意思是说在一个正月吉日，在尧的宗庙，舜接受了禅让的帝位。舜通过观察北斗星，排出了七项政事。舜通过祭祖的方式向天帝说明他继承帝位的事，并祭祀天地、四季、山川和群神。从中不难看出，在《尚书·舜典》出现的"肆类于上帝"中的"类"字也是特指祭祀。就这句话，孔颖达曾疏："'类'谓摄位事类，既知摄当天心，遂以摄位事类告天地也。此'类'与下'禋'、'望'相次，当为祭名。《诗》云'是类是祃'，《周礼·肆师》云'类造上帝'，《王制》云'天子将出类乎上帝'，所言'类'者皆是祭天之事，言以事类而祭也。《周礼·小宗伯》云：'天地之大灾，类社稷，则为位。'是类之为祭，所及者广。而传云'类谓摄位事类'者，以摄位而告祭，故类为祭名。"① 由此，"类"在先秦文献中作为祭名的语言形式已经形成，但丝毫没有分类的意识。

三 善

古代人在祭祀活动中，给"类"的祭名又赋予了"善"的含义。能够明察是非、分清善恶的称为"类"，反之就是"不类"或者"败类"。《书·太甲》曾提出："予小子不明于德，自底不类。"孔传注解为："类，善也。"《诗经·大雅·皇矣》更是明确提出："克明克类，克长克君。"郑玄笺："类，善也。勤施无私曰类。"通过郑玄的解释更加明确了"类"所表达的"善"的意思。同时，《诗经·大雅·荡之什》也提出："大风有隧，贪人败类，听言则对，诵言如醉，匪用其良，覆俾我悖。"毛诗注："类，善也。"因此，不难发现，在古代，"类"字具有"善"的语义，只不过这种含义在现代汉语中已经很少使用了。

四 族类

随着社会的发展，人类从原始社会过渡到奴隶社会再到封建社会，世袭制逐渐成为统治阶级进行统治的一种核心制度，在这个过程中，以血缘关系为纽带的宗族必然出现了，随着这一新事物的出现，古代人又给"类"赋予了"族类"的含义。《左传·成公四年》中就出现了："非我族类，其心必异。"《国语·晋语》也提出："异姓则异德，异德则异类。异类虽近，男女相近，以生民也。"《国语·鲁语》也强调："彼无亦置其同类以服东夷，而大攘诸夏，将天下是五而何德于君，其予君也。"韦昭注中更加明确地指出："同类，同姓也。"在古代，"类"的语义具有宗族的

---

① 李学勤主编：《十三经注疏·尚书正义》，北京大学出版社1999年版，第57—58页。

含义是很明确的。对于孔子在《论语·卫灵公》篇中提到的"有教无类",侯外庐先生认为"绝无逻辑意味"①。吴建国却认为此时的"类"概念已经具有初步的逻辑意义。本书认为,"类"作为"族类"来讲,虽然有了以血缘关系为纽带来区别事物的功能,但还不是逻辑意义上的"类"范畴。

五 相似

"类"在由最初的兽名这种含义过渡到"族"的含义后,基本具有了"相似"的含义,《左传》中就有:"公问名于申繻,对曰:'名有五,有信、有义、有象、有假、有类。以名生为信,以德命为义,以类命为象,取于物为假,取于父为类。'"(《左传·桓公六年》)在这里,"以类命为象"和"取于父为类"中的"类"字都含有相像的意义,上一句表示以相似而命名,后一句则表示儿子与父亲很相像。《广雅》中也明确指出:"肖、似,类也。"但是,从逻辑的视角看,这一阶段并没有形成真正的逻辑意义上的"类"范畴,而是处于一个萌芽阶段,这个阶段对"类"的考察仅仅停留在对事物表面的共同性和个别性的研究上,最主要的意思就是把"类"视为相似,还没有上升到从本质来分类或归类的高度。尽管这一阶段对"类"的论述还没有上升到真正的逻辑范畴高度,但这些论述对逻辑意义上"类"范畴的建立具有极其重要的意义。

六 物类

随着时间的推移,"类"字所具有的"族类"的含义渐渐扩展到了"物类"的含义,也就是从特指一个宗族发展到指称许多相同或相似的事物的综合体。《周易·上经·乾卦》中就指出:"同声相应,同气相求。水流湿,火就燥。云从龙,风从虎。圣人作而万物睹。本乎天者亲上,本乎地者亲下。则各从其类也。"在《尔雅·释兽》中有"魋,如小熊,窃毛而黄。猰貐,类貙,虎爪,食人,迅走。"通过上下文的意思,我们不难得出这句话中"类"字具有"如"的意思,也就是"像"的意思。再后来,孔子提出"能近取譬"的推类方法,邓析提出"动之于其类",在这些推理方法的运用中,"类"无一不具有"物类"的含义,这从另一个侧面说明人类已经从分类的视角来认识客观世界了,因此,虽然此时的"类"还不是真正逻辑意义上的"类"范畴,但是我们可以把它看成逻辑

---

① 侯外庐:《中国思想通史》第1卷,人民出版社1957年版,第239页。

意义上"类"范畴的萌芽。

七 种类

在《尚书·舜典》中出现了"帝厘下土，方设居方，别生分类。作《汩作》《九共》九篇、《囗饫》"。这里的"类"已经开始具有比"族类"更加广泛的意思。在《周易·上经》中，"类"的语义更是明确地具有种类的意思，如"天与火，同人。君子以类族辨物"。而在《周易·系辞上》中的"方以类聚，物以群分，吉凶生矣"，以及《国语·周语下》中的"其后伯禹念前之非度，厘改制量，象物天地，比类百则，仪之于民，而度之于群生"中的"类"的语义，其表达的意思是相同的事物具有相同的性质的意思，这已经接近现代汉语中种类的意思了。

八 法式

在《尚书·周书·泰誓下》中出现了"天有显道，厥类惟彰。今商王受，狎侮五常，荒怠弗敬"。这里的"类"的语义已经具有法式的含义。《广雅·释诂》中更是明确提出"类，法也"。《楚辞·九章·怀沙》也强调"明告君子，吾将以为类兮"。在这个过程中，"类"的语义仅仅是法式中样式的意思。随后，在《左传·成公》中的"若以不孝令于诸侯，其无乃非德类也乎"，《礼记·缁衣第三十三》中的"下之事上也，身不正，言不信，则义不一，行无类也"，以及《礼记·学记》的"九年知类通达，强立而不反，谓之大成"中的"类"的语义已经具有确定的标准的意思了。

九 类推

在春秋时代，孔子的"能近取譬""举一反三"等类比推理的运用就是以"类"范畴为基础的，只是孔子没有对此进行理论上的阐释。"类"作为真正逻辑意义上的范畴并被自觉运用是从墨家创始人墨子开始的，墨子提出"察类明故"的思想，使"类"成为论辩的有力武器。之后的孟子、庄子等思想家进一步发展了墨子的"类"范畴，如孟子主张"故凡同类者，举相似也"（《孟子·告子上》）。庄子提出"虎之与人异类"（《老子·人间世》），认为同类事物具有相同的性质，不同类的事物本质属性不同。但他们有时对"类"范畴无限扩大，从而导致"无类"的出现。庄子的"类与不类，相与为类，则与彼无以异矣"（《庄子·齐物论》）以及孟子提倡的"充类"，又完全否定了墨子的"类"范畴。惠施的"小同异、大同异"以及公孙龙的"白马非马",分析了"类"的属种关系,对墨子"类"范畴的发展做出了重要贡献。

后期墨家在此基础上对"类"范畴作出了理论上的高度概括,提出"有以同,类同也""不有同,不类也"(《经说上》)的"类"范畴思想,认为本质属性相同的事物为"类同",本质属性不同的事物为"不类"。后期墨家对"类"范畴的研究已经相当成熟,用"辞以类行"高度概括了墨家推理的特点,并把这种以类为据的推理称为推类,提出推类的理论依据是"类同",还把"以类取,以类予""异类不比"作为推类的基本原则,列举了"效、辟、侔、援、推、止"等具体的推类形式。后期墨家还从理论上明确规定"类"是确立名(概念)、辞(判断)、说(推理)的根据和前提。后期墨家认为:"三物必具,然后辞足以生","夫辞以故生,以理长,以类行也者","夫辞以类行者也,立辞而不明于其类,则必困矣"(《墨子·大取》)。"辞"是逻辑推论的结果,而"辞"的生成和"故、理、类"密切联系,没有"故、理、类"就无法形成正确的"辞",因此,"故、理、类"是逻辑推论的组织形式。之后的荀子受到其哲学思想的影响,强调"统类"的重要性,以"类不悖,虽久同理"为基础,提出"以类度类"等推类方法。"类"范畴在推类理论中的作用奠定了它在中国古代逻辑思想史上极其重要的地位。所以,全面、系统地研究中国古代逻辑思想中的"类"范畴,是深入研究中国逻辑的一个重要方面。

第二节 "类"范畴形成的原因

中国古代的"类"包括分类、类比、象征等各种思维方法,这些思维方法直接影响到古人的推理方式。中国古代的推理——推类是以类同为依据的推理,强调两者之间的同一性或相似性,而西方逻辑的推理是依据类的属种包含关系,即概念外延之间的包含关系。所以,古代中国人和古希腊人虽然都关注"类"范畴在逻辑推理中的作用,却形成了两种不同的推理方式,这主要在于他们所基于的"类"范畴的不同。中西逻辑之所以形成两种不同的"类"范畴,主要是由于地域环境、政治制度、文化背景的不同造成的,具体原因分析如下。

一 自然环境对"类"范畴的影响

"各地文化精神之不同,究其根源,最先还是由于自然环境有分别,而影响其生活方式。再由生活方式影响到文化精神。"① 中国自古被称为大陆国家,以长江与黄河流域为中心,周围群山环绕,这种自然环境使中国形成了一个相对封闭的国家。这种封闭的地域环境形成了以农为本的自然经济,人们过着安居乐业的生活,满足于平稳的生活状态,缺少冒险、探索的精神。中国古代的文化、文明在这样的环境中形成与发展,具有独立性和保守性的特点。

与中国的大陆性自然环境不同,古希腊是一个三面环海的岛屿国家,只有北部与欧洲大陆相连。从历史追溯,大河流域是人类早期文明的摇篮,如古代中国是在黄河、长江流域,古印度是在印度河和恒河流域,古埃及是在尼罗河流域,古巴比伦是在幼发拉底河和底格里斯河流域。而西方文明的源头——希腊文明,则是以海洋为依托,形成开放性的海洋文明。古希腊主体是爱琴海地区的希腊半岛,这里土地较为贫瘠,很不适合种植农作物,而且群山把岛内的平原分割成块,内地交通非常不便。但是,爱琴海曲折的海岸线形成了不少良港,并且海岸线特别长,这为土地贫瘠的古希腊人提供了海上贸易的可能,因此,海洋成了古希腊人的生命线。再加上古希腊处在欧、亚、非三大洲交通的要冲,繁荣的海上贸易使古希腊拥有发达的工商业经济。同时,与外界的海上贸易,使古希腊人开阔了眼界,增长了见识,接触了不同民族的文化,极大丰富了希腊人的思想。海洋多变的特点,也养成了古希腊人勇于探索、富于进取的精神。在这种地域环境下,古希腊文化朝着开放、自由的方向发展,思维具有发散性。

不同的自然环境决定了古代中国人和古希腊人不同的思维方式,古希腊人优越的地理环境和发散性思维,使得他们在数学、力学、自然科学等方面的研究,都超过了中国古代的科学理论。在自然科学相对发达的古希腊,亚里士多德对物类关系的认识非常深刻,他对自然界物种的分类,"既能相当准确地把握事物之间的类属关系,又能根据科学研究的需要对事物进行分类"②。亚里士多德对物类的认识已经从科学的角度出发,自觉地进行分类了,并且对事物之间的类属关系有着相当明确的认识,这是古代中国人无法比拟的。

中国地域幅员辽阔,动植物种类繁多,这为古代中国人的观察辨物活

---

① 马克思:《资本论》第 1 卷,人民出版社 1972 年版,第 390 页。
② 黄朝阳:《墨家对物类关系的认识与〈墨辩〉逻辑的特点》,《华侨大学学报》(社会科学版) 1996 年第 3 期。

动提供了客观基础。从文献上看，人类对"类"的认识，最早是从观察和分辨事物开始的。我们从《山海经·南山经》中不难发现这一点："南山经之首曰鹊山。其首曰招摇之山，临于西海之上。多桂多金玉。有草焉，其状如韭而青华，其名曰祝余，食之不饥。有木焉，其状如谷而黑理，其华四照。其名曰迷谷，佩之不迷。有兽焉，其状如禺而白耳，伏行人走，其名曰狌狌，食之善走。丽𪊨之水出焉，而西流注于海，其中多育沛，佩之无瘕疾。"从这段文字中，我们不难发现，古人正是通过辨别事物的主要特征，如形状、颜色、习性、功能、价值等来分辨事物，给事物分类的。因此，认识之类成为古代中国人认识事物的一个切入点，他们可以从中得到不同事物之间的某些共性，这就不可避免地形成了以客观事物的同异为人们认识世界的基础。

古代中国人的生存条件极端恶劣，他们只有不断地认识自然才能更好地生存。而中国物产丰富，种类繁多，物类的辨察区分就显得尤为重要，这也极大地刺激了"类"范畴的形成。古人的这种认识世界的能力在《淮南子》中记载得很清楚："察物色，课比类。"这说明古人对"类"的认识正是基于事物或者现象的相似性。正是源于此，古人把相似的事物归为同类，《孟子·告子上》中的"故凡同类者，举相似也，何独至于人而疑之"就明确地说明了这一点。《庄子·渔夫》中的"同类相从，同声相应，固天之理也"以及《周易》中的"方以类聚，物以群分"都是对古人这种认知世界能力的一种概括。

很明显，在不同的自然环境下，"类"范畴形成了不同的发展方向。古希腊开放的地理环境，使得自然科学理论迅速发展，古希腊人在此基础上，从科学的角度对事物进行分类。而古代中国人在封闭的、保守的地域环境中，在自然科学相对不发达的情况下，对物类的认识一味地通过"察物色，课比类"，注重分析事物属性的同异，而对事物属种关系的考察就显得淡薄。

二 政治制度对"类"范畴的影响

中国社会受到宗法制度的长期影响，使得中国古代文化具有明显的政治伦理道德的特征。宗法制度是从原始公社后期的家长制发展起来的，中国古代社会从原始社会进入奴隶社会，再到封建社会，宗法制度依然保持着强大的生命力。这种制度是王族贵族按血缘关系分配国家权力，以便建立世袭统治的一种制度。其特点是政权和族权相结合，宗法等级和政治等级完全一致，其统治者大部分属于以血缘关系为基础的同一氏族。春秋战国时期，宗族的势力不断扩大。例如《左传·僖公二十四年》中记载："召穆公思周德之不类，故纠合宗族于成周而作诗。"《战国策·韩策二》也提道："臣之仇，韩相韩傀。傀又韩君之季父也，宗族盛，兵卫设，臣使人刺人，终莫能就。"《尔雅·释亲》则明确地指出："父之党为宗族。"宗族主要以家庭的形式体现，强调人与人之间的关系，为了增强家族的凝聚力、维系家族的团结，家族长不断向宗族成员灌输家规、族规，来增强族类的观念。这种重视人际关系，忽视人与自然关系的宗法制度，养成了中国古代"类"范畴重视人与人之间的关系，从而阻碍了中国古代科学"类"范畴的发展。

在宗法制度的社会中，祭祀是礼义中最重要的部分，礼有五经，莫重于祭，是以事神致福。祭祀对象分为三类：天神、地祇、人鬼。"祭祀活动是一个体现善、治以求保佑的过程。"① 因此，在祭祀活动中，"类"被赋予了道德伦理的含义"善"。能够明是非、分善恶的称为"类"。《诗经·大雅·皇矣》明确提出："克明克类，克长克君。"南宋朱熹注："克明，能察是非也。克类，能分善恶也。"反之则为"不类"。很明显，"类"与"不类"是根据人们的道德伦理进行划分的，中国古人不仅关注自然事物之类，而且更重视社会人事之类，并且对于世界的认识都是依附于道德问题的基点上，对事物的分类没有遵循严格的科学标准。

中国古代的宗法制度以"求善"为目标，注重人际关系的考察，古希腊以"求真"为目标，关注自然科学的发展，两者形成鲜明的对比。正如冯天瑜所言："由氏族社会遗留下来的宗法传统，使中国文化归于以'求善'为目标的'道德型'文化，同希腊以'求真'为目标的'科学型'文化大异其趣。……由氏族社会遗留下来的宗法传统，又使中国文化归于以'求治'为目标的'政治型'。因为宗法社会重视的是人际关系，而不是人与自然的关系，实现宗族内部的和谐，较之征服自然更为统治者及其文化人所注意。"② 中国古代独特的宗法制度，也形成了中国古代的"类"范畴注重社会政治伦理之类的考察。

三　文化背景对"类"范畴的影响

逻辑与文化之间有着密切的联系。崔清田指出："逻辑与文化的关系

---

① 张晓芒：《中国古代从"类"范畴到"类"法式的发展演进过程》，《逻辑学研究》2010年第1期。
② 冯天瑜：《中国古代文化的类型》，载深圳大学国学研究所主编《中国文化与中国哲学》，东方出版社1986年版，第24—25页。

既表现为逻辑对文化的影响，又表现为文化对逻辑的制约。因此，对两种逻辑所由生成的文化背景进行考察和比较，是理解两种逻辑并对之做出比较的重要前提，是两种逻辑比较研究不可或缺的内容。"①

　　古希腊文化的主要内容是不断探索对世界本原、本质的认识，并努力寻求理性解释，以求知为核心。古希腊的几何学、物理学等科学的发展为亚里士多德逻辑的诞生奠定了良好的基础。正如罗素指出的："几何学对于哲学和科学方法的影响一直是深远的。希腊人所建立的几何学是从自明的，或者被认为是自明的公理出发，根据演绎的推理前进，而到达那些不是自明的定理。"② 古希腊严谨的科学精神决定了西方逻辑的科学性和缜密性。亚里士多德在《前分析篇》中说："我们首先要说明我们研究的对象以及这种研究属于什么科学：它所研究的对象是证明，它归属于证明的科学。"③ 他在《后分析篇》对证明进一步作出了解释："我所谓的证明是指产生科学知识的三段论。所谓科学知识，是指只要我们把握了它，就能据此知道事物的东西。"④ 上述表明，探索求知的方法是西方逻辑学家的主要任务。正如文德尔班所讲，亚里士多德逻辑"完全是方法论的"，"他利用形式逻辑完成了这个方法论上的任务"⑤。亚里士多德在古希腊科学发展的基础上，把变项引入逻辑，这样，亚里士多德逻辑就撇开了推理的具体内容，抽取出一般的推理形式作为研究对象，从而建立了以三段论为核心的形式逻辑推理系统。古希腊严谨的科学分类的方法，使"类"范畴更具科学性和规范性，古希腊的"类"是一种严格意义上的类属关系。

　　中国先秦时期诸侯林立，战火四起，各诸侯国为了强国图治广招贤士，形成了一大批古代思想家，他们为了宣扬自己的学说并在论辩中取胜，也开始了对论辩方法的研究。这种论辩的风气与古希腊相似，但论辩的内容与古希腊人不同，先秦时期诸子百家主要探讨政治、伦理问题，推崇天人合一以及人与自然的和谐统一，为真正逻辑科学的建立造成了不良影响。

　　先秦时期虽然也产生了经验几何学，但这种朴素的自然科学缺乏严谨的演绎体系。著名科技史学家李约瑟就说过："毫无疑问，论证几何学是希腊哲学的主要特征……在中国从未发展过理论几何学，即与数量无关、

---

① 崔清田：《墨家逻辑与亚里士多德逻辑比较研究》，人民出版社2004年版，第51页。
② 〔英〕罗素（Russel B.）：《西方哲学史》上卷，何兆武译，商务印书馆1976年版，第63页。
③ 苗力田主编：《亚里士多德全集》第1卷，中国人民大学出版社1990年版，第83页。
④ 苗力田主编：《亚里士多德全集》第1卷，中国人民大学出版社1990年版，第247页。
⑤ 〔德〕文德尔班：《哲学史教程》上卷，罗达仁译，商务印书馆1987年版，第181页。

而纯粹靠公理和公设作为讨论的基础来进行证明的几何学。……中国几何学是一种对于事实的认识,而不是逻辑推理。"① 在这样的文化背景下,中国逻辑难以产生像亚里士多德逻辑那样严谨的演绎推理系统。正如张岱年所言,中国古代逻辑"由于重视整体思维,因而缺乏对事物的分析研究。由于推崇直觉,因而特别忽视缜密论证的重要。中国传统之中,没有创造出欧几里德几何学那样的完整体系,也没有创造出亚里士多德的形式逻辑的严密体系"②。中国自古"天人合一"的思想使"类"范畴不仅指客观事物之类,而且更多时候用来指代人事关系的类别。自然科学的发展水平严重影响了中国古人对类概念的认识和思考。

不同的文化背景产生了不同的逻辑传统,不同的逻辑传统其推理类型也不同,亚氏逻辑以三段论为主导推理类型,中国古代的主导推理类型是推类。两种逻辑形成不同的推理类型,这与古汉语的特点也有着密切联系,"古代汉语意会性的实质是注重语言成分间意义上的联系。语言的这种意会性在一定程度上培养了汉民族'关联性思维'的习惯和方法。这种方法的特点是,从事物的相近、相似、相类出发去联想和推论。这种思维习惯和方法不会走向演绎,却能成就推类"③。中国古代汉语"由于严格意义上的系表结构的匮乏,导致先秦的先哲们对属概念和种概念的认识并不深刻,至少是没有更多地把这些'类'与'类'的关系看成是上下位的关系"④。可以说,中国古代汉语的特点,也决定了推类不同于依据类属包含关系进行推理的演绎推理。

综上所述,"类"范畴在中国古代的形成有其内在的原因,与地域环境、政治制度和文化背景密切相关。"类"范畴是中国古代的推理类型——推类的基础,只有搞清楚中国"类"范畴的性质,才能正确理解推类,准确解读中国逻辑的特性。

---

① 〔英〕李约瑟:《中国科学技术史》第 3 卷,转引自崔清田《"中国逻辑"名称困难的辨析——"唯一的逻辑"引发的困惑与质疑》,《逻辑学研究》2009 年第 2 期。
② 张岱年:《文化与哲学》,教育科学出版社 1988 年版,第 208 页。
③ 崔清田:《推类:中国逻辑的主导推理类型》,《中州学刊》2004 年第 3 期。
④ 王克喜:《古代汉语与中国古代的非形式逻辑》,《中共南京市委党校行政学院学报》2004 年第 3 期。

第三节 "类"范畴的萌芽

"类问题是中国古代思想学说中至为关键的大问题,关系到整个中夏思维的基本特质,尤其在先秦思想学术中有着集中的表现,类思维被广泛地运用,象《周易·说卦》中的取类就是很典型的例子。"①《周易》是中国古代的一部百科全书,其主要内容包括"经"和"传"两部分。"经"主要是六十四卦的卦形符号和卦爻辞。"传"实际上是阐释《周易》经文的专著。《周易》在中国甚至世界逻辑发展史上,最早提出了"类"这个逻辑范畴。"《周易》中蕴含着中国逻辑学的萌芽。它虽然不是一部逻辑专著,却包含了丰富的逻辑思想,为中国逻辑学的发展开了先河。"②

《周易》范畴的特点是"在阴阳范畴、类范畴的基础上,形成了最大的范畴——'易'。其中,阴阳范畴是根基,类范畴是本体,易范畴是贯穿《周易》始终的灵魂。当然,《周易》产生于殷商之际,先民们的思想尚笼罩在一片神秘主义的迷雾之中,其中有许多东西,在今天看来是完全荒诞无稽的,这是不足为怪的。但是我们人可以清楚地看到,理性的思维已经开始。其总结归纳的范畴体系,无疑是我国古代哲学范畴的开端"③。

《周易》中的类既有作为分类的"类",也有作为类比推理的"类"。《周易·上经》中提出的:"犹未离其类也,故称血焉。"这句话的意思是由于没能离开阴的类别,所以爻辞称为"血",血即阴类。《周易·下经》中说:"万物睽而其事类也,睽之时用大矣哉!""万物睽而其事类也"这句话的意思是宇宙中的万物千姿百态,相互的乖异,但再特别的东西也有它各自的种类。不难发现,在这句话中,"类"的语义是种类的意思。在《周易·系辞下》中的"其称名也,杂而不越。于稽其类,其衰世之意邪?……其称名也小,其取类也大"。"于稽其类"的意思是考察它表达的各类情况,"其取类也大"的意思是所取的类别又很大。很明显,这里的"类"也是类别的意思。在《周易·杂卦》中的"《否》、《泰》,反其类也"。这里的"类"也表达类别的意思,其意思是否卦、泰卦这两卦正好相反,表示否塞与通泰。

---

① 季蒙:《〈周易·说卦〉中的类问题》,《中国哲学史》2018 年第 3 期。
② 张家龙:《中国逻辑学的发展与特点》,香港公开大学出版社 2002 年版,第 2 页。
③ 于春海:《〈周易〉范畴之我见》,《东疆学刊》(哲学社会科学版) 1989 年第 3 期。

《周易·上经》中的"本乎天者亲上,本乎地者亲下,则各从其类也"。这里是说,以天为本的事物会亲近天,向上发展,以地为本的事物会亲近地,向下发展,世界万物各随从自己的类。《周易》中"各从其类"的思想是其分类的基础和依据。《周易·上经》中的"牝马地类,行地无疆,柔顺利贞……西南得朋,乃与类行"。《周易》认为母马属于阴性之物,与地同类,行走大地没有疆界,阴类事物具有柔和、温顺的品格……西南行会得到朋友,于是与志同道合的同类一起行走。《周易·上经》中的"行失类也"。很明显,在这句话中,"类"表达同类的意思,意思是行会失去同类。《周易·下经》也强调:"马匹亡,绝类上也。"这句话的意思为马匹丢失,与同类断绝了交往。在《周易·系辞上》中出现的"八卦而小成,引而伸之,触类而长之,天下之能事毕矣"这里的"类"也是同类的意思,"触类而长之"就是说如果按照同类进行推演扩大,那么天下可能发生的事就都涵盖了。

《周易·上经》中的"君子以类族辨物"是说,君子要按种族归类,分辨事物。尽管《尚书·舜典》中出现了"帝厘下土,方设居方,别生分类。作《汨作》、《九共》九篇、《口饫》"。这里的"类"已经开始具有比"族类"更加广泛的意义。但是,"君子以类族辨物"中"类"的语义更是明显具有分类的意思。《周易·系辞上》中有"方以类聚,物以群分,吉凶生矣"。在这句话中,"方"与"物"并称,同指四面八方、各式各样的事物。"方以类聚,物以群分"的意思是人按共性聚在一起,物按类别相区分。《周易》分类思想的依据就在于"方以类聚,物以群分",它认为一切事物类同则相聚,类异则相分。其表达的意思是相同的事物具有相同的性质,这已经接近现代汉语中种类的意思了。

《周易·系辞下》中提出:"古者包羲氏之王天下也,仰则观象于天,俯则观法于地,观鸟兽之文,与地之宜,近取诸身,远取诸物,于是始作八卦,以通神明之德,以类万物之情。"对这句话,孔颖达疏:"今作八卦,以类象万物之情,皆可见也。"这段议论主要阐述了八卦是通过类比的途径和方法形成的。从中可见,《周易》是通过"观物取象"和"以象尽意"来实现类比推理的。"观物取象"是在观察万物的基础上,通过形象性的分析、概括活动,将同一类事物用相同的表象来表现,即用卦爻符号来象征它。"以象尽意"就是借助卦爻符号来表达一定的象征意义。可见,"《周易》之象在于依类立象,《周易》之推在于以类相推"[①]。可见,

---

① 吴克峰:《易学的推类逻辑》,《周易研究》2002年第6期。

"类"在《周易》中的作用是举足轻重的。

事实上,《周易》是通过代表阴阳的符号以及它们之间的排列组合来概括自然界和社会上的种种现象的,以达到"以通神明之德,以类万物之情"的目的。《周易》中阴阳两个初始符号的形成是古代先人在社会实践中,观察天地万物,包括人类自身,并不断归类的结果。古人对事物的最初认识是从一切现象体现出来的相互对立的矛盾中开始的,根据这种直观的、朴素的观察,古人把纷繁复杂的宇宙万物分为阴、阳两大类,并用两种符号表示出来。这两个符号的诞生"标志着华夏先祖跨入了对类的自觉认识的新阶段"①。

在以阴阳两爻为象征的阴阳范畴的基础上,《周易》又形成了八卦以及六十四卦为象征的类范畴。也就是说,《周易》中的类范畴是以卦的形式表达出来的,八卦组成了八个类,六十四卦组成了六十四个类。列宁指出:"在人类面前是自然现象之网,本能的人,即野蛮人,没有把自己同自然界区分开来。自觉的人则区分开来了,范畴是区分过程中的一些小阶段,是认识世界的过程中的一些小阶段,是帮助我们认识和掌握自然现象之网的网上纽结。"《周易》以卦的形式组成一个个特殊的范畴来认识世界、把握世界。

《周易》八卦是由阴爻、阳爻每三个重叠生成的,依次为乾、兑、离、震、巽、坎、艮、坤,实际象征了宇宙中的天、泽、火、雷、风、水、山、地八大类事物,认为这八种物质是宇宙万物的最初根源,掌握了它就掌握了自然界的基本规律,认识它就认识了自然界最本质的东西。当然,这也反映了先民试图用理性思维去探索世界本原的自觉要求。一切事物"不属于这一性质,就属于那一种性质,没有超出这八种性质之外的事物。并按照'方以类聚,物以群分'的原则,将功能、性质、属性相似、相应的事物归为一类"②。性质相同或相似的事物用相同的卦象来刻画,因此,《周易》中的同类就是指同一卦象所象征的事物。如:

> 乾为天,为圆,为君,为父,为玉,为金,为寒,为冰,为大赤,为良马,为老马,为瘠马,为驳马,为木果。(《周易·说卦》)③

---

① 周山主编:《中国传统类比推理系统研究》,上海辞书出版社2011年版,第2页。
② 张晓光:《〈周易〉中的类比推论思想》,《哲学研究》2003年第5期。
③ 黄寿祺、张善文译注:《周易译注》,上海古籍出版社2001年版,第631页。

乾卦象征如此多的事物，如天、圆、君、父、玉、金、寒、冰、大赤、良马、老马、瘠马、驳马、木果等，乾卦所象征的这些事物是如何得来的呢？崔清田先生对此进行了详细的分析，他认为："乾卦所以能象征如此多类别的事物，是由象天开始的，再依类而推、逐渐扩展而成的。乾象天，古称天圆。天在上、为尊，君与父同样在上、为尊。与天类似。依类而推，天以乾为象，君、父也可以乾为象。《周易·象传》称，'天行健'。天是刚健的，金、玉和马也是刚健的，与天类似。依类而推，天以乾为象，金、玉、马（各种马）也可以乾为象。周人尚赤，赤为五色之君。乾象君，所以也可以象赤。天为阳，秋也为阳。依类而推，乾象天，也可以象秋寒。"① 乾卦所象征的这些事物是依类而推得到的，它们之间是相通的，可以归为同类。《周易》中的同类，主要是指性质、属性相似的事物，并没有抓住事物的本质属性进行分类，如天与父，由于具有"在上，为尊"的相似属性，在《周易》中是属于性质相似的乾卦一类，然而本质属性却是不同的。

六十四卦亦是如此。如《大有》《小畜》《大畜》《颐》等卦为农业类的卦，《师》《同人》《离》《晋》等卦为战争类的卦。殷周时期的先民们还不能准确地使用"农业""战争"等类概念的能力，但采用《师》《大畜》等这类卦的形式表示出来。所以，"个别和一般是不可分割的联系着的，而要真正把握个别和一般，就必须把握'类'。类是关于个别也一般的范畴。"②

《周易》中的推类思想是以"观物取象，以象尽意"来表现的，而这种推类思想正是基于"方以类聚，物以群分"的"各从其类"的观点，《周易》提出的"类"范畴正是基于事物或现象间的相似而进行的分类。

通过上述分析，我们不难发现，尽管《周易》中并没有明确提出推类思想，但是，它却明确地阐述了"方以类聚，物以群分"的"各从其类"思想。因此，我们认为《周易》中的类比推理思想，是基于对"类"的理解之上的。具体分析如下。

首先，在《周易》中已经具有了对事物按照类别进行分类的思想，这是古人认识世界的一个重要标志。如《周易·上经》中提出"犹未离其类也，故称血焉"。

其次，《周易》中进一步细化了类别这一概念，提出了同类的概念，

---

① 崔清田：《墨家逻辑与亚里士多德逻辑比较研究》，人民出版社2004年版，第101页。
② 于春海：《〈周易〉范畴之我见》，《东疆学刊》（哲学社会科学版）1989年第3期。

如《周易·上经》中的"本乎天者亲上，本乎地者亲下，则各从其类也"。

再次，按照《周易》中的观点，要依据类别进行分辨事物，《周易》认为一切事物类同则相聚，类异则相分。如《周易·上经》中的"君子以类族辨物"。《周易·系辞上》也提出"动静有常，刚柔断矣。方以类聚，物以群分，吉凶生矣"。

最后，《周易》中的推类思想，按照类别进行推演扩大，可以得到更多的东西，这中观点很明显包含着朴素类比推理的逻辑思想。如《周易·系辞上》的"八卦而小成，引而伸之，触类而长之，天下之能事毕矣"。《周易·系辞下》中强调"古者包羲氏之王天下也，仰则观象于天，俯则观法于地，观鸟兽之文，与地之宜，近取诸身，远取诸物，于是始作八卦，以通神明之德，以类万物之情"。

综上所述，"类"最初并不是作为一个逻辑范畴出现的，它是经历了无数次的实践和内容的转换之后，才逐渐在人们的思维中以逻辑思维方法的形式确定下来。"类"最初的本义是兽名，后来逐渐引申出祭祀、善以及族类的含义，但这些都是非逻辑意义上的"类"范畴。逻辑意义上"类"范畴的建立经历了一个漫长的历史过程。"以类命为象"是"类"范畴发展的萌芽阶段，如《周易》中的"类"范畴思想是以事物或现象间的相似性为标准，尤其是以象征意义的相似性为标准来进行分类。这是中国古代"类"范畴萌芽时期的重要特征。《周易》中的类比推理思想，是以类为据的推理，但由于分类是根据事物间的相似性为标准，没能抓住事物的本质，分类显得含混、粗糙，不够精准。《周易》中所体现的"类"范畴的这一特点，决定了其类比推理具有或然性，而且这种推理形式对后人产生了深远影响，从而养成了中国人重类比的逻辑思维定式。

第二章　先秦时期的"类"范畴思想

先秦是指秦王朝统一以前的春秋战国时期，这一时期是中国逻辑思想发展史上成果最多、最具有代表性的时期，也是中国古代逻辑形成、创立和发展的最重要时期，它为中国古代逻辑学创立了一个相当科学和完备的理论体系，是中国逻辑思想发生发展的一个极盛时期。先秦时期的学术思想空前活跃，形成了学派林立、群星争辉、百家争鸣、互相吸取的繁荣景象。

自《周易》之后，"类"范畴思想的发展进入一个繁荣时期。春秋战国时期论辩盛行，对"类"范畴思想的阐释和运用非常丰富。孔子、邓析、老子等人对"类"范畴多有涉及，其中，以墨家的成就最大。从文献上看，墨子最先赋予"类"范畴以逻辑上的意义，提出"察类""知类"，把"类"作为区分事物的根据以及推类的理论基础。后经过惠施、公孙龙等人对墨子"类"范畴的发展，后期墨家提出"有以同，类同也""不有同，不类也"（《墨子·经说上》）的"类"范畴思想，主张"以类取，以类予"（《墨子·小取》）、"异类不比"（《墨子·经下》）等推类原则，指出"夫辞，以故生，以理长，以类行也者"（《墨子·大取》），强调"类"范畴在推类中的重要性。荀子接着提出了"类"的本质在于同理，"类不悖，虽久同理"（《荀子·非相》），以及"听断以类""以类行杂"（《荀子·王制》）等思想。

先秦时期的逻辑思想正是在各家互相争辩的需要和实践中逐渐形成和发展起来的。因此，对于先秦"类"范畴的思想，本书主要论述儒家、墨家、名家、道家、法家、纵横家等各学派的"类"范畴思想，探讨各家"类"范畴的特点，梳理先秦"类"范畴思想的发展脉络。

第一节 儒家的"类"范畴思想

儒家是中国古代最具影响力的学派之一，主要崇奉孔子的学说。崇尚"礼乐"和"仁义"，提倡"忠恕"和"中庸"之道，主张"德治""仁政"，重视伦理关系。《论六家要旨》指出："夫儒者以六艺为法。六艺经传以千万数，累世不能通其学，当年不能究其礼，故曰'博而寡要，劳而少功'。若夫列君臣父子之礼，序夫妇长幼之别，虽百家弗能易也。"就是说儒家是以《诗》《书》《易》《礼》《春秋》《乐》等六艺为法式，而六艺的本书和释传以千万计，几代相继不能弄通其学问，有生之年不能穷究其礼义，所以说儒家"学说广博但殊少抓住要领，花费了力气却很少功效"。至于序列君臣父子之礼，夫妇长幼之别，即使百家之说也是不能改变它的。

《汉书·艺文志》记载："儒家者流，盖出于司徒之官，助人君顺阴阳明教化者也。游文于六经之中，留意于仁义之际，祖述尧舜，宪章文武，宗师仲尼，以重其言，于道最为高。孔子曰：'如有所誉，其有所试。'唐虞之隆，殷周之盛，仲尼之业，已试之效者也。然惑者既失精微，而辟者又随时抑扬，违离道本，苟以哗众取宠。后进循之，是以五经乖析，儒学渐衰，此辟儒之患。"意思是说，儒家这个学派，大概是渊源于司徒的官职。司徒是帮助国君协调万物、宣扬教化的人。儒者全心投入在六经的文章中，在仁义里头努力用功，宗奉尧舜，效法周文王、周武王，特别尊崇孔子，来提高他们学说的分量，在各家思想中道术最高。孔子说："我所称赞过的人，必定是经过我考验。"尧、舜的兴隆，商、周的昌盛，孔子的学术，都是经过考验而有效果的。然而那些困惑者已经丢掉了它的精微，那些邪辟者又随着时势对它贬抑或称扬，背离了道术的根本，任意地哗众取宠。后人跟着仿效，因此五经的说法充满矛盾分歧，儒学逐渐衰微。

儒字有二种意思：其一，即有道之士。《汉书·司马相如传》颜师古注曰："凡有道术者皆称儒。"其二，《说文解字》："儒，柔也，术士之称。"不过，《说文解字》的后一种意思被广泛接受。"儒"即今所谓"学者"，是极普泛的一种名称。《论语》中孔子对子夏说："汝为君子儒，毋为小人儒。"可见那时只称有知识才艺者为"儒"，其中有君子，也有小人。后来"儒"字变成对学者的尊称，字义是"雅""优"及

"和"的意思,从"人"从"需",指他们的思想学问能够安定别人,说服别人,为人所需。自春秋、战国、秦、汉以后起,儒家指由孔子创立的后来逐步发展为以仁为核心的思想体系。中国文化的基本性格就是靠人情面子为纽带、以人际关系为基础所形成的人情社会,儒家的礼治、德治思想主要是为了把人情引向一个规范化、合理化的方向。儒家的主要代表人物有孔子、孟子、荀子等,他们对于"类"范畴的研究和运用主要体现在社会政治伦理中,他们的"类"范畴思想主要是对"心"和"理"而言的。

一 孔子与"有教无类"

孔子(公元前551—前479年),名丘,字仲尼,春秋末期鲁国陬邑人,儒家学派的创始人。孔子的先世曾是宋国的大奴隶主贵族,因为在政治上失败,逃亡到鲁国。孔子幼年生活贫困,在贵族家里做过一些小官,年五十还做过鲁国的司寇。后来他周游列国,各处游说,积极宣传自己的政治主张,但成效甚微。晚年回到鲁国,致力于他的教育实践。孔子的政治伦理思想、教育思想主要体现在《论语》一书中。《汉书·艺文志》云:"《论语》者,孔子应答弟子、时人,及弟子相与言而接闻于夫子之语也。当时弟子各有所记,夫子既卒,门人相与辑而论纂,故谓之《论语》。"《论语》是由孔子弟子记录其言行的材料编辑而成的。孔子也说他自己是"述而不作,信而好古"(《论语·述而》),意思是说他只述古,而不作新。所以,由其弟子汇编而成的《论语》是我们研究孔子思想的基本依据。

孔子的学说更多地关注政治伦理方面,使得他对于"类"范畴的认识较少注意到客观事物之类,而主要体现于政治伦理方面。《论语》一书中"类"字只出现过一次:

有教无类。(《论语·卫灵公》)

这句话的意思是不管什么人都可以受到教育,在这里"类"的语义是族类的意思。侯外庐先生认为"在古文字中,'类'字和'族'字同义。孔子的此一'类'字,还保留着这样的成分,即类别是族别,也即是与古代地域区别相对待的氏族血缘区别,绝无逻辑意味"[1]。但是,吴建国对此

---

[1] 侯外庐:《中国思想通史》第1卷,人民出版社1957年版,第239页。

有不同意见,他认为此时的"类"已经具有了初步的逻辑意义,因为"把'类'和种族的划分连接在一起,使'类'具有了最初的逻辑上的类概念的因素。'族类'的概念不可能孤立地产生,与'族类'概念产生的同时,必然产生对其它事物类种关系的意识,必然产生其它事类、物类等概念"①。本书认为,孔子此时提到的"类"字只是具有了按照血缘关系简单区分事物的作用,还不是逻辑意义上的"类"范畴。

在《论语》中,尽管孔子所使用的"类"字表示族类的含义,还不是逻辑意义上的"类"范畴。但是,他提出的以"同类"为基础的"能近取譬"的推类方法,却标志着逻辑意义上"类"范畴的萌芽。如:

> 夫仁者,己欲立而立人,己欲达而达人,能近取譬,可谓仁之方也已。(《论语·雍也》)
> 己所不欲,勿施于人。(《论语·颜渊》)

孔子认为他人与自己既是同类,就可以将自己与他人进行类比,所以从己之所欲推知他人之所欲,从己之所不欲推知他人之所不欲。这种推类,从方法上讲是以承认类同必然具有共性为前提的推类。能近取譬就是由自己的欲恶推知他人的欲恶,那么,这种推理成立的依据是什么?孔子说:"性相近,习相远。"(《论语·阳货》)"性"指人的本性。"性相近"就是说人的本性是相同的。本性相同就决定了人的欲恶相同,因为人的欲望产生于先天的"情性",正如后来《荀子·性恶》中所说:"若夫目好色,耳好声,口好味,心好利,骨体肌理好愉佚,是皆生于人之情性者也,感而自然,不待事而后生之者也。"孔子的能近取譬可以归纳为如下的推理形式:

> 自己与他人同类,
> 自己欲恶××,
> 所以,他人欲恶××。

很明显,能近取譬就是依据他人与自己是同类而进行的推己及人的推类方法,与一百多年后墨家提出的同类相推、异类不比的推类原则是相通

---

① 吴建国:《中国逻辑思想史上类概念的发生、发展与逻辑科学的建立》,《中国社会科学》1980年第2期。

的。所不同的是，孔子的能近取譬主要运用于伦理学领域，此时的"类"还不是真正逻辑意义上的"类"范畴。

能近取譬作为逻辑思维方法确确实实存在于孔子的思想中，但是由于历史条件的限制，孔子不可能从理论的高度阐述能近取譬以及分析出能近取譬的理论依据等问题。孔子的能近取譬对孔子而言是一种很直观的推类方法，主要是以人与人的伦理关系为对象的，总体上仍具有"经验论"的倾向。[①] 孔子的这种推类，是一种因己推人的主观演绎类比法。[②] 但是，在中国逻辑史上，孔子这种能近取譬的方法，对中国人的逻辑思维习惯却产生了深远影响。

逻辑史学家们认为，"类"在中国古代逻辑学中有着重要的意义，是可以对中国古代的主导推理类型——推类加以理论诠释的一个最重要的逻辑学范畴。尽管孔子的"类"范畴没有做到这一点，但是，它在中国古代逻辑史上仍具有重要的意义。

首先，与《周易》中的"类"相比较，孔子的"类"向前推进了一大步。因为《周易》中的"类"主要是指"象征之类"，同类的含义极为宽泛，只要是象征意义相同的事物都可以称为同类；孔子的"类"范畴主要表现为伦理关系范围内人与人之间的同类关系，他开创了依据他人与自己同类，由"自己的欲恶"推知"他人的欲恶"的推类模式，使推类的结论更具有必然性。

其次，孔子的"类"范畴思想为其后学所继承和发展。如孟子指出："何独至于人而疑之，圣人与我同类者。"（《孟子·告子上》）强调圣人与我们是同类的。

最后，在《论语》中，孔子尚未对"类"范畴的含义进行直接阐释，也没有提出逻辑意义上的"类"范畴，但他所运用的能近取譬的推类方法却包含着丰富的"类"范畴思想。

当然，孔子的"类"范畴思想主要运用于伦理思维的过程中。后来的墨子超越了孔子"类"范畴的使用范围，以客观事物的同异为基础来分析"类"范畴，并把它运用于一般的推理论证中，使"类"成为逻辑意义上的重要范畴。显然，孔子的"类"范畴思想不够成熟，还不是逻辑意义上的"类"范畴，只是先秦"类"范畴思想形成的雏形阶段。

[①] 赵纪彬：《赵纪彬文集》第 3 卷，河南人民出版社 1991 年版，第 37 页。
[②] 李匡武主编：《中国逻辑史》（现代卷），甘肃人民出版社 1989 年版，第 282 页。

二 孟子与"同类者，举相似"

孟子（约公元前 372—前 289 年），战国中期儒家的代表人物，孟子在政治思想上竭力排斥和反对墨家的学说，但在逻辑概念和辩论方法上，却又沿袭墨子已经取得的成就。如晋朝鲁胜曾说："孟子非墨子，其辩言正辞则与墨同。"（《墨辩注序》）

孟子的主要哲学思想是他的人类性善论。"性善论"是孟子谈人生和谈政治的理论根据，在他的思想体系中是一个中心环节。"恻隐之心，人皆有之；羞恶之心，人皆有之；恭敬之心，人皆有之；是非之心，人皆有之。恻隐之心，仁也；羞恶之心，义也；恭敬之心，礼也；是非之心，智也。仁、义、礼、智，非由外铄我也，我固有之也。"（《孟子·告子上》）孟子从"性善论"这一根本思想出发，形成了一套含有主观唯心主义成分的思想体系。孟子的思想是复杂的，其思想主要以唯物主义的成分居多。《孟子》书中所反映出来的关于认识论的见解，包含着许多朴素的唯物主义思想："天将降大任于是人也，必先苦其心志，劳其筋骨，饿其体肤，空乏其身，行拂乱其所为，所以动心忍性，曾益其所不能。"（《孟子·告子下》）指出客观世界有其自身的规律，是人所不能违反的。

孟子认为一切事物的发展和变化都有一定的进程，认识世界是为了改造世界，最重要的一环在于掌握客观规律。孟子认为天是最高的有意志的，人世间的朝代更替、君王易位，以及兴衰存亡、富贵穷达，均是由天命所定。人对于天必须百依百顺，"顺天者昌，逆天者亡"，天意是不可抗拒的。

（一）"类"即相似

孟子对于"类"范畴的认识，有一部分继承了墨子的思想，明确提出"故凡同类者，举相似也"（《孟子·告子上》），这种"类"范畴思想渗透着他对类有共同本质规定的认识，他说：

> 公孙丑曰："伯夷、伊尹于孔子，若是班乎？"孟子曰："否。自有生民以来，未有孔子也。"公孙丑曰："然则有同乎？"孟子曰："有。得百里之地而君子，皆能以朝诸侯，有天下；行一不义，杀一不辜而得天下，皆不为也，是则同。"公孙丑曰："敢问其所异。"孟子曰："宰我、子贡、有若，智足以知圣人。宰我曰：'以予观于夫子，贤于尧舜远矣。'子贡曰：'见其礼而知其政，闻其乐而知其德，由百世之王莫之能违也。自生民以来，未有夫子也。'有若曰：'岂惟

民哉？麒麟之于走兽，凤凰之于飞鸟，太行之于丘垤，河海之于行潦，类也，圣人之于民，亦类也。出于其类，拔乎其萃，自生民以来，未有胜于孔子也。'"（《公孙丑上》）

孟子论述了孔子与伯夷、伊尹虽然都是同类，但也有所不同。正如麒麟对于一般走兽，凤凰对于一般飞鸟，泰山对于矮小的山丘，河海对于无源的流潦，圣人对于众人，它们都是同类，孟子对于同类的分析，渗透出"类"即本质的认识，他还强调前者又超出了它们的同类，成为"出于其类，拔乎其萃"的一类，说明孟子对于"类"的属种关系也有一定的认识。

孟子在《告子上》详细论述了"故凡同类者，举相似也"的思想：

> 今夫麰麦，播种而耰之，其地同，树之时又同，浡然而生，至于日至之时，皆熟矣。虽有不同，则地有肥硗，雨露之养，人事之不齐也。故凡同类者，举相似也，何独至于人而疑之？圣人，与我同类者。故龙子曰："不知足而为屦，我知其不为蒉也。"屦之相似，天下之足同也。口之于味，有同耆也。易牙先得我口之所耆者也。如使口之于味也，其性与人殊，若犬马之与我不同类也，则天下何耆皆从易牙之于味也？至于味，天下期于易牙，是天下之口相似也。惟耳亦然，至于声，天下期于师旷，是天下之耳相似也。惟目亦然。至于子都，天下莫不知其姣也。不知子都之姣者，无目者也。故曰，口之于味也，有同耆焉；耳之于声也，有同听焉；目之于色也，有同美焉。至于心，独无所同然乎？心之所同然者何也？谓理也，义也。圣人先得我心之所同然耳。故理义之悦我心，犹刍豢之悦我口。（《告子上》）

孟子认为，凡是同类事物在本质方面都是相似的。如播种大麦，种的地方、时候相同，这麦苗便蓬勃发展起来，到了夏至它们都成熟了，虽然收获有多少的不同，但那是土地有贫瘠，雨水有多少，人工有勤惰之分的缘故。人性也是一样的，圣人与我们是同类，其人性也是相似的。他引用龙子的话来说明，草鞋的形状差不多，那是因为天下人的脚的形状都差不多。同样的道理，所有人都是同类，人的口对于滋味、耳朵对于声音、眼睛对于美色、心对于理义都应有相同的感觉。

孟子对事物的认识，总体来看是从本质方面来把握的，他在《告子上》中，批判了告子"生之谓性"的错误观点：

告子曰："生之谓性。"孟子曰："生之谓性也，犹白之谓白与？"曰："然。""白羽之白，犹白雪之白；白雪之白犹白玉之白与？"曰："然。""然则犬之性，犹牛之性；牛之性，犹人之性与？"（《告子上》）

告子认为，凡是有生命的就有这个性。孟子批判了他的说法，因为尽管犬、牛和人都是有生命的物体，但不能说犬的本性、牛的本性和人的本性是相同的。孟子主张物性殊异，唯人性本善，与生俱来。我们不难发现，孟子认为性的善恶出于动物与人的本质不同。其实，古代思想家对于事物本质的认识，由于受到社会发展水平的限制，与我们今天的看法，存在很大的差距，我们不能为此而苛求古人。但从总体来看，孟子是从事物的本质方面来区分事物的。

（二）知类

孟子和墨子一样，他也认为"知类"是论辩的一个重要的逻辑工具，在他看来"知类"就是要把握"类"范畴的本质。孟子在《梁惠王上》中说明"知类"的重要性，讥评别人的"不知类"：

挟太山以超北海，语人曰："我不能。"是诚不能也。为长者折枝，语人曰："我不能。"是不为也，非不能也。故王之不王，非挟太山以超北海之类也；王之不王，是折枝之类也。（《梁惠王上》）

当齐宣王问孟子："不为者与不能者之形何以异？"孟子用上面的话进行了回答，他认为"不为"属于"挟太山以超北海之类"，"不能"属于"折枝之类"，它们是两类完全不同的行为。齐王的行为本质上属于"不为"的一类，而不属于"不能"的一类。

再如在《孟子·告子上》说：

今有无名之指屈而不信，非疾痛害事也，如有能信之者，则不远秦楚之路，为指之不若人也。指不若人，则知恶之；心不若人，则不知恶。此之谓不知类也。（《告子上》）

人有鸡犬放，则知求之，有放心而不知求。（《告子上》）

孟子的"知类"主要是指"知心"，这里的"类"显然是与"心"而言的。在前一句话中，孟子强调"指不若人"和"心不若人"这两者之间具有相同的属性——"不若人",说明它们是同类。如果有人厌恶"指不若人",却不知道厌恶"心不若人",孟子认为这叫"不知类"。相同的道理:鸡、犬丢失和本心丢失之间具有相同的属性——丢失,鸡犬丢失了知道找回,本心丢失了不知道找回,也是"不知类"。

通过下面这个例子,我们能清楚地看到,如果辩说不知类,就会犯错误。孟子对此进行了反驳:

> 孟子谓蚳鼃曰:"子之辞灵丘而请士师,似也;为其可以言也。今既数月矣,未可以言与?"蚳鼃谏于王而不用,致为臣而去。齐人曰:"所以为蚳鼃则善矣,所以自为,则吾不知也。"公都子以告。曰:"吾闻之也,有官守者,不得其职则去;有言责者,不得其言则去。我无官守,我无言责也,则吾进退,岂不绰绰然有余裕者?"(《公孙丑下》)

在这个例子中,齐国人认为孟子和蚳鼃是同样的情形,故而把他们进行类比;孟子反驳说,有官守与无官守、有言责与无言责这两者之间并不属于同一类,如果把这两者进行比较,这属于"不知类"。

孟子对"类"范畴的认识,有时抓住事物的本质,有时是凭借着直观,仅停留在对事物表面的了解上。这种对"类"范畴的认识是模糊的,不准确的。他在论述"性善论"思想时说:"人性之善也,犹水之就下也。人无有不善,水无有不下。"(《告子上》)他把"人性"和"水性"作类比,他对"类"范畴的这种认识,导致在推论时就不可避免地产生一些不伦不类的比附,出现一些异类相比、无限上纲的错误。这种错误主要表现在他提出的"充类"思想中。他在《万章下》篇中讲道:

> 夫谓非其有而取之者盗也,充类至义之尽也。

这句话是说,凡不是属于自己的东西而取之,这种行为就叫作强盗行为,这就是把类所具有的属性扩而充之,至于极而后已。这显然模糊了"类"的确定性。孟子还把"充类"作为一种揭露论敌矛盾的方法。例如,孟子就是运用这种"充类"的方法去批评陈仲子的:

> 仲子,齐之世家也,兄戴,盖禄万钟。以兄之禄为不义之禄而不食也,以兄之室为不义之室而不居也,辟兄离母,处于於陵。他日

归,则有馈其兄生鹅者,已频顣曰:"恶用是鶂鶂者为哉?"他日,其母杀是鹅也,与之食之。其兄自外至,曰:"是鶂鶂之肉也!"出而哇之。以母则不食,以妻则食之;以兄之室则弗居,以於陵则居之。是尚为能充其类也乎?若仲子者,蚓而后充其操者也。(《滕文公下》)

"孟子这样讲'充类',显然是失于异类相比,违背异类不比的原则,推比失当。"① 因此,孟子的"充类"思想是存在缺陷的,他把两类事物的相似之处,主观随意地无限扩大,从而导致"无类"的出现。他在批评杨朱、墨翟时还说:"杨氏为我,是无君也。墨氏兼爱,是无父也。无君无父,是禽兽也。"(《孟子·滕文公下》)为此,荀子批判孟子"甚僻违而无类"(《荀子·非十二》)。

基于上述分析,本书认为孟子所提出的"故凡同类者,举相似也",渗透着他对"类"有共同本质规定的认识,这对推动"类"范畴思想的发展具有积极的意义。

一方面,孟子对"类"范畴的内涵做出了明确的定义:"同类者,举相似也",指出"类"即是相似,这比墨子前进了一大步。尽管墨子提出了"知类""察类""明故"的逻辑原则,但墨子并没有对"类"范畴进行明确的定义。因此,孟子对"类"范畴进行表述的核心思想正是"故凡同类者,举相似也"。孟子在谈说论辩中是非常重视"类"的,既肯定事物类有不同,又指出相同的"类"都具有共同的相似属性,这都是值得肯定的。

另一方面,孟子的"故凡同类者,举相似也"渗透着他对"类"有共同本质规定的认识,但是他对"类"即本质的认识是不彻底的,我们也应该看到其消极的一面。孟子的"知类"有时并不是从科学分析出发的,未能抓住事物的本质属性,有时是从主观认识来区分,甚至把"类"范畴无限扩大,难免会陷入不知类的境况,从而导致"无类"的出现,这是孟子"类"范畴的缺陷。

三 荀子与"以类度类"

荀子(约公元前298—前238年),名况,字卿,又称孙卿,是战国时期最后一位大儒,也是先秦最著名的逻辑学家之一。荀子现存著作有《荀子》一书,这是研究荀子的主要资料。荀子是新兴地主阶级的代表,提出

---

① 温公颐、崔清田主编:《中国逻辑史教程》,南开大学出版社2001年版,第42页。

"统礼义，一制度"（《儒效》）和"壹天下，建国家"的思想，继承和发展了孔子的思想。

荀子是先秦唯物主义思想的集大成者，他的唯物主义无神论体系是在批判先秦诸子思想的基础上提出来的。荀子反对信仰天命鬼神，肯定自然规律是不以人的意志为转移的，并提出人定胜天的思想；荀子以为，天不是神秘莫测、变幻不定，而是有自己不变的规律。如《天论》篇云："天行有常，不为尧存，不为桀亡。"在政治思想上，他坚持儒家的礼治原则，成为中国历史上为封建地主阶级提出系统的礼治理论的人。荀子的新礼治观，积极维护封建等级制度，他主张"由士以上则必以礼乐节之，众庶百姓则必以法数制之"（《富国》）。荀子指出"封建制度下的剥削压迫是天经地义的，每个人都要安于自己的伦理地位，不能有不轨的念头"[①]。在认识论上，他强调客观事物的存在，并且承认人的思维能反映现实，客观事物有可以被认识的规律，他说："凡以知，人之性也；可以知，物之理也。"（《解蔽》）在名实关系上，荀子提出"制名以指实"这一唯物的名实观。他还提出"知而明通而类"，认为知明就能触类旁通。

荀子继承和发展了墨家的"类"范畴思想，进一步言明了"类"是推理的基本原则，"推类而不悖"，同时也强调"类"是本质、规律，"类不悖，虽久同理"，并对推理的原则——"类"范畴进行了多方面的论述。

在荀子的著作里，"类"字、"故"字出现得较多，"类"概念具有明显的逻辑性质。之前，墨家对"类""故"等范畴已经进行了论述，但在荀子的逻辑思想中，这些范畴在内容和性质上又有所不同。荀子对"类"概念的研究很多，在《荀子》一文中，"类"字共出现62次，对类的称谓也最多，提到"物类、同类、伦类、统类、推类、通类、无类"等。概括地讲，本书认为荀子的"类"概念主要有以下几种含义。

（一）同异之类

荀子是先秦时期唯物主义的集大成者，对"类"概念的认识，是以客观事物的同异为基础的，即"所缘以同异"，荀子解释说：

> 缘天官。凡同类同情者，其天官之意物也同。故比方之疑似而通，是以共其约名以相期也。形体、色、理，以目异；声音清浊、调竽奇声，以耳异；甘、苦、咸、淡、辛、酸、奇味，以口异；香、

[①] 任继愈主编：《中国哲学发展史》（先秦），人民出版社1983年版，第672页。

臭、芬、郁、腥、臊、洒、酸、奇臭，以鼻异；疾、养、沧、热、滑、铍、轻、重，以形体异；说、故、喜、怒、哀、乐、爱、恶、欲，以心异。心有征知。征知，则缘耳而知声可也，缘目而知形可也，然而征知必将待天官之当簿其类然后可也。五官簿之而不知，心征之而无说，则人莫不然谓之不知。此所缘而以同异也。(《正名》)

荀子认为感官对于同一类属、同一情态的事物的感觉是相同的，所以，天地万物虽然千差万别，但人类可以根据感觉掌握它们的属性，把性质相似的东西归为一类，用一个名去称谓它。这样，也就很容易把感官和感觉之间的相应关系建立起来，正如荀子所讲："类，谓可闻之物，耳之类；可见之类，目之类。"①

荀子"制名"的依据就是客观存在的物类，他提出"同则同之，异则异之"的制名原则，他讲道：

然后随而命之，同则同之，异则异之。单足以喻则单，单不足以喻则兼，单与兼无所相避，则共。虽共，不为害矣。知异实者之异名也，故使异实者莫不异名也，不可乱也，犹使异（同）实者莫不同名也。(杨注："或曰'异实'当为'同实'")故万物虽众，有时而欲遍举之，故谓之物。物也者，大共名也。推而共之，共则有共，至于无共然后止。有时而欲偏（原作"遍"，据俞樾校改）举之，故谓之为鸟兽。鸟兽也者，大别名也。推而别之，别则有别，至于无别然后止。(《正名》)

就是说，事物的名就是一个"类"概念。同类事物用相同的名称，不同类的事物就用不同的名称。荀子认为，由于概念的内涵和外延的不同，名有单、兼、共、别之分。"单"指单称名词，"兼"指复合名词，如"马"是单称名词，如果要准确地称谓"白色的马"这一部分事物，就要用"兼"名"白马"来指称；这是从概念的内涵上对名的分类。荀子认识到事物之间的同异关系，把性质相同或相似的事物归为一类，并用相同的名称指谓它们，"共名"指称一类事物共有的名，"别名"指称一类事物中部分事物具有的名。如"动物"是一类事物共用的名，即"共名"；"马"是动物类中部分动物的名，即"别名"。这是从外延上对名的划分，

---

① （清）王先谦撰：《荀子集解》，沈啸寰、王星贤点校，中华书局1988年版，第418页。

"揭示了名之间的属种关系,以及这种关系的相对性和层次性"①。事物虽然千变万化,但只要把握"类"的本质,就会"辨异而不过,推类而不悖"(《正名》),这是根据事物的种属关系进行的推理。

(二) 相从之类

荀子的"'相从'之'类',既指有相从关系的事物('各从其类'),也指这种关系本身('类之相从'),后者即一种秩序条理"②。荀子的"类"不再是以同异为原则,而是以"从"为原则,既有事物之间的相从关系,也将这种相从关系与人事中的秩序条理联系起来。

荀子认为,客观事物类的发生一定有其原因:

> 物类之起,必有所始;荣辱之来,必象其德。肉腐出虫,鱼枯生蠹。怠慢忘身,祸灾乃作。强自取柱,柔自取束。邪秽在身,怨之所构。施薪若一,火就燥也;平地若一,水就湿也。草木畴生,禽兽群焉,物各从其类也。是故质的张而弓矢至焉,林木茂而斧斤至焉,树成荫而众鸟息焉,醯酸而蜹聚焉。(《劝学》)

在这段话中,"荣辱"与"德行"、"肉鱼"与"蛀虫"、"怠慢"与"灾祸"、"火"与"燥"、"水"与"湿"、"质的"与"弓矢"、"林木"与"斧斤"、"树荫"与"众鸟""醯"与"蜹"等,都具有相趋从的性质,具体来讲,后者趋从前者,这也表明客观事物与现象的产生具有一定的秩序和条理。很明显,这些事物与现象之间的关系不是"相同"的同类关系,而是一种"相从"的相从类关系。"草木""禽兽"也都各依从自己的类,由此可见,"即使对于实类,荀子也会从'相从'而不仅从有所'相同'的角度来视其为'类'"③。这也是荀子不同于墨家"类"范畴的地方。

(三) 统类

荀子代表了新兴地主阶级的利益,为了顺应历史发展的需要,提出"统礼义,一制度"(《儒效》)和"壹天下,建国家"(《非十二子》)的治国方略,以求结束诸侯割据的局面;实行"法仲尼"和"总方略,齐言行,壹统类"的治学方针,以期达到齐诸子百家之异说。为了结束

---

① 张晓光:《荀子推类思想探析》,《逻辑学研究》2009年第3期。
② 黄伟明:《〈荀子〉的"类"观念》,《逻辑学研究》2009年第3期。
③ 黄伟明:《〈荀子〉的"类"观念》,《逻辑学研究》2009年第3期。

诸侯割据和齐百家之异说，荀子将法的内容加入孔子以礼为核心的思想中。在荀子礼、法思想的指导下，他常把"类"与"礼""法"并提，使"类"具有了社会礼义的条理、秩序的含义。这一现象在《荀子》中多次出现：

> 礼者，法之大分，类之纲纪也。(《劝学》)
> 故法不能独立，类不能自行；得其人则存，失其人则亡。(《君道》)
> 其有法者以法行，无法者以类举，听之尽也。(《王制》)
> 多言而类，圣人也；少言而法，君子也；多言无法，而流湎然，虽辩，小人也。(《大略》)
> 依乎法，而又深其类，然后温温然。(《修身》)
> 知则明通而类，愚则端悫而法。(《不苟》)
> 其言行已有大法矣，然而明不能齐法教之所不及，闻见之所未至，则知不能类也。(《儒效》)
> 若夫志以礼安，言以类使，则儒道毕矣，虽尧、舜不能加毫末于是矣。(《子道》)
> 其言有类，其行有礼，其举事无悔，其持险应变曲当，与时迁徙，与世偃仰，千举万变，其道一也。是大儒之稽也。(《儒效》)

荀子把类和法并举，认为有法可据就按法办事，无法可据就以类相推，从中可见荀子对"类"范畴的重视。在荀子看来，只要掌握了类，就能"明振毫末，举措应变而不穷"。荀子所讲的法，是指儒家礼义，荀子对"类"概念的这种用法，是受当时的政治立场以及哲学观点的影响。他把"其言有类，其行有礼"看作"大儒之稽也"(《儒效》)，认为大儒的言谈论辩要符合礼义的条理。

在此基础上，他提出"统类"的思想：

> 多言则文而类，终日议其所以，言之千举万变，其统类一也，是圣人之知也。(《性恶》)
> 若夫总方略，齐言行，壹统类，而群天下之英杰，而告之以大古，教之以至顺，奥窔之间，簟席之上，敛然圣王之文章具焉，佛然平世之俗起焉，六说者不能入也，十二子者不能亲也。(《非十二子》)
> 志安公，行安修，知通统类：如是则可谓大儒矣。(《儒效》)

荀子所谓的"统类"是礼义的最高准则,社会秩序的总原则,与"类""礼""法"意义相近。李存山把"以类度类""类不悖,虽久同理""以类行杂"的"类"解释为"'类',在荀子的思想中是指'统类',也就是世界万物的总原则"①。"统,谓纲纪;类,谓比类。""统类,法之大纲。"②"多言而类"中的"类",安小兰释为"类,统类。在荀子书中常指礼义。"③ 荀子认为,人应该遵守礼义的准则,行为与思考要符合礼义的条理和秩序,这样才能保证社会的稳定与发展。

荀子提出"言以类使""听断以类",意思是说一个人的言论要依类而出,判断一个人的言论也要以类为据。荀子把"类"作为判断真假的标准,因为名、概念是事物类的反映,由概念构成的判断也应该是"类"的反映,事物的类是客观存在的,如果判断正确地反映了事物的类,则为真判断,否则为假判断。当然,荀子对于判断真假的标准是正确的,但是,荀子把事物的类与儒家礼义正统的类合二为一,也就是说符合"隆正",即符合儒家礼义和王制的判断就是真的。可见,荀子混淆了"类"的主客观认识,把政治伦理标准与逻辑原则相等同,使荀子的"类"范畴思想染上了浓厚的儒家政治伦理色彩。

荀子的"类"概念也是立辞和辩说的重要范畴。他在《解蔽》篇中说:"类不可两也,故知者择一而壹焉。"在此基础上,荀子提出"类不悖,虽久同理"(《非相》)的思想。就是说,只要是同类的事物,无论时间有多久远,它们也还是有共同的规律和事理的。荀子的"以类度类"的推理方法就是以这种"类"概念为基础。他在《非相》篇中说:"圣人何以不可欺?曰:圣人者,以己度者也。故以人度人,以情度情,以类度类,以说度功,以道观尽,古今一也。"

荀子的"以类度类"是基于"类不悖,虽久同理"和"推类而不悖"的原则。按照荀子的观点,他认为同类之间相推是正确的,究其原因是由于同类之间必同理,同类事物必然具有相同的性质和规律,所以同类之间相推不会产生悖论。从总体上看,荀子的"以类度类"的推理具有演绎推理和归纳推理的性质。

一是由一般推知个别的演绎推理,即荀子所说的"以类行杂,以一行万"的思想。荀子的这种推理思想是在《王制》篇中提出来的:

---

① 李存山:《关于荀子的"以类度类"思想》,《人文杂志》1998年第1期。
② (清)王先谦撰,沈啸寰、王星贤点校:《荀子集解》,中华书局1988年版,第95页。
③ 安小兰译注:《荀子》,中华书局2007年版,第62页。

> 以类行杂，以一行万，始则终，终则始，若环之无端也，舍是而天下以衰矣。（《王制》）

从字面上看，这里的"类"是"统类"的意思，也就是从一般原理推知个别事物，从同类中的一般道理推知其他事物，荀子的这种思想具有明显的演绎逻辑的性质。

二是由个别推知一般的归纳推理，即荀子所谓的"求其统类"，就是从个别事物中概括出普遍性原理，这种思想具有归纳逻辑的性质。荀子说：

> 故学者以圣王为师，案以圣王之制为法，法其法以求其统类，以务象效其人。向是而务，士也；类是而几，君子也；知之，圣人也。（《解蔽》）

荀子在言谈论辩中加强了对"类"概念的考察，他认为凡是错误的理论和邪说都是由于对"类"的混淆而产生的。比如，老子主张去欲而治，宋钘、孟子提倡寡欲而治。荀子批评说："凡语治而待去欲者，无以道欲而困于有欲者也。凡语治而待寡欲者，无以节欲而困于多欲者也。有欲无欲，异类也，生死也，非治乱也。欲之多寡，异类也，情之数也，非治乱也。"（《正名》）有欲无欲，多欲寡欲，属于生死、情数范畴，治乱是属于政治范畴，二者不能混淆。这也遵循了墨家"异类不比"的原则。

值得注意的是，荀子为了避免理论邪说的出现，提出了"辨合"和"符验"的方法，"故善言古者，必有节于今；善言天者，必有征于人。凡论者贵其有辨合，有符验"（《性恶》）。善于谈论古代的人，要有现代的事物作验证；善于谈论天道的人，要有人事作应验。凡是立论，可贵之处在于要辨别真假、有验证。

综上所述，荀子对于先秦诸子各家的"类"范畴思想既有继承也有所发展。首先，荀子认为应该从客观事物属性的类与不类来理解"类"概念，而不能由主观理由来决定"类"概念的真伪，这一思想也是沿袭了墨家的客观同异说的观点，继承了墨家"有以同，类同也""不有同，不类也"的"类"概念思想。类的同异是由事物本质决定的，本质属性相同的事物为一类，否则为异类。事物的类是逻辑的客观基础，也是推理的原则。

其次，荀子考察了事物与现象之间的相从类的关系，提出了"物各从其类"，主张"类不悖，虽久同理"和"推类而不悖"的推类原则，在此基础上，提倡"以类度类"的推类方法，在一定程度上发展了墨家的"类"范畴思想。

最后，荀子与先秦其他思想家不同的是，他代表了新兴地主阶级的利益，为了顺应历史发展的需要，提出了"统类"的思想，要求人们遵循社会秩序的总原则，只有这样才能维护社会秩序的稳定和发展。很明显，荀子的"统类"思想是从政治伦理的角度来阐释"类"范畴思想，存在一定的局限性。

第二节　墨家的"类"范畴思想

"类"作为真正意义上的逻辑范畴并被自觉运用是从墨家开始的。墨家的创始人墨子，名翟，约生于公元前480年，卒于公元前390年，与孔子同时代又略晚于孔子，战国初期鲁国人，后来做过宋大夫。他原为手工业者，技艺高超，早年"学儒者之业，受孔子之术"，后来自立墨家学派而反儒，成为墨家学派的创始人。墨家的典籍是《墨子》，原有71篇，现在只保存53篇，包括墨子及其后学的思想资料。其中《经上》《经下》《经说上》《经说下》《大取》《小取》六篇被称为《墨经》或《墨辩》，主要是后期墨家的著作，代表中国古代逻辑思想发展的重要成果，它在当时科学发展的基础上，总结出墨子以来论辩中所使用的逻辑方法和思维规律，特别是对"类"观念作出了理论上的总结，使其成为逻辑上的重要范畴。墨家的"类"范畴主要与"名""辞"联系在一起，主要讨论语言之类。

"类"在墨辩逻辑中的重要意义，周云之、刘培育两位先生对此早已作出了详细的论证："事实上，整个墨家都是把逻辑的推论建立在'类'的同异基础上的，'以说出故'、'以类取'、'以类予'实际上都是关于类的推演或归纳。不了解《墨辩》中关于类的思想，就不可能正确地理解和分析'以说出故'、'以类取'、'以类予'中的逻辑思想。"[①] 因此，我们先来看看"类"在《墨子》中的含义。

据孙诒让的《墨子闲诂》的注解，《墨子》原文中共出现"类"字46次。《墨经》中的"类"字达37次之多。其中包括：《经说下》的2处"类"字在原文中作"貌"。孙诒让云："旧书'一方尽类'并作'一方貌

---

① 周云之、刘培育：《先秦逻辑史》，中国社会科学出版社1982年版，第149—150页。

尽','尽类犹方也'作'尽貌犹方也'。"王引之云:"当作'一方尽类,俱有法而异,或木或石,不害其方之相合也。尽类犹方也,物俱然。"孙诒让从王引之校改:"貌尽"并为"尽类"。《小取》篇中第二次出现"此与彼同类"时脱掉一个"类"字。《墨子闲诂》注:"旧书脱'类'字。毕沅云:据上当有'类'字,王应麟说同,今据补。"另外,《经下》篇中的"一法者之相与也尽",孙诒让释:"《说文》云:'一方尽类',则此'尽'下,当脱'类'字。"后人多从孙诒让的校增,在此处添加"类"字,但在《墨子闲诂》的原文中并没有添加。

自从墨子提出"察类明故"的思想之后,产生了真正逻辑意义上的"类"范畴,这一时期的"类"范畴有一个基本的特征——具有本质的含义,出现这种含义是"类"范畴发展的必然结果,在中国逻辑史上具有重要的意义。

一 墨子与"察类明故"

墨子(公元前480—前390年),名翟,与孔子同时代又略晚于孔子,战国初期鲁国人,墨家学派的创始人。墨子出身于小手工业者,是社会下层劳动者的思想代表。他的政治态度既不同于维护奴隶主贵族阶级立场的孔子,也不同于采取避世无为态度的老子,而是对春秋战国之际的连年战争进行了批判。

墨子的思想主要体现在他提出的"兼爱非攻,尚贤尚同,天志明鬼,非乐非命,节用节葬"等十个方面。所谓兼爱,包含平等与博爱的意思,与儒家的博爱("亲亲有术,尊贤有等")相反。同时,墨子也看到春秋战国时期,最大的弊病就是战争,因此,从兼爱的思想中,引申出了非攻。兼爱非攻是墨子最著名的思想。

在认识论方面,墨子以"耳目之实"的直接感觉经验为认识的唯一来源,他认为判断事物的有无,不能凭个人的臆想,而要以大家所看到的和所听到的为依据:"上本之于古者圣王之事","下原察百姓耳目之实","废(发)以为刑政,观其中国家百姓人民之利"。

墨子是中国古代逻辑思想的重要开拓者之一,他比较自觉地、大量地运用了逻辑推论的方法,以建立或论证自己的政治、伦理思想。他还在中国逻辑史上第一次提出了"辩""类""故"等逻辑概念,并要求将"辩"作为一种专门知识来学习。墨子的"辩"虽然统指辩论技术,却是建立在"知类""明故"基础上的,因而属于逻辑推类或论证的范畴。墨子所说的"三表"既是言谈的思想标准,也包含有推理论证的因素。墨子还善于运用推类的方法揭露论敌的自相矛盾。由于墨子的启蒙和倡导，墨家养成了注重逻辑的传统，后期墨家在此基础上建立了第一个比较完善的中国古代逻辑学体系

通过查阅文献，我们发现在《墨经》六篇之外的墨家典籍中共出现6处"类"字，从总体上看，具有逻辑意义上的"类"有5处，这些"类"字基本上表述了种类、同类的意思（以下原文引用皆出自《墨子》，故只标注篇章。其他著作如不再特殊说明，也是只标注篇名）：

> 子未察吾言之类，未明其故者也。（该句出现两次）（《非攻下》）
> 入人之国而与人之贼，非义之类也。（《非儒下》）
> 义不杀少而杀众，不可谓知类。（《公输》）
> 臣以三事之攻宋也，为与此同类，臣见大王之必伤义而不得。（《公输》）

此外，"此六君者所染不当，故国家残亡，身为刑戮，宗庙破灭，绝无后类，君臣离散，民人流亡，举天下之贪暴苛扰者，必称此六君也。"（《所染》）这段话中的"类"具有"族类"的含义，"类"作为"族类"在先秦时期的运用是比较普遍的，只是并非逻辑意义上的"类"范畴，不再多做解释。

在中国逻辑史上，墨子最早提出"察类明故"的思想，就是通过"明故"即抓住事物的本质来明确事物的"类"，赋予了"类"以逻辑上的意义，把"类"作为分析和区分事物的根据，以及言谈论辩的理论基础，如：

> 公输盘为楚造云梯之械，成，将以攻宋。子墨子闻之，起于齐，行十日十夜，而至于郢，见公输盘。公输盘曰："夫子何命焉为？"子墨子曰："北方有侮臣，愿借子杀之。"公输盘不说。子墨子曰："请献十金。"公输盘曰："吾义固不杀人。"子墨子起，再拜曰："请说之。吾从北方闻子为梯，将以攻宋。宋何罪之有？……义不杀少而杀众，不可谓知类。"公输盘服。（《公输》）

公输盘知道"杀一人"为不义，而不知攻宋会"杀众多的人"更为不义，这就是"不知类"。墨子批判公输盘"不知类"，因为"杀少"与"杀众"虽然表面不同，本质却是相同的，都属于"不义"之类。墨子在

《非攻上》的一段话，也说明了"杀一人"与"杀众多的人"本质上同为"不义"之举的道理："杀一人，谓之不义，必有一死罪矣。若以此说往，杀十人，十重不义，必有十死罪矣；杀百人，百重不义，必有百死罪矣。当此，天下之君子皆知而非之，谓之不义。今至大为不义攻国，则弗知非，从而誉之，谓之义，情不知其不义也。"（《非攻上》）墨子分析了"杀一人""杀十人"与"杀百人"皆为不义，以此论证"攻国"是不义之举，因为墨子认为这些行为的本质（"不义"）都是相同的。很明显，墨子对"类"范畴的含义没有作出具体规定，但与其他思想家不同的是，墨子的"类"已具有本质属性的含义。

"察类明故"是墨子推理论证的基本原则和要求。在《非攻下》中，墨子两次提到"子未察吾言之类，未明其故者也"，其中一处为：

> 今遝夫好攻伐之君，又饰其说以非墨子曰："以攻伐之为不义，非利物与？昔者禹征有苗，汤伐桀，武王伐纣，此皆立为圣王，是何故也？"子墨子曰："子未察吾言之类，未明其故者也。彼非所谓攻，谓诛也。……"

墨子非常重视"察类"，他认为"察类"与"明故"是密切联系的，"类之所以为类，有它成立的所以然之故"①。如果不明事物本质的同异，就不明其必然之故，也就不知类。因为"类"是事物本质属性的反映，只有从事物的类属关系出发，才能把握事物之所以产生的原因，才能够"明故"。在墨子看来，"攻"和"诛"的"所以然之故"不同："好攻伐之君"的"攻"，既不合乎"圣王之道"，也不合乎"国家百姓之利"，"然而何为为之？曰'我贪伐胜之名，及得之利，故为之'"（《非攻中》）。因此，"攻"属于不义之战；而大禹征讨有苗氏、汤讨伐桀、周武王讨伐纣，是有道对无道的"诛"，他们的讨伐"其上中天之利，而中中鬼之利，而下中人之利"（《非攻下》），属于义之战，正如墨子对"禹征有苗"之"故"的解释："昔者三苗大乱，天命殛之。日妖宵出，雨血三朝，龙生于庙，犬哭乎市，夏冰，地坼及泉，五谷变化，民乃大振。高阳乃命玄宫，禹亲把天之瑞令，以征有苗。四电诱祇，有神人面鸟身，若瑾以侍，搤矢有苗之祥。苗师大乱，后乃遂几。禹既已克有三苗，焉磨为山川，别物上下，卿制大极，而神明不违，天下乃静。则此禹之所以征有苗也。"（《非

---

① 温公颐主编：《中国逻辑史教程》，上海人民出版社1988年版，第218页。

攻下》）可见，墨子主张非攻，却不反对征诛，就是因为"攻"与"诛"的所以然之故不同。

再如另一处：

> 夫好攻伐之君又饰其说，以非子墨子曰："子以攻伐为不义，非利物与？昔者楚熊丽，始讨此睢山之间，越王繄亏出自存渚，始邦于越，唐叔与吕尚邦齐晋。此皆地方数百里，今以并国之故，四分天下而有之，是何故也？"子墨子曰："子未察吾言之类，未明其故者也。古者天子之始封诸侯也，万有余；今以并国之故，万国有余皆灭，而四国独立。此譬犹医之药万有余人，而四人愈也。则不可谓良医矣。"（《非攻下》）

"好攻伐之君"主张"攻"，认为"攻"对四国而言是有利的（"故"），而墨子主张"非攻"，认为"攻"对万国而言是不利的（"故"），两者所做主张的"故"不同，因而，两者所讲的不是一类。

"察类明故"贯穿墨子言谈论辩的全过程，有时他没有直接提到"察类明故"，但是通过"察类""明故"进行辩说的基本原则不会改变。如：

> 今有一人，入人园圃，窃其桃李，众闻则非之，上为政者得则罚之。此何也？以亏人自利也。至攘人犬豕鸡豚者，其不义，又甚入人园圃窃桃李。是何故也？以亏人愈多，其不仁兹甚，罪益厚。至入人栏厩，取人马牛者，其不仁义又甚攘人犬豕鸡豚。此何故也？以其亏人愈多。苟亏人愈多，其不仁兹甚，罪益厚。至杀不辜人也，拖其衣裘，取戈剑者，其不义又甚入人栏厩取人马牛。此何故也？以其亏人愈多。苟亏人愈多，其不仁兹甚矣，罪益厚。当此，天下之君子皆知而非之，谓之不义。今至大为攻国，则弗知非，从而誉之，谓之义。此可谓知义与不义之别乎？（《非攻上》）

墨子认为，"入人园圃，窃其桃李""攘人犬豕鸡豚""入人栏厩，取人马牛"和"杀不辜人也，拖其衣裘，取戈剑"的行为，都具有"亏人自利"的性质，所以，这四种行为都应该受到指责。"攻国"的行为与这四种行为的性质是相同的，从而推断出"攻国"的行为也应该受到指责。这里，墨子是通过分析各种行为的性质相同而作出结论，没有严格的形式上的推导。《墨子》一书中，根据事物或现象的本质属性相同而进行的推理比比皆是。《耕柱》篇也讲道：

> 子墨子谓骆滑氂曰："吾闻子好勇。"骆滑氂曰："然。我闻其乡有勇士焉，吾必从而杀之。"子墨子曰："天下莫不欲与其所好，度其所恶。今子闻其乡有勇士焉，必从而杀之，是非好勇也，是恶勇也。"

墨子批判骆滑氂不是"好勇"而是"恶勇"，因为"好勇"具有"兴其所好"的性质，"恶勇"具有"度其所恶"的性质，骆滑氂听到哪个乡里有勇士就去杀他，属于"恶勇"一类，所以墨子说他："非好勇也，是恶勇也"。再如：

> 子墨子见王，曰："今有人于此，舍其文轩，邻有敝舆而欲窃之；舍其锦绣，邻有短褐而欲窃之；舍其粱肉，邻有糠糟而欲窃之。此为何若人？"王曰："必有窃疾矣。"子墨子曰："荆之地方五千里，宋之地方五百里，此犹文轩之与敝舆也；荆有云梦、犀兕麋鹿满之，江汉之鱼鼋鼍为天下富，宋所为无雉兔狐狸者也，此犹粱肉之与糠糟也；荆有长松文梓梗枏豫章；宋无长木，此犹锦绣之与短褐也。臣以三事之攻宋也，为与此同类。臣见大王之必伤义而不得。"（《公输》）

墨子认为，一个人舍弃自家的"文轩""锦绣""粱肉"这些好的东西，而去偷窃邻居家的"敝舆""短褐""糠糟"这些差的东西，说明此人一定是养成了偷盗的坏毛病；楚国攻打宋国，楚国有着广阔的地域和丰富的物产，却想抢夺邻国宋国狭小的地域和贫乏的物产，墨子从这几个方面的对比来看，楚国进攻宋国的行为与偷窃人的行为属于同类，让楚王意识到自己攻打宋国的行为也是不义之举。这是墨家最常用的推类形式，我们把上述这段话简单表述为：

> 楚国攻打宋国的行为与偷窃人的行为本质属性相同，
> 偷窃人的行为表明此人有偷窃的坏毛病，是不义之举，
> 所以，楚国攻打宋国的行为也是一种坏毛病，是不义之举。

墨子的推类主要是已知者向未知者说明道理的过程，已知者先列举一事物的现象，再说明未知者的言行与其本质属性相同，从而使未知者明白

其中的道理。事实上，已知者已经确定两种事例之间是类同关系，在论证时先摆出易明白的事例，再说明后一种事例与前面的事例属于同类，从而达到说明道理的过程。

综上所述，本书认为墨子首次提出"察类明故"的思想，赋予了"类"以逻辑上的意义，把"类"作为推理论证的理论基础和重要武器，在中国逻辑史上具有重要的意义。墨子的"察类明故"就是抓住事物的本质来明确事物的"类"，然后再进行以类相推。墨子对"类"即本质的认识，在中国逻辑史上具有划时代的重大意义，对以后甚至同时代的思想家产生了重大影响。

首先，墨子在运用"类"概念的时候，显然还没有把"类"范畴进行抽象化和理论化的概括与规定，但他已经在论辩的"思维实践中意识到了、说出了、运用了。他看到了、发掘出了事物借以相互联系和区别的共性"①。后期墨家在墨子"类"范畴的基础上，对事物的同异关系进行了详细考察，对"类"范畴的定义、性质以及以类相推的各种推理类型进行了理论上的高度概括，丰富和发展了墨子的"类"范畴思想。

其次，墨子善于运用推类的方法揭露论敌的自相矛盾，认为"不知类""不察类"，就会陷入错误的推断。由于墨子的启蒙和倡导，墨家养成了注重逻辑的传统，后期墨家在墨子"类"范畴思想的基础上，形成了以"类同"为依据，以"以类取，以类予""异类不比"为推理原则的推类理论，建立了中国逻辑史上第一个比较完善的逻辑体系。

最后，本书认为墨子的"类"范畴已经具有本质属性的含义，墨子抓住事物的本质属性的不同进行分类，这是对"类"范畴理解的一大贡献。墨子还提出"察类明故"的思想，认为言谈论辩必须通过"察类"与"明故"，"类""故"成为言谈论辩的理论基础，至此逻辑意义上的"类"范畴已经初具雏形，并且展示了它在言谈论辩中的重要地位。

最为重要的是，墨子提出的"察类明故"中的"类"即本质，就是抓住事物本质属性的同异进行推类，经过后期墨家对这一思想的发扬光大，从而注定了中国逻辑注重"类"范畴内涵分析的特点。虽然公孙龙的推理以及后期墨家和荀子对名的分类，也涉及"类"范畴的外延，但都没有真正发展起来，没有形成"类"范畴发展的主流。

---

① 吴建国：《中国逻辑思想史上类概念的发生、发展与逻辑科学的建立》，《中国社会科学》1980年第2期。

二 后期墨家与"辞以类行"

墨子死后，墨家学派发生了分化，有相里氏之墨、邓陵氏之墨、相夫氏之墨，活动于战国中后期。在自然观方面，对物质、移动和时空关系作了唯物主义解释，摒弃了墨子的天鬼观念，并把唯物主义哲学和科学紧密地联系在一起。在认识论上，发扬了墨子重视实践的特点，承认物质世界的可知性，克服了狭隘的经验论的错误。在政治思想方面，提出了"义，利也"的著名论断，突出了"利"，把它作为标准和基础，解释各种社会问题和道德范畴。后期墨家在逻辑论方面做出了重大的贡献，形成了中国古代第一个比较完整的逻辑体系，主要反映在《小取》篇中。后期墨家对概念、判断和推理都做出了较为详细的研究。

随着自然科学的发展以及人类认识水平的不断提高，对事物之间表面联系的认识逐渐深入到对事物本质的认识，"类"范畴也经历了由"类"是相似到"类"是本质的转变，这是中国逻辑产生的重要标志。后期墨家在当时自然科学的基础上，总结了墨子以来的逻辑思想，提出"有以同，类同也""夫辞以故生，以理长，以类行也者""以类取，以类予""异类不比"等"类"范畴思想，对"类"范畴进行了理论上的高度概括，使其成为逻辑理论的基本范畴。荀子、韩非是新兴地主阶级的代表，主要是为实现"壹天下"的政治思想服务的，荀子的"统类""以类度类"以及韩非的连类譬喻，遵循了墨家的推类思想，但更多受到政治伦理的影响，又呈现出自己的特点。

后期墨家在当时自然科学发展的基础上，总结出墨子以来论辩中所使用的逻辑方法和思维规律，用"辞以类行"几个字作了高度的概括和说明，至此，"类"范畴完成了理论上的总结，成为最普遍的逻辑范畴在逻辑中确立下来。

后期墨家代表了新兴自由手工业者、农民、小私有者的利益和要求，到战国后期，墨家的社会地位得到了空前的提高，政治上也有了一定的独立性，随着战国后期生产关系的确立，手工业得到迅速发展，后期墨家作为手工业生产劳动的直接参与者与知识阶层，将所取得的经验加以理论化的概括和总结，极大地促进了自然科学的发展。后期墨家的逻辑就是建立在当时自然科学的基础之上的。后期墨家逻辑是中国古代逻辑的杰出代表，也是世界逻辑史上的一朵奇葩，与古印度因明、西方亚里士多德逻辑并称世界三大逻辑。

后期墨家的著作主要是指《墨子》中的《经上》《经下》《经说上》

《经说下》《大取》《小取》六篇，一般称为《墨经》或《墨辩》。后期墨家继承和发展了墨子的逻辑思想，对概念、判断和推理都做出了较为详细的研究，形成了中国古代第一个比较完整的逻辑体系，这是中国古代逻辑思想成果的重要结晶。

在后期墨家的著作《墨经》中，"类"字出现了40次。其中包括：《经说下》的两处"类"字在原文中作"貌"，据孙诒让校改为"类"；《小取》篇中第二次出现"此与彼同类"时脱掉一个"类"字，《墨子闲诂》注："旧书脱'类'字。毕沅云：据上当有'类'字，王应麟说同，今据补。"① 另外，《经下》篇中的"一法者之相与也尽"，孙诒让释："《说文》云：'一方尽类'，则此'尽'下，当脱'类'字。"② 后人多从孙诒让的校增，在此处添加"类"字，但孙诒让在原文中并没有添加。

由于古汉语用词简练，一字多义，很容易给后人留下理解上的困难，后期墨家使用的这些"类"字，其含义也有所不同。

（一）种类、类别

后期墨家对于类的分析，着眼于概念的内涵，性质相同的为一类。后期墨家对于概念的外延关系也做过探讨，然而只是分散的、非系统的。如后期墨家对名的分类，就是按照概念的外延关系进行的：

名：达、类、私。（《经上》）
名。物，达也，有实必待之名也命之。马，类马，若实也者必以是名也命之。臧，私也，是名止于是实也。（《经说上》）

这里，名的分类实际上就是根据概念外延的不同。《墨经》把外延最广的事物类，以"达"名命之，如"物"；把外延最小的事物类，称为"私"名，如"臧"，只包含一个分子；介于这两种类之间的是"类"名，如"马"类。这三个类之间是属种关系，如"达名"包含"类名"，"类名"包含"私名"。后期墨家对名的分类，抓住概念的外延方面，与西方逻辑侧重概念外延的分析相一致，只是后期墨家并没有把这种分类方法运用到推类中。"《墨辩》逻辑学主要着眼于概念的内涵，从明确概念的性质去判断某一事物的'类'，以给予事物以同类或异类的确定性认识。"③

---

① （清）孙诒让：《墨子闲诂》，中华书局1986年版，第382页。
② （清）孙诒让：《墨子闲诂》，中华书局1986年版，第297页。
③ 陈孟麟：《墨辩逻辑学》，齐鲁书社1983年版，第103页。

(二) 同类、类同

从后期墨家对"类"的使用情况看,他们对"同类、类同"的含义使用最广。后期墨家详细阐释了物类的同异关系,分析了类同与类异,并把这种以类同为依据的推理称为推类。从文献上看,墨家所讲的"类"有两种含义,首先是同类事物之间的关系,也就是"有以同,类同也",简称类同。其次是异类事物之间的关系,也就是"不类"。《经说上》云:"不有同,不类也。"墨家认为,正确进行推类所依据的"类"是同类,而不是"不类",《经下》篇就明确提出:"异类不比,说在量。"在进行推类时,《墨经》遵循"同类相推,异类不比"的原则。因此,推类中的"类"是指类同,"类"是推类的基础和依据。因此,我们可以更确切地讲,"类同"是推类的依据。

后期墨家继承并发展了墨子"察类明故"的思想,在《墨经》中对"类"概念进行了更系统、更全面的研究。后期墨家首先说明了类的本质,类是客观事物类的关系的反映,类的关系是客观事物中最普遍的关系,凡是本质属性相同的事物,就属于一类;反之,本质属性不同的事物,就是不类。《经说上》云:

> 有以同,类同也……不有同,不类也。

类与不类是事物间同异关系的反映,为了认清事物间类同与类异的关系,《墨经》对同和异进行了详细的区分,并对各种同异关系作了全面的考察和分析。如:

> 同:重、体、合、类。(《经上》)
> 同:二名一实,重同也。不外于兼,体同也。俱处于室,合同也。有以同,类同也。(《经说上》)
> 异:二、不体、不合、不类。(《经上》)
> 异:二必异,二也。不连属,不体也。不同所,不合也。不有同,不类也。(《经说上》)

在后期墨家看来,同与异的种类很多,类与不类只是同异关系的一部分。"重同"指两个名称指谓同一个实体。如狗、犬之同为重同。"体同"指若干部分同属一个整体。例如,树枝、树叶都是树木的一部分,树枝、树叶之同为体同。"合同"指A、B共处一室,A、B之同为合同。"类同"

指在某方面有相同的性质。例如，孔子和墨子都是先秦思想家，孔子与墨子之同为类同。类同即同类之同。对于"异"的分析与"同"正相反。

墨家把辨别同异作为立类的基础，然而辨别同异并非易事。《小取》篇云："其然也同，其所以然不必同；其取之也同，其所以取之不必同。"《大取》篇中也有类似的说明："有其异也，为其同也。其同也，为其异也。"后期墨家认识到客观事物"同中有异，异中有同"的复杂性：

> 长人之与短人之同，其貌同者也，故同。指之人也与首之人也异，人之体非一貌者也，故异。将剑与挺剑异。剑，以形貌命者也，其形不一，故异。杨木之木与桃木之木也同。（《大取》）

人有高矮之分，形貌却相似；人的指和头都属于人的肢体，形貌却不同；将剑和挺剑都是剑，形貌却不同；木有杨木和桃木之分，却都是木。事物之间既有联系又有区别，所以区分正确的"类"要按照一定的标准。因此，墨家认为按照本质意义上的同异来明类，才能对"类"概念进行科学的区分。在这里需要注意的是，后期墨家所谓的本质与我们今天对于本质的理解不可同日而语。因为墨家受当时历史条件的限制，对于事物本质性的认识存在一定的缺陷。

《墨经》中用来确定类同、类异的依据是"偏有偏无有"的原则，也就是该物类普遍具有、其他物类普遍不具有的特性。如：

> 牛与马虽异，以牛有齿，马有尾，说牛之非马也，不可。是俱有，不偏有，偏无有。曰牛与马不类。用牛有角、马无角，是类不同也。若举牛有角、马无角，以是为类之不同也，是狂举也。犹牛有齿，马有尾。（《经说下》）

这句话的意思是，如果只是通过牛有牙齿和马有尾巴来说明牛和马不同类，这是不行的，因为有齿有尾是牛和马都普遍具有的属性，不符合"偏有偏无有"的原则。而以"牛有角、马无角"说明牛与马不同类，也是不可以的，虽然有角为一方具有，另一方不具有，但这不是它们本质属性的"偏有偏无有"。可见后期墨家所说的"偏有偏无有"的特征应该是一事物的本质属性。

但在我们今天看来，古代文献中所谓的"类同"不仅仅是根据本质属性进行的分类，很多时候要宽泛得多。刘明明在文章中提到："董志铁先生在给笔者的回信中说：中国古代文献上的'类'，比起科学上的分类（自然科学上的界、门、纲、目、科、属、种）要宽泛得多。两个或两类事物，只要在某一点（表面或隐含）有相同、相似之处，就可认为是同类。可见，所谓'同类'不过是'异中求同'罢了。两个或两类事物，既可以说它们同类，也可以说它们异类，因选取的角度不同罢了。考虑到类的相对性、复杂性，中国古代的'推类'、'类推'、'以类相推'，既可说是'同类相推'，也可说是'异类相推'。因为，推类或类推一定在两个或两类事物之间。由于事物具有多方面的属性，人们观察的角度不同，进行类推的两个或两类事物，在某种意义上属同类，在另外的意义上是异类。"① 中国古代"类"范畴的复杂性，也决定了推类的逻辑性质具有多重性。

（三）相似、类似

　　故浸淫之辞，其类在鼓栗。圣人也，为天下也，其类在于追迷。或寿或卒，其利天下也指若，其类在誉石。一日而百万生，爱不加厚，其类在恶害。爱二世有厚薄，而爱二世相若，其类在蛇文。爱之相若，择而杀其一人，其类在阬下之鼠。小仁与大仁行厚相若，其类在申。凡兴利除害也，其类在漏雍。厚亲不称行而类行，其类在江上井。不为己之可学也，其类在猎走。爱人非为誉也，其类在逆旅。爱人之亲，若爱其亲，其类在官苟。兼爱相若，一爱相若。一爱相若，其类在死也。（《大取》）

上述这段话共出现13处"其类在……"，含义是"就像……""类似于……"对于这段话的正确理解，《墨子集解》中指出："墨氏精于名理、立义前后相应。此言其类者十有三、大氐总结上文兼爱之故以立辞、使人明于类行之理而不困也。……此承上文以类行之义。将墨家兼爱学说中、所有一切较大公例、各为之比附而说明之。使人触类旁通、易于了解。"②

（四）推类、类推

　　止，类以行人，说在同。（《经下》）
　　推类之难，说在名之大小。（《经下》）

---

① 刘明明：《从中国古代"类"的观念解读"推类"》，《毕节学院学报》2007年第6期。
② 张纯一：《墨子集解》，上海人文书局1932年版，第399页。

厚亲不称行而类行。(《大取》)

墨家逻辑中的名、辞、说都是围绕"类"范畴展开的,离开了"类"范畴,就无法了解墨家逻辑。后期墨家用"辞以类行"进行了高度的概括和说明。《大取》篇曰:

　　夫辞以故生,以理长,以类行也者。立辞而不明于其(故)所生,妄也。今人非道无所行,唯(虽)有强股肱而不明于道,其困也,可立而待也。夫辞以类行者也,立辞而不明于其类,则必困矣。(《大取》)

从传统逻辑的观点看,立辞相当于推理或者是论证。三物"理""故""类"是立辞必不可少的因素,"三物必具,然后足以生"(《大取》)。故、理、类三者具备,就可以进行推理了。从立辞的视角,我们能很清楚地看到"类"范畴的地位。"故"是立辞的根据,"理"是立辞的准则,"类"是"故"和"理"提出的依据,是推类的原则和方法,因此,我们不难发现,立辞就是一个推理的过程,所以"类"范畴是立辞的根据,同样也是推理的依据。

"辞以类行"指立辞必须根据类进行,否则会犯错误。因此,《墨经》以类同为基础,提出了"以类取,以类予""异类不比"的推类原则。

在推类中,区分事物之间的同异是极其重要的,依据"类"的原则出现的"以类取,以类予",很自然地成为中国逻辑推理的一个基本原则:

　　焉摹略万物之然,论求群言之比,以名举实,以辞抒意,以说出故,以类取,以类予。有诸己不非诸人,无诸己不求诸人。(《小取》)

这句话明确地说明了"立辞"的方法,"取"的本意是选择、选取的意思,"以类取"的"取"则表述一种取此则彼的判断或者推论。"以类予"中"予"的含义是"相推予也",因此,我们可以把它理解为"推"的意思,意思是可以提出一个判断来反驳对方。

对于"以类取,以类予"的解读,在 20 世纪初期存在很大歧义。梁启超认为"以类取、以类予"就是《小取》中的"推",是讲归纳法的。[①]

[①] 梁启超:《墨子学案》,商务印书馆 1923 年版,第 124—125 页。

郭湛波在《先秦辩学史》中的观点与梁启超完全相同。章士钊认为，《小取》篇的"以类取，以类予"即是推类。① 胡适对"以类取、以类予"的解释类似于西方逻辑中的演绎法和归纳法。② 陈启天认为，"以类取的方法很近于西洋的演绎法，不过不拘于三段论的形式而已"。对于"以类予"，他认为这是一种"援"和"推"方法，即归纳推理和类比推理。③ 从伍非百的举例看出，"类取"具有归纳法的性质，"类予"具有演绎法的精神。④ 通过谭戒甫对"以类取，以类予"的解读，"以类取"即是选取同类事物作为例证，"以类予"则相当于推类。⑤

20世纪中后期，学者们对此问题进行了重新梳理，批判了之前对"以类取，以类予"所做的比较研究，又提出一些新的见解。对于"类取"和"类予"，温公颐认为"虽是归纳和演绎并用，但它并不依赖于三段论或归纳五法进行。所以如果曲为比附，这会失去墨辩逻辑的精义"⑥。汪奠基也不认同把"以类取、以类予"当作归纳法，他认为"'以类取'，即取同观异、同异交得的辩证法；'以类予'，即依类为推，过物而能貌之的反映法，这里可能接近于类取、类予的意义"⑦。崔清田认为，学界将"以类取，以类予"比附为西方逻辑中的演绎、归纳或类比的看法，都不符合墨家的本意，他指出"'以类取'是指在论辩对立的两命题中对己方观点依类加以肯定；'以类予'则指根据'类'的同异，对讨论的论点予以反驳"⑧。沈有鼎认为："甲与乙同类，那么承认了甲就不得不承认乙，不承认甲就不能承认乙。这是'以类取'。甲与乙同类，那么对方承认了甲我就可以把乙提出来给他，看他是不是也承认，对方不承认甲我就无须这样作。"⑨ 在沈有鼎看来，"以类取、以类予"是推理论证的方法。这一观点与周文英的观点基本一致。周云之、刘培育认为"以类取"属于归纳方法，而"以类予"指墨家推理论式中的辟、援、推，是一种具有演绎性质的类比推理。⑩ 孙中原认为："'取'即是判断、推理（'取'的本意是选

---

① 章士钊：《章士钊全集》第7卷，文汇出版社2000年版，第404—405页。
② 胡适：《胡适文存》卷2，民国丛书编辑部1989年版，第39页。
③ 陈启天：《中国古代名学论略》，《东方杂志》1922年第4期。
④ 伍非百：《中国古名家言》，中国社会科学出版社1983年版，第442—443页。
⑤ 谭戒甫：《墨辩发微》，中华书局1964年版，第421页。
⑥ 温公颐：《先秦逻辑史》，上海人民出版社1983年版，第116页。
⑦ 汪奠基：《中国逻辑思想史》，上海人民出版社1979年版，第112页。
⑧ 崔清田主编：《名学与辩学》，山西教育出版社1997年版，第304页。
⑨ 沈有鼎：《墨经的逻辑学》，中国社会科学出版社1980年版，第45页。
⑩ 周云之、刘培育：《先秦逻辑史》，中国社会科学出版社1984年版，第167—177页。

取、选择、把握……这里引申为赞同，允许，判断，选取例证来进行论证等等）。'予'即提出一个判断来反驳对方。"① 他认为墨家的"推"就是"以类取、以类予"的推论方式。

基于上述讨论，本书认为"以类取，以类予"是中国逻辑特有的推类原则，"以类取"表述一种取此则彼的判断或者推论，"以类予"是指以类相推予，意思是可以提出一个判断来反驳对方。这一原则说明推类既是一种推理论证，更是一种反驳论证。

所谓"异类不比"的"比"，是"论求群言之比"的"比"，不仅是"类比"，主要指推理活动。后期墨家认为由于不同事物之间有其本质的不同，因此不能用相同的标准进行度量，也不能以此进行推类：

异类不比，说在量。（《经下》）
故言多方，殊类、异故，则不可偏观也。（该句出现两次）（《小取》）

由此，"异类不比"成为中国逻辑推理的一个基本原则。墨家对此进行了详细的说明：

木与夜孰长，智与粟孰多，爵、亲、行、贾，四者孰贵？麋与鹤孰高？蝉与瑟孰悲？（《经说上》）

这句话的意思是木头与长夜在时间上不能比较，智慧的多少与粮食的多少也不能进行比较，爵位、亲属、操行、价钱由于标准不一，也无法进行比较。对于之所以不能比较的原因，墨家也进行了分析，他们认为是由于"殊类异故"的原因，即它们的本质属性不同。后期墨家对"类"概念的认识，侧重于概念的内涵，从明确一类事物的质来判定某一事物的类，给予事物类同类异的确定性认识。本质属性相同的事物才能进行推理。因此，墨家按照"以类取、以类予""异类不比"的基本原则进行推类，如果不按照这些原则进行推理，就会出现"不知类"的错误。

墨家的"说"即为"以说出故"（《小取》）。"故"是立辞的根据和理由，相当于推理的前提或论证的论据，"说"是提出"故"的过程，所以，墨家的"说"就相当于推理或论证。后期墨家推理中的效、辟、侔、

---

① 孙中原：《中国逻辑史》（先秦），中国人民大学出版社1987年版，第246页。

援、推、止等具体推理论式也都是按照"类"原则展开的。

(1) 效者，为之法也。所效者，所以为之法也。故中效则是也，不中效则非也：此效也。(《小取》)

一事物的本质属性或规律就是一事物的"法"。墨家创始人墨子就提出"法"的思想，《墨子·天志中》云："今夫轮人操其规，将以量度天下之圆与不圆也，曰中吾规者谓之圆，不中吾规者谓之不圆。……匠人亦操其矩，将以量度天下之方与不方也，曰中吾矩者谓之方，不中吾矩者谓之不方。"意思是说，"规"作为圆类之"法"，合乎规就称为圆，"矩"作为方类之"法"，合乎矩就称为方，这就是"中效"。在墨子这里，"法"就是模式、标准、法则。后期墨家发展了墨子的这一"法"思想，提出："法，所若而然也。"(《经上》)"法：意、规、员三也俱，可以为法。"(《经说上》)人们按照圆的概念("一中同长")，使用圆规为工具，就可以作为画圆的法则。同样，如果按照方的概念("柱、隅四杈")，使用矩为工具，就可以作为画方形的法则。人们遵循这些法则就能得到确定的结果，而且得到的结果是属于一类的。因此，《墨经》又说："一法者之相与也尽类，若方之相合也。"(《经下》)"一方尽类，俱有法而异。或木或石，不害其方之相和也。尽类犹方也，物俱然。"(《经说下》)凡是符合方形法则的东西都属于方形一类，不论是木质的方，还是石质的方。也就是说，同法的必定同类。所有的事物都与方形的道理是一样的，符合相同法则的东西都属于一类。很显然，类同即"法"同，是指本质属性相同，并不是所有属性都相同。

"效"式推理的方法是"若以尺度所不知长"。所谓"尺"指的是概念内涵所说明的事物的本质，即"法"。凡是符合这一本质的是"法同"，也就是类同，即"中效"；不符合这本质的叫"法异"，是不类，即"不中效"。墨家逻辑中"效"式推论有其演绎推理的性质，是必然性推理。

(2) 辟也者，举他物而以明之也。(《小取》)

"辟"同"譬"。《说文》云："譬，谕也。"谕，古文"喻"字。"譬"式推理是用一种已知事物或道理比拟明晓另一种未知事物或道理的推论过程，它与惠施的"以其所知谕其所不知而使人知之"的推论方式相同。即"譬"是以他物明此物，是由个别到个别的推理过程，所依据的是他物与此物之间的类同。《墨子·耕柱》有这样一段话："大国之攻小国，譬犹童子之为马也。童子之为马，足用而劳。今大国之攻小国也，攻者，农夫不得耕，妇人不得织，以守为事；攻人者，亦农夫不得耕，妇人不得织，以攻为事。"用小孩学马行，足以自致劳累，来说明大国攻打小国，两国的农民不能耕种，妇人不能纺织，也是劳民伤财的道理。

（3）侔也者，比辞而俱行也。（《小取》）

"侔"是相等、齐等，"侔"式推论就是在前提的主、谓项前各加一个相同的概念，构成一个新的判断，这两个判断都是正确的。如《小取》中："白马，马也；乘白马，乘马也。"在前提判断"白马是马"的主谓项前加一个字，形成新的判断"乘白马是乘马"。前提与结论之间的齐等，在于它们的主、谓项之间具有属种关系，"白马"包含于"马"，"乘白马（的人）"包含于"乘马（的人）"，所以，两个判断都是正确的。对于侔式推论，逻辑学界一直存在着不同的观点，沈有鼎认为，它是"复构式的直接推论"，"里面含有三段论的意思"，"这种直接推论在本质上是演绎的"①。

（4）援也者，曰："子然，我奚独不可以然也？"（《小取》）

"援"式推论的特点是：通过揭示双方论点的相似，来论证我方论点的成立，从而驳斥论敌对我方所持论点的否定。《墨子·小取》举例说："盗人，人也；多盗，非多人也；无盗，非无人也……世相与共是之。若若是，则虽'盗人，人也；爱盗，非爱人也；不爱盗，非不爱人也；杀盗人，非杀人也'。"世人都认为"盗人，人也；多盗，非多人也"的说法是对的，反对墨者"盗人，人也；杀盗，非杀人也"的论点，但它们的推理是相同的，"引彼以例此"，二者同类，通过同类相推，从而让论敌也承认我的论点。墨家主张兼爱，但不反对杀盗，因为墨家以兴利除害为己任，盗害人，所以杀盗以除其害。

（5）推也者，以其所不取之同于其所取者，予之也。（《小取》）

---

① 沈有鼎：《墨经的逻辑学》，中国社会科学出版社1980年版，第53—54页。

"推"就是把对方的主张作为类比推论的前提，得出一个本质上与之类似的结论，但这一结论是双方都不取的，从而驳倒了对方的主张。《墨子·公孟》中记载了这样一个例子："公孟子曰：'无鬼神。'又曰：'君子必学祭礼。'子墨子曰：'执无鬼而学祭礼，是犹无客而学客礼也，是犹无鱼而为鱼罟也。'"这个例子就运用了推式推论，在这里，公孟子认同"无鬼神而学祭礼"的观点，不认同"无客而学客礼，无鱼而为鱼罟"的观点，然而，公孟子认同的与不认同的观点属于同类，这是自相矛盾的，从而驳倒了公孟子的观点。

（6）止，因以别道。（《经上》）
彼举然者，以为此其然也，则举不然者而问之。（《经说上》）

"止"式推论就是举反面的事例加以反驳。对方举出一个或几个正面的例子，认为这一类事物就是这样，那么我只要举出一个反面例子来驳斥他，就可以推翻对方的普遍性结论。这种论证方式，就是举出反面事例反驳全称判断，把一个普遍性的道理进行限制和区分。"止"也要依类而行，举出的反面事例必须与要反驳的全称判断属于同类。如对方由"甲是白的""乙是白的""丙是白的"等，推出"所有人是白的"，我们就用"有人不是白的"进行反驳。

止，类以行之。说在同。（《经下》）
彼以此其然也，说是其然也。我以此其不然也，疑是其然也。（《经说下》）

"止"式推论还表现为：对方用不正确的全称命题演绎推论出个别结论，我否定其大前提，从而驳倒对方演绎出的个别结论。如"所有人是白的，所以，孔子是白的"，我反驳道："并非所有人是白的，所以孔子是白的就是可疑的。""止"是归纳和演绎的综合推论。①

综上所述，本书认为"类"是墨家逻辑中的基本范畴，不仅具有重要的理论意义，而且具有方法论的意义。

---

① 孙中原：《传统推论范畴分析——推论性质与逻辑策略》，《重庆工学院学报》（社会科学版）2009 年第 5 期。

首先，后期墨家在先秦诸子"类"范畴思想的基础上，尤其是继承和发展了墨子的逻辑思想，明确规定了"类"范畴的含义："有以同，类同也"，并把这种以类同为依据的推理称为推类，提出了"以类取，以类予""异类不比"的推类原则，后期墨家对"类"范畴作出了理论上的高度概括，使其成为逻辑理论中的基本范畴。这是后期墨家对"类"范畴发展的最大贡献。至此，"类"范畴完成了理论上的总结，成为最普遍的逻辑范畴在逻辑中确立了下来。

其次，墨家根据事物的本质属性作为分类的标准，把同类之同看作同法之同，这是"类"范畴发展的历史性飞跃，从而使"类"成为逻辑思想中更为科学的范畴。在我们今天看来，古代文献中所谓的"类同"不仅仅是根据本质属性进行的分类，很多时候要宽泛得多。中国古代"类"范畴的复杂性，也决定了推类的逻辑性质具有多重性。

最后，从《墨经》看，我们的推理活动不外是从个别到个别、从个别到一般、从一般到个别的"类"的推演。墨家的"类"范畴是中国古代的推理类型——推类的基础，只有搞清楚中国古代的"类"范畴，才能正确理解推类。因此，"类"范畴在中国古代逻辑中占有重要的地位，我们必须进行全面的考察和理解。《墨经》中关于推理种类的论述是非常丰富的，但遗憾的是，这些推理缺乏理论上的概括与提升，更没有像西方亚里士多德逻辑一样，进行推理形式方面的专门研究。这是当时中国社会发展的要求所致，是中国逻辑自身具有的特点决定的，也是中国古代逻辑不同于西方亚里士多德逻辑的明显之处。

第三节　名家的"类"范畴思想

名家在先秦的著作中最早被称为"辩者"。《庄子·天下篇》中称惠施、公孙龙为"辩者之徒"，"以善辩为名"。西汉学者司马谈在其《史记·论六家要旨》中，第一次把这些辩者称为名家。他认为名家学派的特点是"苛察缴绕，使人不得反其意，专决于名，而失人情，故曰：使人俭而善失真。若夫控名责实，参伍不失，此不可不察也"。这里是说名家理论难以理解，艰深而不易被人反驳，一切决取于概念名称却失弃了一般常理。至于循名责实，要求名称与实际进行比较验证，这是不可不予以认真考察的。

班固《汉书·艺文志》中分中国古代学术为九家，而"名家"占其一。什么是"名家"?"名家者流,盖出于礼官。古者名位不同,礼亦异数。孔子曰:必也正名乎,名不正则言不顺,言不顺则事不成。此其所长也。及謷者为之,则苟钩鈲析乱而已。""謷",古同"叫",痛呼。"謷者",指喜欢论辩驳难的人。"乱"疑当作辞,"析辞"就是分析概念和名词。"苟钩鈲析乱而已",是指在分析概念时转弯抹角,支离破碎,即烦琐论证的意思。班固对名家的评论与司马谈的意思是相近的。

学术界对于"名家"是否存在却有很大争议。胡适认为:"古代没有什么'名家'。"① 对此,许抗生先生进行了反驳:"这完全是他混淆了名家学派和名学(逻辑学)关系的结果。"② 庞朴先生也认为"名家"这个名称本身就是后人研究的结果,而且专门从事某一领域的研究,都有可能成为"家"。

谭戒甫先生认为以公孙龙为代表的这一学派为"形名家",并认为"形名之学是从《墨经》内部引起的,《墨经》都是名家之学,而形名学是由名家之学的反面发生之故"③。对于此问题,我比较赞同伍非白先生的意见。他认为"'名家'与'形名家'乃异名同实之称","'形名'与'名',乃古今称谓之殊,非于'形名家'外别有所谓'名家'。盖'形名'之变而为'名',犹'法术'之变而为'法',皆由繁以入简,非有他义"④。伍非白先生说:"名家就是专门研究与这个'名'有关的学术问题,如名法、名理、名言、名辩、名分、名守、形名、正名等等学问皆是。而在当时最流行、最显著的是'名法'、'名理'、'名辩'三派……'名辩',乃研究'名'、'辞'、'说'、'辩'四者之原理和应用的,详言之,就是研究'正名'、'析辞'、'立说'、'明辩'的规律和有关问题。有时亦涉及思维和存在的问题。这派以惠施、公孙龙为代表,班固《艺文志》所列的'名家',大约以属于此派者居多。""名家之学,始于邓析,成于别墨,盛于庄周、惠施、公孙龙及荀卿,前后历两百年,蔚然成为大观,在先秦诸子学术中放一异彩,与印度的'因明',希腊的'逻辑',鼎立为三。"⑤ 在这里,伍非白先生所说的"名家"包括了儒、墨、道等其他各家,与班固所列名家是属种关系。后面他又提到,"考诸子之学,盛于战国,而起源皆出于春秋之世。其间以儒、墨、名、法、道五家最为

---

① 胡适:《中国古代哲学史》,台湾远流出版社1994年版,第166页。
② 许抗生:《先秦名家研究》,湖南人民出版社1986年版,第6页。
③ 谭戒甫:《公孙龙子形名发微》,武汉大学出版社2006年版,第172页。
④ 伍非白:《中国古名家言》,中国社会科学出版社1983年版,第6页。
⑤ 伍非白:《中国古名家言》,中国社会科学出版社1983年版,第5—7页。

显学"。对照前后两种说法,则出现明显的逻辑矛盾。①

综合上面的论述,我比较赞同汉代学者的观点,认为名家在学术思想上的特点可以概括为两点,一是注重名的分析和名实关系的考察,二是提出了一些违反常识的命题。名家是萌芽于春秋末期,盛于战国时期的一个学派。由于先秦时期年代久远,逻辑史料的真伪考证是非常重要的,因为真实的逻辑史必须根据可靠的史料。《汉书·艺文志》列出了名家的一些代表人物和著作:"《邓析》两篇。郑人,与子产并时。《尹文子》一篇。说齐宣王,先公孙龙。《公孙龙子》十四篇。赵人。《成公生》五篇。与黄公等同时。《惠子》一篇。名施。与庄子并时。《黄公》四篇。名疵。为秦博士。《毛公》五篇。赵人。与公孙龙等并游平原君赵胜家。"关于名家史料的问题,有学者认为《邓析子》《尹文子》等著作是伪书,这样先秦逻辑史的资料就太少了,我们认为,应该把一些所谓伪书的内容对照当时的时代背景来考察,如果该书确实反映了当时的时代背景,那它就有一定的价值。比如,《邓析子》中的《无厚》《转辞》的内容是反映春秋末期社会情况的;《尹文子》的"正形名"之说反映了战国中期的名辩情况,就不能认为纯属造假。因此,本书把《邓析子》《尹文子》等著作,作为考察名家"类"范畴的重要史料。名家的"类"范畴思想与"名"密切相关。

一 邓析与"依类辩故"

邓析(约公元前560—前501年),春秋末年郑国人,约与老子、孔子生活的年代相近,做过郑国的大夫,《汉书·艺文志》列为名家第一人。春秋战国时期的郑国,由于社会的快速发展,当时的农业社会随之崩溃,周礼遭到破坏,所以,在郑国反对贵族阶级的士人最活跃,邓析就是其中之一。他反对"礼治"思想,主张改革。他认为"不法先王,不是礼义",意思是说:"先王"及其"礼义"并非是不能改变的圣物,"先王"的所作所为、"礼义"的宗法原则也不是千古不变的教条,没有必要非遵守不可。先王的礼义法令是可以批评,可以否定,可以废弃的。既然"先王"不值得效法,"礼义"不见得正确,那么从现实出发制定新法便是必然的、正当的。邓析反对"刑书",私造"竹刑"。他不但反对旧的奴隶主贵族,也反对以子产为代表的继承周礼的新贵族,他不满子产所铸"刑书",私自编了一部适应新兴地主阶级要求的成文法,把它写在竹简上,

---

① 伍非白:《中国古名家言》,中国社会科学出版社1983年版,第7页。

叫作"竹刑"。

他反对当时的政治当权者子产，好治怪说，好刑名。《吕氏春秋·离谓》篇云："郑国多相悬以书者，子产令无悬书，邓析致之。子产令无致书，邓析倚之。令无穷则邓析应之亦无穷矣。"可见，邓析已经开始关注概念之间的异同，他对于"类"范畴的发展做出了重要贡献。

在可查的《邓析子》文本中，"类"只出现过三次：

  谈辩者，别殊类使不相害，序异端使不相乱，谕志通意，非务相乖。若饰辞以相乱，匿词以相移，非古之辩也。（《邓析子·无厚》）
  动之以其类，安有不应者，独行之术也。（《邓析子·转辞》）
  智者寂于是非，故善恶有别。明者寂于去就，故进退无类。（《邓析子·转辞》）

邓析在《无厚》和《转辞》篇中对"类"的使用，已经初步具有"同类""异类"的含义。"殊类"是指不同的类，谈辩时要分清不同的类。"动之以其类"是指同类事物具有互相感应的性质。明智者善于处理是非、取舍，所以就能别善恶进退。

在《无厚》篇中，邓析提出了一个重要的逻辑思维：

  循其理。（《邓析子·无厚》）

在邓析看来，"理"是客观存在的规律和法则。从邓析对"循其理"的重视和研究中，我们不难发现，邓析实际上已经初步探索了逻辑概念的思维形式。例如，在"名实"关系的问题上，邓析提出"循名责实""按实定名"的主张：

  循名责实，实之极也；按实定名，名之极也。参以相平，转而相成，故得之形名。（《邓析子·转辞》）

这是说如果按照名去寻找相应的实，就可以认识这类实的全貌，如果按照实去确定相应的名，这个名也能够完全地概括这一类实。从文献上看，邓析是较早涉及逻辑意义上的类概念的思想家，难能可贵的是，他把"类"与"名"联系在起来。从"邓析对'名'的最初探索还可以看到他关于'类'的思想。他所谓的'循名责实'、'按实定名'就意味着客观事物可以分为不同的类，各类事物有其相同的名。循不同之名，可得不同之实；按不同类之实，可定不同之名"①。

对于"类"概念的分析，邓析还用实际事例作了生动的说明：

> 抱薪加火，燥者必先燃；平地注水，湿者必先濡。故曰：动之以其类，安有不应者。(《邓析子·转辞》)

邓析已经注意到同类事物之间可能互相应召，对于异类事物，邓析则认为：

> 谈辩者，别殊类使不相害，序异端使不相乱，谕志通意，非务相乖。若饰辞以相乱，匿词以相移，非古之辩也。(《邓析子·无厚》)

这句话的意思是不同类事物不能相互混淆，因此，本书认为邓析实际上把"类"事物作为"名"的客观基础，具体做法是要求名在反映"类"事物时，"名"与"实"要保持同一性。邓析对于事物进行归类的思想，表明他对"类"概念已经具有了一定的认识，已经意识到"类"概念在人的思维过程中的重要作用。

同时，邓析还把"类"与"辩"结合在一起，他在《邓析子·转辞》中提出：

> 夫言之术：与智者言，依于博；与博者言，依于辩；与辩者言，依于要；与贵者言，依于势；与富者言，依于豪；与贫者言，依于利；与勇者言，依于敢；与愚者言，依于说。此言之术也。

这种名辩方法被后人称为"依类辩故"，这里的类是"同类"的意思，"依类辩故"的意思就是在论辩的过程中，针对不同类的人要进行灵活多变的应对。他的"两可"之说就体现了"依类辩故"的特点：

> 洧水甚大，郑之富人有溺者，人得其死者。富人请赎之，其人求金甚多，以告邓析，邓析曰："安之，人必莫之卖矣。"得死者患之，以告邓析，邓析又答之曰："安之，此必无所更买矣。"(《吕氏春秋·

---

① 温公颐主编：《中国逻辑史教程》，上海人民出版社1988年版，第74页。

离谓》)

在正统观点看来，这是一种"以非为是，以是为非。是非无度"的诡辩论，简单地说，就是模棱两可、混淆是非的理论。在邓析看来，辩论必须根据实际情况，不能任意胡说，否则就会带来祸患，特别是论辩必须要遵循一定的标准，所以，"两可"之说虽然不失为一种辩说方法，但不可滥用。

邓析的逻辑思维推理是建立在对"类"概念的理解和把握之上的，如他在《邓析子·无厚》篇中提出：

> 势者君之舆，威者君之策，臣者君之马，民者君之轮。势固则舆安，威定则策劲，臣顺则马良，民和则轮利。为国失此，必有覆车奔马折轮败载之患，安得不危！

他认为治国与驾车的道理是相通的，所以，他用易于理解的车夫驾车的道理来类比君主治国的道理，使论辩更生动、更有说服力。通过这句话，我们可以发现，邓析已经在实际论辩中比较熟练地应用类比推理。

综上所述，邓析在中国古代逻辑史上首次提出"类"概念，并把"类"与"名""辩"以及论证联系起来，说明他注重"类"概念的实际考察，标志着他的逻辑思维已经达到相当成熟的水平。但是，邓析所探讨的"类"并不是严格意义上的逻辑概念，只是初步提到别类的重要性而已，真正使"类"概念成为逻辑上的范畴，把它作为逻辑推论基础的则是战国初年的墨子。尽管如此，邓析"类"概念的提出，对于后来逻辑概念的发展产生了重大影响，尤其是对惠施、公孙龙的影响最为明显，因此，邓析的逻辑思想在逻辑思维的发展史上有非常重要的价值。

二 惠施与"异类不比"

惠施（约公元前370—前310年），战国中期宋国人，曾在魏国为相。《汉书·艺文志》将其列为名家，"《惠子》一篇。名施，与庄子并时"。据《吕氏春秋》载："惠子为魏惠王为法。为法已成，以示诸民人，民人皆善之。献之惠王，惠王善之"（《吕氏春秋·淫辞》）。惠施在魏国推行新法，深受百姓的拥戴和魏王的赞赏。在政治观点上有进步法家的思想色彩，他后来遭到张仪的排挤，而去楚适宋。在楚时曾与黄缭论辩，在宋时与庄子论学而为友。惠施完整的思想材料已经散失佚亡，只在《庄子》《荀子》《韩非子》《吕氏春秋》和《说苑》等典籍中，可散见其片段。

惠施著作已经失传，只有《庄子·天下篇》完整地保存了惠施"历物之意"的十个命题，称为"历物十事"：

> 历物之意，曰：至大无外，谓之大一；至小无内，谓之小一。无厚不可积也，其大千里。天与地卑，山与泽平。日方中方睨，物方生方死。大同而与小同异，此之谓小同异；万物毕同毕异，此之谓大同异。南方无穷而有穷。今日适越而昔来。连环可解也。我知天下之中央，燕之北，越之南是也。泛爱万物，天地一体也。

惠施通过观察客观世界形形色色的事物与现象，根据本质的不同，提出了一系列相互对立的概念，如"至大"与"至小"、"无外"与"无内"、"大一"与"小一"、"天"与"地"、"山"与"泽"、"日中"与"日睨"、"物生"与"物死"、"有穷"与"无穷"、"大同"与"小同"、"毕同"与"毕异"等。客观世界的各种事物、各种现象之间的关系，反映到人类思维中就形成了各个概念之间的关系。惠施不仅看到了这些概念的区别和对立，还看到了彼此在不同情况下的联系和转化。

"历物十事"提出的"大同而与小同异，此之谓小同异；万物毕同毕异，此之谓大同异"的命题，揭示了事物属、种之间的同一性和差异性，对于"类"范畴的认识有着重要意义。所谓"小同异"就是指各类具体事物之间的同与异，即事物属、种之间的同与异，"大同"指属的共同性，"小同"指种的共同性，属种之间的这种同与异叫作"小同异"。在"小同异"的范围内，事物之间的界限是相对稳定的，彼此分明的。但是，从整个宇宙的范围来看，万物总谓之物，莫不皆同，是万物"毕同"；若分而别之，无不皆异，是万物"毕异"，这就叫"大同异"。

从逻辑的意义上来说，惠施的"小同异、大同异"是"接触到类和种属的关系问题。每类事物都有相同的性质，这是'大同'。每类事物中不同的种属又各有自己的共同的性质，这是'小同'。从类上推去，万物同属于一大类，都有共同的性质，所以说是'毕同'。从种属推下去，以至于各种的个体东西。各个东西又都是自己的特点，不能完全相同，所以说是'毕异'。这些论点，同样表明事物之间的差别是相对的，不是绝对的，词和概念之间的差别也是相对的，不是绝对的。照这样解释，这里所谓的

'同'是后期墨家作为的'类同'①。从惠施的整个哲学观点来看,他强调"大同异"的重要性。虽然他也承认事物之间的差别,但他认为相同才是绝对的,差别只是相对的。因此,他把世间万物不同的事物都抽象地统一起来,进而推出"泛爱万物,天地一体"的结论。

事实上,"类"范畴在人类思维中的反映就是概念,不同的概念反映了不同事物之间的联系和区别。惠施的"历物十事"看到了概念的相对性和可变性,揭示了概念之间的相互联系和转化,类的属种关系本身就是一个互相转化的过程,这是对"类"范畴认识的重要突破。

惠施倡导"譬式"推论,所谓"譬式"推论是一种以类相推的方法。惠施对譬式推论作了一个很好的定义:

以其所知谕其所不知而使人知之。(《说苑·善说》)

这种推论方式早在邓析、孔子、墨子时代就已经开始运用,《墨子·小取》总结道:"辟也者,举他物而以明之也。"这里对"辟"的定义与惠施的定义实质上是一样的。另外,名家创始人邓析也意识到"类"概念在思维及辩说中的作用,并将以类相推作为其名辩活动的重要逻辑工具。显然,惠施继承并发展了这种推论思想,即用对方所知的比喻说明对方所不知的,从而使对方从不知变为知。惠施对譬式推理的运用十分广泛,达到了"无譬"不能言的境界。对此刘向的《说苑·善说》有这样一段记载:

客谓梁王曰:"惠子之言事也,善譬。王使无譬,则不能言矣。"王曰:"诺。"明日见谓惠子曰:"愿先生言事,则直言耳,无譬也。"惠子曰:"今有人于此而不知弹者,曰:'弹之状若何?'应曰:'弹之状如弹。'则谕乎?"王曰:"未谕也。""于是更应曰:'弹之状如弓,而以竹为弦。'则知乎?"王曰:"可知矣。"惠子曰:"夫说者,固以其所知谕其所不知,而使人知之。今王曰'无譬',则不可矣。"王曰:"善。"

惠施所倡导的这种"譬式"推论是以"类"为基础的,在惠施的"譬式"推论中,我们能明显地感受到"类"在其中的作用,惠施的这种

---

① 陈鼓应:《庄子今注今译》,中华书局1983年版,第891页。

以"类比"为主的譬式推理开创了我国譬式推类的先河。

但是，惠施的这种"譬式"推论有异于现代的类比推理，普通逻辑中的类比推理是根据两个或两个以上的对象在某些属性上有共同点，就可以推知他们在其他属性上也可能有共同点，所以类比推理的结论只能是或然的。惠施的"譬式"推论"实际上是已知者向未知者论证的一种演绎推理方法。……这种建立在类同必然具有共性基础上的演绎类推，可以说是先秦类推方法的重要特点，也是我国古代学者在论证中常用的一种推理证明形式"①。

正是基于这种以类相推的"譬式"推论，惠施坚持"异类不比"的原则，在著名的"濠梁之辩"中，惠施完美地运用了这种原则：

> 庄子与惠子游于濠梁之上。庄子曰："儵鱼出游从容，是鱼之乐也。"惠子曰："子非鱼，安知鱼之乐？"庄子曰："子非我，安知我不知鱼之乐？"惠子曰："我非子，固不知子矣；子固非鱼也，子之不知鱼之乐，全矣！"庄子曰："请循其本。子曰'汝安知鱼乐'云者，既已知吾知之而问我。我知之濠上也。"

在这段文字中，庄子从"鱼出游从容"推断出"是鱼之乐"，惠施坚持了"异类不比"的原则，对庄子那种毫无根据的主观推类进行了批评，惠施反驳说"子非鱼，安知鱼之乐"，认为人和鱼不属于同类，这两者之间不能进行以类相推。事实上，庄子的诡辩就在于，他把惠施所讲的异类不能相比的"子与鱼"偷换成"子与我"，使得同类可以相推的"子与我"变成不能相推知。从根本上看，惠施的以类相推是正确的。

综上所述，我们不难发现，惠施对于"类"范畴的理解尽管有些地方不同于墨子和孟子，但是，在某些方面，惠施对"类"范畴的理解要比墨子和孟子更加深刻。

首先，惠施在"历物十事"中所提出的"小同异"与"大同异"，使我们看到了概念之间所具有的相对性和可变性，这很明显涉及概念之间的相互联系和转化，而"类"的属种关系本身就是一个互相转化的过程，是对"类"范畴认识的重要突破。

其次，惠施发展了自古以来以类相推的推类思想，依据这一思想提出了"譬式"推论，在惠施的"譬式"推论中，我们能明显地感受到"类"

---

① 周云之、刘培育：《先秦逻辑史》，中国社会科学出版社1984年版，第62页。

在其中的作用,在这种推论中,惠施提出了异类不比的原则,很明显,这种以"类比"为主的譬式推理开创了我国譬式推类的先河。

最后,我们也应该看到惠施对"类"范畴的理解方面存在的不足,惠施对于"类"范畴的把握还是不够准确的,对"类"的本质属性要求不高;在惠施"大同异"的影响下,有时会模糊物类之间的绝对界限,认为万物毕同,将会导致"无类"思想的出现,从而阻碍科学"类"概念的形成。

三 尹文与"名有三科"

尹文(约公元前360—前280年),战国时期齐国人,《汉书·艺文志》列为名家第二人。与宋钘、田骈、彭蒙等齐名。流传于世的著作唯有《尹文子》一书,今本仅一卷,分《大道》上下两篇,语录与故事混杂,各段自成起讫。上篇论述形名理论,下篇论述治国之道,可以看作形名理论的实际运用,是一本先秦时期论法术和形名的专著。其思想特征以名家为主,综合道法,亦不排斥儒墨。自道以至名,由名而至法,上承老子,下启荀子、韩非。《尹文子》中的形名论思想,在中国逻辑史上占有重要的一席之地,历来为研究中国逻辑思想史者所重视。

尹文的思想受到道家和墨家的影响,因其思想来源及内容与宋钘联系密切,后人将其与宋钘并称为"宋尹学派"。宋尹学派对老子的"道"即是"气"的思想进行阐发,明确提出了精气说。"道"就是"气","气"的精萃、精微部分就是精气。道中有精微的东西,这个精微的东西真实而有实效,包含着精气说的萌芽。宋尹学派常将"道""气"并提,并且发挥说:"精也者,气之精者也。"

宋尹学派继承了老子的"道"是"至大"与"至小"统一的观点,认为精气"一来一逝,其细无内,其大无外"(《内业》),是宇宙万物的本原。一切事物,小到不可分割,大到没有边缘,都包含有精气。精气"下生五谷,上为列星"(《内业》),构成宇宙万物。

宋尹学派在认识论方面是有贡献的,宋尹学派强调"心"在认识中的重要作用,人们都想获得正确的认识,而没有去考察正确认识是怎样获得的。因此,宋尹学派提出了"虚""静"的养"心"之道。基于这种认识,宋钘、尹文提出了唯物主义的"名""实"论。宋尹学派的认识论,承认人的认识是客观事物的反映,认为物质是第一性的,意识是第二性的,这很明显是唯物主义的认识论。但是,他们认为人的认识只是对客观事物的消极反映,完全忽视了人的主观能动性,因此,他的认识又带有机械主义的性质。

由于尹文的著述已经散佚，我们在流传至今的《大道》上下篇由对"类"字进行了检索，发现只有一处：

> 五色、五声、五臭、五味，凡四类，自然存焉天地之间，而不期为人用。（《大道》上）

不难发现，这里的"类"是种类的意思，从这句话中，也体现了尹文对事物进行"名有三科"式的分类思想，这种思想是"类"成为一个逻辑范畴的基础。

尹文的这种分类思想集中体现在他对"名"的分类上，他根据名所指称的对象的性质不同，提出了"名有三科"的分类思想：

> 一曰命物之名，方圆黑白是也；二曰毁誉之名，善恶贵贱是也；三曰况谓之名，贤愚爱憎是也。（《大道》上）

严格来说，尹文这种分类方式有其混淆之处，"如果视命物之名属具体的，毁誉之名属于抽象的，况谓之名属于相对的，则各类中所举例证多有未合"[①]。他对名的这种分类方法，与后来墨家、荀子对名的分类不同，墨家将名分为达、类、私三种，荀子把名分为单名、兼名、共名、别名四类，他们都是根据名自身的性质进行分类，而尹文则是从名所指之对象立言，这种分类是很难完全穷尽的。

为了更好地对事物进行分类，尹文提出了"先正名分，使不相侵杂"和"定此名分，则万事不乱"的分类思想。与惠施相比，尹文的这种分类思想更加准确，为了更好地、准确地把握对象，尹文分别以客观存在和主观存在为标准，将名分为"彼之名"和"我之分"两类：

> 白黑、商徵、膻焦、甘苦，彼之名也；爱憎、韵舍、好恶、嗜逆，我之分也。定此名分，则万事不乱也。（《大道》上）

在此基础上，尹文意识到将"彼之名"与"我之分"合在一起形成一个新的名称，此"名称者，不可不察也"（《大道》上），因为抽象之名随

---

① 汪奠基：《中国逻辑思想史料分析》第1辑，中华书局1961年版，第76页。

着具体之名而分立,分立之后各不相同。如:

> 语曰"好牛",又曰,不可不察也。好则物之通称,牛则物之定形,以通称随定形,不可穷极者也。设复言"好马",则复连于马矣,则好所通无方也。设复言"好人",则彼属于人矣。则"好"非"人","人"非"好"也。则"好牛"、"好马"、"好人"之名自离矣。故曰:名分不可相乱也。(《大道》上)

从尹文子对"名"的分类中,我们也可以看出"他所关切的领域,仍脱离不了政治、伦理之范畴;同时在他的这种分类中,'名'的定位一方面涉及事物的种种客观性质,另一方面,也无可避免地涉及了定名者许多主观的因素"①。虽然尹文对名进行分类,其分类标准不够严格,但尹文对名的这种分析产生了深远的影响,公孙龙、荀子和后期墨家都或多或少地受到这种思想的影响。

四 公孙龙与"俱有而类之不同"

公孙龙(公元前325—前250年)是战国末期赵国人。他善于辩论,以"白马非马"之说而著称,是后期名家学派的重要代表人物。研究公孙龙学术思想的主要文献是《公孙龙子》一书,《汉书·艺文志》记载"《公孙龙子》十四篇",而后多数佚亡散失,"至宋时八篇已亡"(《四库全书总目提要》)。今存《公孙龙子》一书共有六篇,其中除《迹府》篇是后人摘录公孙龙言行的材料外,《白马论》《指物论》《坚白论》《通变论》和《名实论》是我们研究公孙龙思想的主要根据。

公孙龙的哲学思想"离坚白"与惠施的"合同异"思想正相反,完全脱离感性认识,只强调概念的逻辑分析,具有形而上学的特色。公孙龙的"离坚白"学说是从对"坚白石"的分析出发的。他的名实理论是建立在他的关于共相的唯心主义哲学理论之上的。他认为共相是一种独立存在。他的"坚白论"就是企图论证一块白石头的白色和坚硬性是可以独立存在的。《坚白论》说:"视不得其所坚而得其所白者,无坚也;拊不得其所白而得其所坚者,无白也。"《坚白论》又说:"得其白,得其坚,见与不见离。不见离,一一不相盈,故离。离也者,藏也。"

公孙龙还分析了马与白马这两个概念的差别,即个别与一般的差别。

---

① 李贤中:《尹文子思想探析》,《安徽大学学报》1998年第1期。

但是，他夸大了这种差别，把两者完全割裂开来，并加以绝对化；最后达到否认个别，只承认一般，使一般脱离个别独立存在。这样，就把抽象的概念当成脱离具体事物的精神实体，从而导致了客观唯心主义的结论。

在查到的《公孙龙子》中，共出现了6处"类"字：

> 不知察士之类。（《迹府》）
> 是不俱有而或类焉。（《通变论》）
> 是俱有而类之不同也。（《通变论》）
> 若举而以是，犹类之不同，若左右，犹是举。（《通变论》）
> 与马以鸡，宁马。材不材，其无以类，审矣！举是乱名，是谓狂举。（《通变论》）
> 与其碧宁黄。黄其马也，其与类乎，碧其鸡也，其与暴乎！（《通变论》）

很明显，公孙龙对"类"范畴的使用主要集中在《通变论》中，其基本含义是种类，但是，公孙龙从"正名"的要求出发，明确提出了"类"的概念和分类原则：

> 羊与牛唯异，羊有齿，牛无齿，而牛之非羊也、羊之非牛也，未可。是不俱有而或类焉。羊有角，牛有角，牛之而羊也、羊之而牛也，未可。是俱有而类之不同也。（《通变论》）

公孙龙指出，虽然羊与牛不同，但如果根据羊有齿、牛无齿来判定它们不是同类是不可以的，因为虽然它们不是都有齿，却也可能是同类；如果根据牛、羊都有角来判定它们是同类，也是不可以的，因为即使牛、羊都有角，也可能不是同类。因此，公孙龙认为以类相推不是没有问题的。

值得注意的是，公孙龙对同类和异类的分析，揭示了一条逻辑上的分类原则，这一分类原则正是后期墨家所概括的"偏有偏无有"的分类原则，即不能简单地根据任何一个表面特征来确定两个事物是否为同类或异类，必须根据事物的本质属性或特有属性作为判断类之同异的标准。

随后，公孙龙又以马、鸡为例，说明类与类之间的差别与联系。"在公孙龙看来，'类'的取舍标准是可以变化的，标准不同，类亦不同，类与类之间虽有区别，但它们在一定条件下可以互相过渡、转化，类概念可以根据实际情况的需要而限制或概括。"① 如 "与马以鸡，宁马"（《通变论》）。公孙龙认为，如果以 "有角" 为分类标准，可以把 "牛、羊" 归为一类，如果以 "四足" 为标准的话，马可以归入 "牛、羊" 一类，而不是鸡类。

公孙龙对类概念作出了深层的分析，认为按照类的外延进行推类会出现困难，因此，他重视类的内涵的推理。在公孙龙看来，"材" 是可以结合的二因素，如 "白" 和 "马" 可以结合为 "白马"，这称为 "正举"。"不材" 是不能结合的因素，如 "羊" 和 "牛"，如把不能结合的东西进行结合就是 "狂举"，即 "材不材，其无以类，审矣！举是乱名，是谓狂举"（《通变论》）。他认为 "单凭以类为推，而忽视物指的关系，就会发生'狂举'的错误"②。可见公孙龙的推论 "不基于类，而基于指。这即我们所说的，不是基于外延关系的逻辑推论，而是以内涵关系为推论基础。公孙龙从概念、判断到推理都以内涵为基础，建立他的'内涵逻辑'，这是公孙龙对中国逻辑科学发展的一点贡献"③。

对公孙龙逻辑思想的探讨，主要是围绕他的 "白马非马" 的论题。公孙龙对于 "白马非马" 的研究，主要是从 "类" 概念的方面。虽然公孙龙没有明确提出概念的 "内涵" 与 "外延"，但他对于 "白马非马" 这一命题的研究却运用了这一思想。如：

马者所以命形也；白者所以命色也。命色形非命形也。故曰白马非马。（《白马论》）

求马，黄、黑马皆可致；求白马，黄、黑马不可致。使白马乃马也，是所求一也。（《白马论》）

公孙龙 "白马非马" 的论题有其合理性的一面，如在内涵方面，"马" 是命形的；"白" 是命色的，"白马" 是命色形的，所以 "白马非马"。公孙龙还从外延方面分析，"马" 包括黄、黑马；"白马" 不包括黄、黑马，它们的外延不等同，所以说 "白马非马"。"白马非马" 实际上指出了属种之间的差别。在这里，我们把 "非" 理解为不等同，不完全相同的意思。张岱年也认为 "马泛指一般的马，白马则在颜色上有一定的限制。马

---

① 周山：《中国古代逻辑中几个重要范畴的历史考察》，《上海社会科学院学术季刊》1988年第2期。
② 刘霖：《〈淮南子〉的推类理论解析》，《邵阳学院学报》（社会科学版）2005年第6期。
③ 温公颐：《惠施、公孙龙的逻辑思想》，载《中国逻辑思想论文选（1949—1979）》，生活·读书·新知三联书店1981年版，第180页。

之名所指之实其范围远较白马之名所指之实为广，所以，白马与马应当有分别"①。

在公孙龙的《迹府》篇中，我们也看到公孙龙把他的"白马非马"理解为"白马异于马"：

> 若此，仲尼异"楚人"于所谓"人"。夫是仲尼异"楚人"于所谓"人"，而非龙异"白马"于所谓"马"，悖。

照这样说，孔子是把"楚人"和"人"区别开来的。如果赞同孔子把"楚人"和"人"区别开来的说法，却反对公孙龙把"白马"和"马"区分开来的说法，这是错误的。公孙龙把自己的观点与孔子的观点相对照，说明它们是同类，从而驳斥了孔穿的说法。这种反驳方法被后期墨家称为"援"式推论。可见，公孙龙和墨子一样，在推理论证中非常重视"知类"，他在《迹府》篇还有一处揭露孔穿"不知类"的事例：

> 故龙以子之言有似齐王。子知难白马之非马，不知所以难之说，以此，犹好士之名，而不知察士之类。

公孙龙在这段话中揭露了孔穿与齐王犯了相同的错误，孔穿只知道反驳白马不是马的说法，却不知道用来反驳的证据，就像齐王只知道喜欢士人这个名称，却不知道辨别士人的类别是一样的，而公孙龙的这种论证正是使用了类比推理，也就是后期墨家所概括的"辟"式推论。

综上所述，公孙龙对墨子"类"范畴的发展做出了重要贡献，当然，也存在着不足。

首先，墨子只是从概念的内涵方面，即通过明确事物的本质属性来分类，进而以类相推。公孙龙在论证"白马非马"的论题时，不仅把握了概念的内涵，根据事物的本质属性来分类，而且还分析了概念的外延，对具有属种关系的类进行了详细的分析，认为"马"的外延比"白马"的外延大，所以"白马非马"。

其次，公孙龙指出了"马"与"白马"的外延不同，但是他过分强调属种的差别这一方面，没有明确指出"白马也是属于马"这一属种的包含关系，从而使他的"白马非马"长期以来被认为是诡辩。也许是这一原

---

① 张岱年：《中国名学之名与辩》，《哲学论评》1947年第5期。

因，使得"白马非马"中合理的"类"范畴思想没有得到充分发展。后期墨家以及荀子也只是在"名"的分类上沿袭了这一思想，至于推类的依据"类同"，还是侧重于概念内涵方面的分析。

第四节　道家的"类"范畴思想

"道家"一词首见于汉初。《史记·陈丞相世家》："始陈平曰：'我多阴谋，是道家之所禁止。……'"道家作为一个学派，最早由司马谈在《论六家要旨》提出并论述其学术主旨与特点："道家无为，又曰无不为。其实易行，其辞难知。其术以虚无为本，以因循为用。无成埶（古通'势'），无常形，故能究万物之情。不为物先，不为物后，故能为万物主。有法无法，因时为业，有度无度，因物与合。故曰：'圣人不朽，时变是守。虚者道之常也，因者君之纲也。'群臣并至，使各自明也。其实中其声者谓之端，实不中其声者谓之窾。窾言（空话）不听，奸乃不生，贤不肖自分，白黑乃形。在所欲用耳，何事不成。乃合大道，混混冥冥。光耀天下，复反无名。凡人所生者神也，所托者形也。神大用则竭，形大劳则敝，形神离则死。死者不可复生，离者不可复反，故圣人重之。由是观之，神者生之本也，形者生之具也。不先定其神〔形〕，而曰'我有以治天下'，何由哉？"

班固在《汉书·艺文志》中也论述道："道家者流，盖出于史官，历记成败存亡祸福古今之道，然后知秉要执本，清虚以自守，卑弱以自持，此君人南面之术也。合于尧之克攘，易之嗛嗛，一谦而四益，此其所长也。及放者为之，则欲绝去礼学，兼弃仁义，曰独任清虚可以为治。"道家出于史官，他们熟悉历史，总结历史存亡教训，"执古之道以御今之有"，为治世服务。后继者更深入"秉要执本"，提出自然清虚之道，这当是老子。"绝去礼学，兼弃仁义"的"放者"当指庄子。

道家是先秦时期的一个思想派别，以老子、庄子为代表。道家的思想崇尚自然，有辩证法的因素和无神论的倾向，同时主张清静无为，反对斗争。道家思想的核心是"道"，认为"道"是宇宙的本原，也是统治宇宙中一切运动的法则。先秦诸子均论道，但都是具体的形而下的人事之道，以道作为天地万物本原和形而上本体的，只有老子。老子曾在他的著作中说："有物混成，先天地生。寂兮寥兮，独立而不改，周行而不殆，可以为天地母。吾不知其名，强字之曰'道'，强为之名曰'大'。"（《老子》二十五章）老子认为"道"是一个浑然一体的东西，在天地产生以前就存在了，它无声又无形，独立长存永不衰竭，循环运动而生生不息，它可以算作天下万物的根源。因此，后人以道家称谓老子学说及其学派。

道家虽然没有直接使用"类"这个概念，但不等于道家不知类，道家在阐释"道"时包含着丰富的"类"思想。老子、庄子是先秦时期道家学派的主要代表人物，二人并称为"老庄"。老庄哲学自成一套独特的宇宙论、认识论、方法论、自然哲学以及人生哲学，值得我们加以分析与探讨，对于"类"范畴的认识，老庄与墨子等人有着不同的见解。《鬼谷子》在很大程度上继承了老庄的"类"范畴思想。因此，理解道家的"类"范畴思想，先要领会道家对"道"的阐释。

一 老子与"道法自然"

老子的生卒年代不可确考，大约与邓析、孔子同时。老子的代表作为《老子》，又名《道德经》，是一部简括而有韵的哲学理论著作。老子主张绝圣弃智，忘情寡欲，提倡清静无为，无知无欲。《老子》一书善用比喻和民间谣谚。庄子继承和发展了老子"道法自然"的观念，认为"道"是无限的，认为一切事物都处于"无动而不变，无时而不移"之中，具有朴素的辩证法思想。

老子成为道家的创始人，因为他创立了"道"的理论，他将天道、地道和人道融而为一，提升为"道"，"道"成了天地万物之本及其人类生存发展的依据，这是老子哲学思想的核心，也是理解老子"类"范畴的思想基础。具体来讲，"道"在《老子》一书中，有三种不同的用法，与这三种"道"的诠释相对应的是三种不同的"类"范畴解释。

首先，"道"是客观存在的东西，是一切存在的总根源。老子认为，"道"在天地形成以前就存在了：

> 有物混成，先天地生。寂兮寥兮，独立而不改，周行而不殆，可以为天下母。吾不知其名，强字之曰"道"。（二十五章）

"道"是天地万物的本原和根基，天地万物都由它产生，"道生成世界万物是有其内在的秩序和必然性的，道在其生化即运动过程中，遵循着一定的法则，顺应着一定的道理"[①]。他说："道生一，一生二，二生三，三生万物。"（四十二章）也就是说，事物类是有次序的客观存在。

[①] 崔大华等：《道家与中国文化精神》，河南人民出版社 2003 年版，第 15 页。

通过对老子"道"是客观存在的分析，我们发现老子的"类"是一种客观存在，而且"类"有不同的层次，所以，老子在推理过程中也强调同类相推：

> 故以身观身，以家观家，以乡观乡，以邦观邦，以天下观天下。吾何以知天下然哉？以此。（五十四章）

老子主张从自身的情形推及别人的情形，从自家的情形推及别家的情形，从自己一乡的情况推及其他乡的情况，从自己一国的情形推及别国的情形。老子就是用这种推己及人、见微知著的方法了解天下的。

其次，"道"指自然规律。老子认为，事物总是不停地运动，而且遵循着某些规律：如"反者道之动"（四十章），事物向相反的方向运动发展，但最终又回到原来的状态。《老子》中有大量的相互对立的范畴，是老子从自然界、人类社会以及人的思维的观察中总结出来的。例如：

> 天下皆知美之为美，斯恶已；皆知善之为善，斯不善已。有无相生，难易相成，长短相形，高下相倾，音声相和，前后相随。（二章）
> 柔弱胜刚强。（三十六章）

"美与恶""有与无""难与易""长与短""高与下""前与后""柔与刚""弱与强"，这些不同的范畴相互对立，又相互依赖和补充。尽管在《老子》中没有出现"类"字，但是，这并不表明老子忽视了"类"这个范畴，或者说老子"不知类"。通过对《老子》的研究，不难发现，这些范畴正是老子考察了不同事物或现象的类别，然后抽象概括后而提出的。

老子还指出，一切事物相反对立的两个方面是可以互相转化的：

> 祸兮，福之所倚；福兮，祸之所伏。孰知其极？其无正也。正复为奇，善复为妖。（五十八章）
> 曲则全，枉则直，洼则盈，敝则新，少则得，多则惑。（二十二章）
> 大成若缺，其用不弊。大盈若冲，其用不穷。大直若屈，大巧若拙，大辩若讷。（四十五章）
> 物或损之而益，或益之而损。（四十二章）
> 将欲歙之，必固张之，将欲弱之，必固强之；将欲废之，必固兴

之;将欲夺之,必固与之。(三十六章)

老子认为,"福与祸""正与奇""善与妖""成与缺""盈与冲""直与屈""巧与拙""辩与讷""益与损""歙与张""弱与强""废与兴"等,这些相互对立的两个方面相互转化。这就是老子所讲的"物极必反"的规律。

老子这种朴素辩证法的观点,强调任何事物都有正反两方面,我们观察事物不要只看它的正面,也要注视它的反面,这样才能全面地了解事物。老子的这种认识,虽然承认客观世界存在不同的事物类,但很多情况下,模糊了"类"范畴的确定性认识。

最后,"道"指准则和法则。这种法则就是"自然无为",老子强调:

故道大,天大,地大,人亦大。……人法地,地法天,天法道,道法自然。(二十五章)

老子认为宇宙空间有四大类的事物:道,天,地,人。这四类事物之中"道"是最高法则。所谓"道法自然",并不是说"道"之上还有一个自然,而是"道"以它自己的状况为依据,纯任自然,不受其他外在力量的约束。天、地、人都取法"道",遵循着"道"的法则。他说:

治大国,若烹小鲜。(六十章)

老子认为治理大国与煎烹小鱼是同样的道理。煎烹小鱼不能老是翻动,否则就会把小鱼弄碎;治理国家也是一样,不能总是搅扰人民,否则人民就不得安宁。这是老子"无为"思想的体现。

《韩非子·解老》对老子理则意义的"道"的诠释为:"道者,万物之所然也,万理之所稽也。理者,成物之文也;道者,万物之所以成也。故曰:道,理之者也。"万事万物都有其理,有其则,而道是万理之合。詹剑峰在《老子其人其书及其论道》中阐释道:"理是限于一事一物或限于一类事一类物之理,而道是通于万事万物之原理,或通于万类事万类物之原理。"[①] 老子认为天、地、人都效法"道",从这一层面上说,它们又都是具有同理的同类。

---

① 詹剑峰:《老子其人其书及其论道》,华中师范大学出版社2006年版,第175页。

综上所述，我们可以发现，在"道"作为客观存在的基础上，老子认为"类"是一种客观存在，"类"具有不同的层次，可以进行同类相推，这些观点都具有合理的因素。但是，他认为"道"是万物遵循的总原则，天、地、人都要效法相同的法则"道"，从这一层面上说，天地万物又都是具有同理的同类，忽视了事物本质属性的认识。由此可见，老子的"道"与宋代的"理一分殊"一样，都体现了"类"的整体观。

二　庄子与"类与不类，相与为类"

庄子（约公元前369—前286），姓庄名周，字子休，宋国蒙（今河南商丘市东北）人，与孟子同时而稍晚，是道家学派的代表人物，与道家始祖老子并称为"老庄"。庄子推崇老子学说，反对儒、墨两派。他虽然"主无辩"，却是一个论辩不休的大辩者。他的思想见于《庄子》一书，今本《庄子》共三十三篇，其中《内篇》七篇、《外篇》十五篇以及《杂篇》十一篇。一般认为，《内篇》为庄子本人的著作，《外篇》《杂篇》为庄子后学的著作，但基本反映了庄子的思想。

自墨子赋予"类"以逻辑上的意义以后，"类"成为推类的重要依据，其他思想家对此多有论述。庄子的"类"首先表现为对墨子"类"思想的继承，对"类"的认识具有合理性的一面。庄子在某些地方也认为"类"具有同类、类似和物类的意思，如：

> 虎之与人异类而媚养己者，顺也；故其杀者，逆也。（《人间世》）
> 同类相从，同声相应，固之天理也。（《渔父》）

在此，庄子对"类"的认识继承了墨子对物类关系的认识，此时的"类"具有本质属性的含义。本质属性相同的事物为同类，而且同类事物具有相从的性质；老虎与人的本质属性不同，因而是异类。他在《山木》中接着说：

> 庄周游于雕陵之樊，睹一异鹊自南方来者，翼广七尺，目大运寸，感周之颡而集于栗林。庄周曰："此何鸟哉，翼殷不逝，目大无睹？"褰裳躩步，执弹而留之。睹一蝉，方得美荫而忘其身；螳螂执翳而搏之，见得而忘其形；异鹊从而利之，见利而忘其身。庄周怵然曰："噫！物固相累，二类相召也！"捐弹而反走，虞人逐而谇之。（《山木》）

上文提到的"蝉"与"螳螂"、"螳螂"与"异鹊"、"异鹊"与庄子,在庄子看来,它们是不同的类,即异类,本质属性不同。可见,庄子对物类的区别是非常清楚的。

庄子推崇老子学说,继承并发展了道家学派创始人老子的"道"思想,认为"道"是世间万物最一般的规律,从"道"的高度看待万物,万物同属一类。在哲学上,庄子提出"齐物论"的观点,对"类"范畴的认识产生了深刻影响。他的"齐物论"包含齐物与齐论两层含义,他认为世界万物虽然形状各异,归根结底却又是齐一的,这就是"齐物";在他的"齐物"观点的影响下,言论也没有是非之分,归根结底也是齐一的,称为"齐论"。

庄子的"齐物论"与惠施的"合同异"都讲到"万物一体"的观念,"自其异者视之,肝胆楚越也。自其同者视之,万物皆一体也"(《德充符》)。"天地与我并生,而万物与我为一。""天地一指也,万物一马也。"(《齐物论》)惠施所讲的"泛爱万物,天地一体"是以物论物,并不是以人为中心;庄周所讲"万物与我为一"的观念,则是以"我"为中心的,这是他们的重要区别。

在"齐物论"的哲学思想基础上,庄子认为"类"的区分是相对的。他提出"天地与我并生,而万物与我为一"(《齐物论》),是讲万物与"我"都是一类。他说:

> 故是举莛与楹,厉与西施,恢诡憰怪,道通为一。其分也成也,其成也毁也,凡物无成无毁,复通为一。(《齐物论》)

庄子认为小草和大木,丑陋的女人和美貌的西施,以及其他一切稀奇古怪的事物,从道理的观点来看都通而为一。万物有所分必有所成,有所成必有所毁,所以一切事物没有形成与毁灭的区别,都是一样的,这就是万物齐一的思想。

物类之间的关系具有绝对性和相对性,这是辩证法的观点,但是,庄子片面夸大了相对性的一面,抹杀了物类关系的绝对性。庄子认为"事物的'类'是无法区分的。你说此事物是这一类的,他说此事物是那一类的,究竟这个事物是哪一类的呢?各抒己见,无法判定,唯有听其自然"[①]。他说:

---

① 李匡武主编:《中国逻辑史资料选》,甘肃人民出版社1991年版,第226页。

> 以道观之，物无贵贱；以物观之，自贵而相贱；以俗观之，贵贱不在己。以差观之，因其所大而大之，则万物莫不大；因其所小而小之，则万物莫不小。知天地之为稊米也，知毫末之为丘山也，则差数睹矣。(《秋水》)

庄子认为，从"道"的角度来看，万物的存在都是"道"的体现，因而万物没有贵贱的区别。从万物的自身来看，每一事物都以自身为贵、他物为贱。从世俗的观点来看，贵贱的区分标准不在于自己而在于他人，而每个人都以己为贵、他人为贱，所以贵贱根本无法区分。大小的区分也是同样的道理，没有一个统一的标准来区分事物的大与小。在庄子看来，事物可能同时是"贵"的一类也是"贱"的一类，同时是"大"的一类也是"小"的一类，不能做出确定性的认识。从逻辑的角度来说，庄子片面夸大"类"的相对性的认识是不恰当的，因为认识事物都是在特定的条件下进行，比较的人或物都是特定的，因此"类"的区分应具有确定性和绝对性。

在言谈论辩方面，庄子认为"是非"是辩论不清的，所以"辩有不辩""辩有不胜"：

> 既使我与若辩矣，若胜我，我不若胜，若果是也，我果非也邪？我胜若，若不吾胜，我果是也，而果非也邪？其或是也，其或非也邪？其俱是也，其俱非也邪？我与若不能相知也，则人固受其黮闇，吾谁使正之？使同乎若者正之？既与若同矣，恶能正之！使同乎我者正之？既同乎我矣，恶能正之！使同乎我与若者正之？既同乎我与若矣，恶能正之！然则我与若与人，俱不能相知也，而待彼也邪？化声之相待，若其不相待，和之以无倪，因之以曼衍，所以穷年也。(《庄子·齐物论》)

庄子认为，如果我和你辩论，到底谁是谁非无法确定。假如让观点与你相同的人来判定，那么你的观点属于正确的一类，我的观点属于错误的一类；假如让观点与我相同的人来判定，那么我的观点属于正确的一类，你的观点属于错误的一类；如果让观点不同于你、我的人来判定，那么你、我的观点都属于错误的一类；如果让观点与我们相同的人来判定，那么你、我的观点都属于正确的一类。因此，在庄子看来，"是不是，然不然"(《齐物论》)，"是非"的关系是相对的、无法确定的，因此辩说就显得毫无意义。

庄子对"类"的理解,主要表现在他提出的著名论断"类与不类,相与为类"的思想中:

> 今且有言于此,不知其与是类乎?其与是不类乎?类与不类,相与为类,则与彼无以异矣。(《齐物论》)

这句话的意思是,现在在这里说一些言论,不知道这些言论与其他论者的言论是不是同一类呢?无论是否为同一类,反正都是发表了言论,就算是一类了。显然,庄子极其推崇"类"之间的相对性,这种极端的相对性思想却从另一个方面否定了"类"与"不类"两者之间的区别。

庄子对"类"范畴确定性认识的否定,这是违背逻辑常识的。《山木》篇云:

> 庄子行于山中,见大木,枝叶盛茂,伐木者止其旁而不取也。问其故,曰:"无所可用。"庄子曰:"此木以不材得终其天年。"夫子出于山,舍于故人之家。故人喜,命竖子杀雁而烹之。竖子请曰:"其一能鸣,其一不能鸣,请奚杀?"主人曰:"杀不能鸣者。"明日,弟子问于庄子曰:"昨日山中之木,以不材得终其天年,今主人之雁,以不材死;先生将何处?"庄子笑曰:"周将处乎材与不材之间。材与不材之间,似之而非也,故未免乎累。"

这段话中包含了两组推类形式。
(1)庄子运用的推类形式:
　　"不材"的人与"不材"的树木同类,
　　"不材"的树木可以终其天年,
　　所以,"不材"的人可以终其天年。
(2)庄子弟子运用的推类形式:
　　"不材"的人与"不材"的鹅同类,
　　"不材"的鹅不能终其天年,
　　所以,"不材"的人不能终其天年。
这两组推类得出一个互相矛盾的命题:"不材"的人既可以终其天年,又不能终其天年。庄子为了得出"不材"的人可以终其天年,选择处于"材与不材之间"。从概念的"二分法"可知,在"材"与"不材"之间不可能有第三类存在。庄子认为树木或人既可以属于"材"的一类，也可以属于"不材"的一类，这是由于庄子对"类"范畴确定性认识的否定造成的。

综上所述，庄子认为"类"的区分是相对的，这就模糊了"类"的确定性认识。庄子还认为物类之间的关系具有绝对性和相对性，尽管这是辩证法的观点，但是，庄子片面夸大了相对性的一面，从而抹杀了物类关系的绝对性。由于庄子极其推崇"类"之间的相对性，这种极端的相对性思想却从另一个方面否定了"类"与"不类"两者之间的区别。

第五节　法家与纵横家的"类"范畴思想

法家是中国战国时期以法治为思想核心的重要学派。其思想先驱可追溯到春秋时期的管仲、子产，其早期代表为战国中期的李悝、商鞅、慎到、申不害等，战国末期的韩非子是法家思想的集大成者。早期的法家大致分为三派：商鞅重"法"，申不害重"术"，慎到重"势"，韩非集早期法家之大成，主张三者相结合，作为加强君主专制的工具，从而系统地发展了法家的法治思想。

司马谈在《论六家要旨》中指出："法家不别亲疏，不殊贵贱，一断于法，则亲亲尊尊之恩绝矣。可以行一时之计，而不可长用也，故曰'严而少恩'。若尊主卑臣，明分职不得相逾越，虽百家弗能改也。"法家不区别亲疏远近，不区分贵贱尊卑，一律依据法令来决断，那么亲亲属、尊长上的恩爱关系就断绝了。这些可作为一时之计来施行，却不可长用，所以说法家"严酷而刻薄寡恩"。至于说到法家使君主尊贵，使臣下卑下，使上下名分、职分明确，不得相互逾越的主张，即使百家之说也是不能更改的。班固《汉书·艺文志》记载："法家者流，盖出于理官。信赏必罚，以辅礼制。《易》曰'先王以明罚饬法'，此其所长也。及刻者为之，则无教化，去仁爱，专任刑法而欲以致治，至于残害至亲，伤恩薄厚。"法家学派，大概源于治狱之官，重视法律，反对儒家的礼，主张用刑法治理国家。所以，法家的"类"范畴思想离不开"法"（"统类"）。

一　法家韩非与"明分以辩类"

韩非（约公元前280—前233年），战国末期韩国人。他出身于没落贵族家庭，与李斯同为荀子的学生，是法家学说的集大成者。据《史记·韩非列传》记载，韩非本是韩国的王族贵人，但是，他的理论不被当时的韩王所采纳，在悲愤之下，写出了《孤愤》《五蠹》《内外储》《说林》《说难》等十余万言的著作。后来这些著作传到了秦国，秦王政看完后，发出了"嗟乎！寡人得见此人与之游，死不恨矣"的感叹。韩非在出使秦国时，却没有得到秦王的信任，更被李斯、姚贾陷害，最后自杀于秦狱中。韩非虽然一生都没能施展自己的抱负，却著成了流传千古的《韩非子》。现存《韩非子》一书，共五十五篇，除《初见秦》《存韩》《饬令》等篇存在争议外，绝大部分是出自韩非之手，是研究韩非思想的主要资料。

韩非继承和总结了战国时期法家的思想，提出了君主专制中央集权的理论。他继承了荀子的正名逻辑思想，把它应用于法治实践。韩非说，圣人治国之道有三："一曰利，二曰威，三曰名。荀夫利者所以得民也，威者所以行令也，名者上下之所同道也。非此三道，虽有不急矣。"（《韩非子·诡使》）韩非认为治国的三种手段是"利""威""名"，把"正名"的这种政治功能也看成不可或缺的治国之道。韩非的这一思想同荀子所说的"王者之制名，名定而实辨，道行而志通，则慎率民而一焉"（《荀子·正名》）的思想是一致的。韩非认为民众的本性是"恶劳而好佚"，只有用法来约束民众，才"禁奸于为萌"（《韩非子·心度》）。韩非提出了矛盾学说，用矛和盾的寓言故事，说明"不可陷之盾与无不陷之矛不可同世而立"的道理。

《韩非子》集中反映了处在上升时期的地主阶级的要求，韩非总结了前期法家思想的理论和实践，提出了以法、术、势为核心的一整套法家学说思想，为建立君主专制的中央集权提供了理论依据。

韩非经常用一些具体的事例来说明抽象的道理，他的"类"范畴思想主要体现在他的"连类譬喻"的推类方法中。与其他先秦各家学派的论述相比，韩非对"类"范畴的发展主要有以下几点。

第一，韩非提出"明分以辨类"的思想。

在《韩非子·扬权》中，韩非指出：

> 审名以定位，明分以辨类。

《韩非子集解》解释为："审查其名，则事位自定；明识其分，则物类自辩。"[①] 从逻辑上看，韩非所说的"审名"，实际上相当于现代逻辑中的

[①] （清）王先慎撰，钟哲点校：《韩非子集解》，中华书局1998年版，第47页。

给一个概念下定义。所谓"定位",就是找出事物的确定位置。"明分以辨类",就是通过划分的方法把不同的认识对象分为不同的类。难能可贵的是,韩非把"明分"与"辨类"这两者联系在一起,指出只有"明分",才能"辩类"。《韩非子》全书不乏分类,韩非对类概念的分析和分类的概念认识,都是根据具体事物的类别作出分解,不仅仅限于对抽象概念的分类,他的分类方法主要是二分法和多分法,仅从篇章题目上看,就有《二柄》《三守》《八奸》《十过》《六反》《八说》《八经》《五蠹》等。

第二,韩非进一步发展了"察类""知类"的思想。

与墨子一样,韩非也认为"察类""知类"是很重要的。他认为不知类就要犯错误,甚至可能会造成严重不良的后果:

> 夫欲追速致远,不知任王良;欲进利除害,不知任贤能,此则不知类之患也。夫尧、舜,亦治民之王良也。(《难势》)

这句话的意思是想要赶上快速飞奔的车马而到达远方,却不知道任用王良;想要进取利益、消除祸患,却不知道任用贤能的人,这就是不懂得类比的祸患啊。那尧舜也就是治理人民的王良呀。在《孤愤》中,韩非接着指出:

> 知不类越,而不知不类其国,不察其类者也。

韩非认为如果知道自己的国家不像越国那样遥远而无法控制,却不知道自己的国家现在被大臣专权已经不像自己的国家,这就是不明察自己的国家与越国相似。

对于"知类""察类"的重要性,韩非在《人主》中进一步指出:

> 今势重者,人主之爪牙也,君人而失其爪牙,虎、豹之类也。宋君失其爪牙于子罕,简公失其爪牙于田常,而不蚤夺之,故身死国亡。今无术之主,皆知宋、简之过也,而不悟其失,不察其事类者也。

韩非认为权势这种东西,就是君主的爪牙,统治民众的君主如果失去了自己的爪牙,就成了失去爪牙的虎、豹之类了。宋桓公把自己的爪牙丢给了子罕,齐简公把自己的爪牙丢给了田常,而不及早夺回它们,所以身死国亡。现在没有掌握统治术的君主都清楚地知道宋桓公、齐简公的过错，却不明白自己的政事与宋桓公、齐简公之事的相似。荀子善于用类比的方法说明道理。

第三，韩非的"矛盾之说"。

韩非发展了荀子的"类不可两"思想，总结出了著名的"矛盾之说"，这是韩非在逻辑上的最大贡献。"矛盾之说"的基本内容是：

> 楚人有鬻盾与矛者，誉之曰："吾盾之坚，物莫能陷也。"又誉其矛曰："吾矛之利，于物无不陷也。"或曰："以子之矛陷子之盾，何如？"其人弗能应也。（《难一》）

韩非将"矛盾之说"概括为"不相容之事，不两立也"（《五蠹》）。意思是，不相容的两类事物是不能同时存在的，主要揭示了普通逻辑所讲的，具有反对关系的命题不能同时为真，相当于现代逻辑中的矛盾律。但是，韩非"并未像形式逻辑的创始人亚里士多德对矛盾律解释的那么科学和准确。它们的区别在于，韩非有时是在对客观事物的比喻意义上使用'不相容之事，不两立'这一观点，而亚里士多德是将思维现象同客观事物分离开来，以纯粹的状态研究思维规律，韩非也就作不出亚里士多德那样的对矛盾律元语言层次的叙述"[①]。韩非的"矛盾之说"这种思想最早来源于孔子的"攻乎异端"或"叩其两端"，后来墨子进一步提出要"明故"与"知类"，公孙龙接着提出"两明而道丧"，荀子则提出了"类不可两"的思想，沿着这条脉络，韩非最终提出了"矛盾之说"。

第四，韩非"连类譬喻"的推类方法。

韩非在《喻老》篇用一些具体事例阐发《老子》思想中的抽象道理，文章简练明白，条理清晰，很有说服力。韩非有一段著名的论断：

> 扁鹊见蔡桓公，立有间。扁鹊曰："君有疾在腠理，不治将恐深。"桓侯曰："寡人无疾。"扁鹊出。桓侯曰："医之好治不病以为功。"居十日，扁鹊复见曰："君之病在肌肤，不治将益深。"桓侯不应。扁鹊出。桓侯又不悦。居十日，扁鹊复见曰："君之病在肠胃，不治将益深。"桓侯又不应。扁鹊出。桓侯又不悦。居十日，扁鹊望桓侯而还走，桓侯故使人问之。扁鹊曰："病在腠理，汤熨之所及也；

---

① 刘志华：《论韩非的矛盾律思想》，《山东师范大学学报》2004年第6期。

在肌肤，针石之所及也；在肠胃，火齐之所及也；在骨髓，司命之所属，无奈何也。今在骨髓，臣是以无请也。"居五日，桓侯体痛，使人索扁鹊，已逃秦矣。桓侯遂死。故良医之治病也，攻之于腠理。此皆争之于小者也。夫事之祸福亦有腠理之地，故圣人蚤从事焉。（《喻老》）

韩非用"扁鹊见蔡桓公"的具体例子来说明，事情的祸福刚露出苗头的时候，圣人要及早加以处理，这样才能免遭更大的祸患。在论证中，"夫事之祸福亦有腠理之地，故圣人蚤从事焉"为结论，之前的具体事例是前提。《喻老》篇还说：

势重者，人君之渊也；君人者，势重于人臣之间，失则不可复得矣。简公失之于田成，晋公失之于六卿，而邦亡身死。故曰："鱼不可脱于深渊。"

第一句说明权势的重要性，第二句用具体事例加以说明，第三句是老子的话，韩非用以说明君主不可丢掉权势犹如"鱼不可脱于深渊"，因为它们的道理是相通的。

重要的是，韩非首创一种表达逻辑推理的文体格式，如"人有祸，则心畏恐；心畏恐，则行端直；行端直，则思虑熟；思虑熟，则得事理。行端直，则无祸害；无祸害，则尽天年。得事理，则必成功。尽天年，则全而寿。必成功，则富与贵。全寿富之谓福。而福本于有祸。故曰：'祸兮福之所倚。'以成其功也"（《解老》）。这是"韩非对我国语言逻辑方面的一大贡献"①。他的这种逻辑推理方法，到魏晋时期陆机、葛洪发展为文学方面的表达形式，称为"连珠"。正如汪奠基所言："'连珠体'或'演连珠'，这类名称是从汉代文学界开始的。但是，我们认为所有它的形式结构或表达方式上单复不同的体例，都在古代逻辑推类的形式中早就运用过了。"② 总之，韩非部分继承了先秦诸子的"类"范畴思想，所不同的是，他大量运用"连类譬喻"的推类方法来说明一些抽象的道理，发展了推类的论证形式，取得了一定的成果。

---

① 李匡武：《中国逻辑史》（先秦卷），甘肃人民出版社1989年版，第330页。
② 汪奠基：《略谈中国古代"推类"与"连珠体"》，载《回顾与前瞻：中国逻辑史研究30年》，中国社会科学出版社2011年版，第114页。

二 纵横家鬼谷子与"见微知类"

纵横家是战国时以从事政治外交活动为主的一派,我国传统上有"三教九流"之说,《汉书·艺文志》将其列为"九流"之一。纵横家出现于战国至秦汉之际,多为策辩之士,可称为中国五千年中最早也最特殊的外交政治家。他们的出现主要是因为当时割据分争,王权不能稳固统一,需要在国力富足的基础上利用联合、排斥、威逼、利诱或辅之以兵之法不战而胜,或以较少的损失获得最大的收益。

九流十家中有"纵横家者流",是其中最讲实务的,一切从客观出发,并以取得成功为目标。他们其实是一类杰出的谋士和辩士,一直是战国社会舞台上的活跃分子,并且举足轻重,被形容为"翻手为云,覆手为雨",操纵着战国斗争的局势。

鬼谷子为纵横家之鼻祖,纵横家所崇尚的是权谋策略及言谈辩论之技巧,其指导思想与儒家所推崇之仁义道德大相径庭。因此,历来学者对《鬼谷子》一书推崇者甚少,而讥诋者极多。其实外交战术之得益与否,关系国家之安危兴衰;而生意谈判与竞争之策略是否得当,则关系到经济上之成败得失。即使在日常生活中,言谈技巧也关系到一人之处世为人之得体与否。所谓"智用于众人之所不能知,而能用于众人之所不能"。潜谋于无形,常胜于不争不费,此为《鬼谷子》之精髓所在。

《鬼谷子》一书是先秦纵横家的理论著作,最早著录于《隋唐经籍志》,是春秋以来行人游说、谏说的经验技巧的总结。《鬼谷子》历来被大多数学者视为伪书,唐柳宗元云:"《鬼谷子》后出,险盭峭薄,恐其妄言乱世,难信,学者宜其不道。"而且其学说"佞人为之,则便辞利口,倾危变诈,至于贼害忠信,覆邦乱家"①。后来马王堆汉墓帛书与郭店楚简的相继出土,人们对《鬼谷子》进行了重新审视,认为"内容为游说辞令的《苏子》与内容为游说理论的《鬼谷子》并存,符合战国时期的实际情况"②。关于《鬼谷子》的著作者,据《隋唐经籍志》等记载,《鬼谷子》的著作者是鬼谷先生,战国时楚国人,周世隐居于颍川阳城之鬼谷,所以后世称为鬼谷先生,东周战国时魏国人。生于魏国(相传为今河北省临漳县香菜营乡谷子村),曾在韩、宋,齐三国任职,后因不愿让故人为难,辞去官职,隐居于朝歌清溪之鬼谷,自称鬼谷先生,常入云梦山采药修道,享年75岁。鬼

---

① 许富宏:《鬼谷子集校集注·前言》,中华书局2008年版,第1页。
② 许富宏:《鬼谷子集校集注·前言》,中华书局2008年版,第1页。

谷子的主要著作有《鬼谷子》及《本经阴符七术》。《鬼谷子》侧重于权谋策略及言谈辩论技巧，而《本经阴符七术》则集中于养神蓄锐之道。《本经阴符七术》之前三篇说明如何充实意志，涵养精神。后四篇讨论如何将内在的精神运用于外，如何以内在的心神去处理外在的事物。

《鬼谷子》一书共有10处涉及"类"字，《本经阴符七术》中涉及5处，从总体上看，其语义主要有以下几种。

第一种意思是种类。例如，在《鬼谷子·捭阖》中，鬼谷子提出：

  筹策万类之终始，达人心之理，见变化之朕焉，而守司其门户。（《鬼谷子·捭阖》）

这句话的意思是测算万物的发展变化过程，通晓人类思维的规律，揭示事物变化的征兆，从而控制事物发展变化的关键。很明显，鬼谷子已经深刻意识到根据事物的发展变化，可以推演出事物变化的情况，进而控制这种事物的发展。在《本经阴符七术》中，鬼谷子也提到了万类的概念：

  真人者，同逃邙合道，执一而养万类。（《本经阴符七术·盛神法五龙》）
  以变论万类，说意无穷。（《本经阴符七术·转图法猛兽》）

在《本经阴符七术》中，鬼谷子强调：

  天地无极，人事无穷，各以成其类。（《本经阴符七术·转图法猛兽》）

这里，这句话的意思是天地事物虽然很复杂，但是他们各以成其类。《鬼谷子》篇又指出，不同性质的事物属于不同的类：

  诸言法阳之类者，皆曰"始"……诸言法阴之类者，皆曰"终"。（《鬼谷子·捭阖》）

凡是那些遵循"阳道"的，都可以称为"新生派"一类……凡是那此遵循"阴道"的，都可以称为"没落派"一类。在《鬼谷子》中，鬼谷子认为：

> 故言多类，事多变。故终日言不失其类，而事不乱。(《鬼谷子·权篇》)

这句话的意思是游说辞令有许多类，所说之事又随时变化。如果整天游说，能不脱离原则，事情就不出乱子。通过上述分析，我们认为，上述例句中的"类"都表示的是种类的意思。

第二种意思是同类。

鬼谷子的"类"概念也具有同类的含义，他指出在没有见到这类情况就行动的人，定会事与愿违：

> 不见其类而为之者，见逆。(《鬼谷子·内揵》)

我们发现在《鬼谷子·摩篇》中，鬼谷子已经赋予"类"逻辑上的意义，把"类"作为逻辑推理的一种依据，如：

> 故物归类；抱薪趋火，燥者先燃；平地注水，湿者先濡；此物类相应，于事誓犹是也。此言内符之应外摩也如是，故曰：摩之以其类，焉有不相应者。(《鬼谷子·摩篇》)

鬼谷子认为，世界上万事万物都可以归类。好比抱着柴草向烈火走去，干燥的柴草就先着火燃烧；往平地倒水，低的地方就会先进水。这些现象都是与各类事物的性质相适应的。以此类推，其他事物也是这样的。这也反映了"内符"与"外摩"的道理。所以说，按着事物的不同特性来实施"摩意"之术，哪有不应的呢？

第三种意思是推类。

和墨子一样，鬼谷子也提出了"知类"的逻辑思想，在《本经阴符七术》中，鬼谷子认为圣人通过"推类"而认识新的事物：

> 智略计谋，各有形容，或圆或方，或阴或阳，或吉或凶，事类不同。故圣人怀此之用，转圆而求其合。(《本经阴符七术·转图法猛兽》)
>
> 圣人者，以类知之。(《本经阴符七术·盛神法五龙》)

《鬼谷子》中也提出"知类"的思想：

> 虽非其事，见微知类。(《鬼谷子·反应》)

我们不难发现，鬼谷子的这种思想似乎等同于传统逻辑中的从个别推出一般的归纳推理，这和后来荀子所提出的"以一知万"的推类思想有异曲同工之妙。

通过鬼谷子所提出的"知类"思想，我们可以知道，鬼谷子虽然没有明确提出"推类"思想，但是，鬼谷子已经开始自觉用"类"来指导自己的推理思维行动了。

综上所述，先秦时期是中国"类"范畴思想的形成阶段，也是"类"范畴思想发展最辉煌的时期，诸子百家对"类"范畴思想都有涉及。儒家创始人孔子的"类"范畴思想主要运用于伦理思维；孟子的"类"范畴思想渗透着他对"类"有共同本质规定的认识；荀子的"统类""以类度类"更多地受到政治伦理的影响。墨家墨子提出的"察类明故"标志着逻辑意义上"类"范畴思想的产生；后期墨家提出的推类依据、推类原则、推类形式等"类"范畴思想，代表了中国古代逻辑"类"范畴思想的发展水平和特点。名家邓析提到别类的重要性；惠施、公孙龙分析了"类"的属种关系，从概念的内涵与外延两个方面展开研究。道家老子和庄子从"道"的高度看待万物，从而导致"无类"思想。纵横家的《鬼谷子》也基本上沿袭了老庄的"类"范畴思想。法家集大成者韩非用"连类譬喻"的推类方法来说明一些抽象的道理，遵循了墨家的推类思想，发展了推类的论证形式。

后期墨家提出"辞以类行"是对墨家推论理论的集中概括，是逻辑意义上"类"范畴的真正建立。后期墨家对"类"范畴的研究已经相当成熟，提出推类的理论依据是"类同"，推类的基本原则是"以类取，以类予""异类不比"，还列举了"效、辟、侔、援、推、止"等具体的推类形式。至此，"类"范畴思想完成了理论上的高度概括，成为逻辑理论中最普遍的范畴。

总之，先秦时期是"类"范畴发展最辉煌的时期，"类"范畴在这一时期得到了充分发展，并完成了理论上的高度总结。先秦时期"类"范畴的研究成果，尤其是后期墨家的研究成果是中国逻辑发展的重要结晶，代表了中国逻辑"类"范畴的发展水平和特点。但是，由于社会历史条件的限制，特别是在汉武帝提出独尊儒术、罢黜百家之后，"类"范畴研究所取得的成就都很难超越先秦时期，这也是中国逻辑未能取得长足发展的重要原因。

第三章 秦汉时期的"类"范畴思想

在秦统一中国后,社会趋向安定团结,文化上逐渐走向统一,这也就失去了论辩的环境,这种发展趋势,要求一种融合百家的统一理论。秦末至两汉时期(为了行文的方便,在本书中,我们把这一时期用秦汉来表示)的逻辑思想就是在吸收、融合和整理先秦逻辑思想的基础上发展起来的。儒墨在先秦时期并称"显学",到汉代,提出了独尊儒术、罢黜百家的思想,墨学随之衰微。与先秦光辉灿烂的逻辑思想相比,秦汉之后中国古代逻辑的发展较为逊色。

秦汉时期的"类"范畴思想,以汉武帝提出独尊儒术、罢黜百家为分界点,在此之前的"类"范畴研究其主要特征是对"推类之难"的问题进行了进一步的深化,提出了"类可推,又不可必推"的思想,并进一步分析了"类不可必推"的原因,这一时期以《吕氏春秋》和《淮南子》两部著作为代表。先秦时期的逻辑学家都重视"类"范畴和推类的研究,他们认识到推类也是存在一定缺陷的,公孙龙、墨家都认识到了这一点,《墨经》中就提出:"推类之难,说在名之大小。"对于这个问题,先秦诸子并没有从根本上解决。秦汉时期的著作吸收了先秦时期的"类"观念,并对"推类之难"这一问题进行了详细的研究,提出了"类可推,又不可必推",分析了"类不可必推"的原因,在此基础上强调了求"故"的重要性,使"类"范畴由"知类"发展到"求故"阶段,从而深化了先秦时期的"类"范畴。

自汉武帝提出独尊儒术、罢黜百家之后,"类"范畴研究不像墨家一样,在纯粹的逻辑理论的意义上阐述,而是和其他学科进行了交融。正如汪奠基所说:"由于名辩的思想发展,在历史上受到了许多阻碍(如墨学的被排斥),所以,逻辑思想形式不少东西都结合到其他科学方面去了,这是我们应该注意整理的大问题。"[①] 这一时期的逻辑思想,"确乎变得有

---

① 汪奠基:《略谈中国古代"推类"与"连珠体"》,载《回顾与前瞻:中国逻辑史研究30年》,中国社会科学出版社2011年版,第114页。

些另起炉灶的味道。连续性被斩断,问题几乎要重新提出,一切都蒙上了一层儒学的色彩"①。但这个儒学思想与先秦时期的儒学又不完全相同,是被董仲舒改造加工过的儒学,强调天人感应,具有浓厚的神学色彩,"类"范畴成为他阐述神学思想的武器。他的逻辑思想所体现的主要特征就是无类的比附和神学的概念起源,这种建立在唯心主义基础上的"比类"思想,歪曲了先秦诸子对于"类"的认识,具有浓厚的神学色彩,导致他的类比推理成了无类的比附。王充从朴素的唯物主义哲学观点出发,承认"类"是客观存在的,天和人属于不同的种类,有力地批判了董仲舒以来的天人感应学说。在两汉时期,"类"范畴与神学纠缠在一起,成为他们论证或反对神学的有力武器。王符、徐干在名辩思想中把"辩"与"别类"联系起来,使得"类"范畴与社会伦理又紧密联系在一起。

第一节 《吕氏春秋》与"类固不必可推知"

《吕氏春秋》是吕不韦在任秦国宰相时召集宾客所写的一部集体著述。《史记·吕不韦列传》说:"吕不韦乃使其客,人人著所闻,集论以为八览、六论、十二纪,二十余万言。"《汉书·艺文志》云:"杂家《吕氏春秋》,二十六卷,秦相吕不韦辑智略士作。"《吕氏春秋》的内容则是"兼儒墨,合名法"(《汉书·艺文志》),即以儒、道思想为主,融合名、法、墨、阴阳各家之言。

《吕氏春秋》的哲学思想具有朴素的唯物主义的性质。在宇宙本原的问题上,《吕氏春秋》继承并发展了老子的唯物主义精气说,认为世间万物都是由物质的精气构成的,并且在不停地运动着,"天为高矣,而日月星辰云气雨露未尝休也。地为大矣,而水泉草毛羽裸鳞未尝息也"(《吕氏春秋·观表》)。这种运动是没有终极的,"与物变化,而无所终穷"(《吕氏春秋·下贤》)(以下引文无特殊说明,皆出自《吕氏春秋》)。《吕氏春秋》认为天地也是由精气运动形成的,它说:"天地有始,天微以成,地塞以形。"(《有始》)

《吕氏春秋》从物质运动的角度说明万物的生成,具有朴素唯物主义的观点,同时它又认为物质运动是一个周而复始的过程,"物动则萌,萌而生,生而长,长而大,大而成,成乃衰,衰乃杀,杀乃藏,圜道也"

---

① 周文英:《中国逻辑思想史稿》,人民出版社1979年版,第59页。

(《圜道》)。

在历史观方面,它认为社会的演变和朝代的更替与自然界的运动一样,是一种循环运动,"今之于古也,犹古之于后世也。今之于后世,亦犹今之于古也。故审知今,则可知古,知古则可知后,古今前后一也"(《长见》)。显然,这种观点具有形而上学的特点,但是《吕氏春秋》在阐释某些社会现象时,也反映了社会进化发展的观点。《察今》篇指出,当历史发生了改变,那么相应的政策等也要随之发生改变:"世易时移,变法宜矣……故凡举事必循法以动,变法者因时而化。"

在认识论方面,《吕氏春秋》认为人是可以认识事物的,但人的认识能力不是先天就有的,而是后天通过学习得来的。它说:"不知理义,生于不学。"(《劝学》)而且认为人的认识能力是有局限的。《吕氏春秋》否定鬼神的存在,也不承认天命。它认为人的生死不是上天注定的,这是一种客观的必然性。《节丧》篇说:"凡生于天地之间,其必有死,所不免也。"无疑,这些观点都反映了《吕氏春秋》哲学思想中朴素的唯物主义性质。

《吕氏春秋》中的"类"范畴思想是极其丰富的,它在先秦"类"范畴思想的基础上,提出了"类固相召"与"类固不必可推知"的推类思想,从中体现"类"的复杂性。

一 "类固相召"

《吕氏春秋》首先承认了类固相召的思想。《吕氏春秋》沿袭了先秦时期荀子"古今一度也,类不悖,虽久同理"的思想,在《有始》中说明物类是不变的:

> 天地有始。天微以成,地塞以形。天地合和,生之大经也。以寒暑日月昼夜知之,以殊形殊能异宜说。夫物合而成,离而生。知合知成,知离知生,则天地平矣,……天地万物,一人之身也,此之谓大同。众耳目鼻口也,众五谷寒暑也,此之谓众异。则万物备也。天斟万物,圣人览焉,以观其类。

这段话主要论述了天地万物产生的过程。天地都有自己的初始,轻微之物上升而形成天,重浊之物下沉而形成地,万物又都生于天地,就像人由母体产生一样。天地万物与一人之身同理,所以称为大同。人有耳目鼻口,物有五谷寒暑,这就形成了差异,有差异万物就齐备了。圣人遍览万物以了解它们的类别。《应同》篇指出万物是以类相生的观点:"齐类同皆有合……皆类其所生。"

《吕氏春秋》指出,形形色色的天地万物都是由精气构成的,同类同气的事物存在一种客观联系,因此《召类》和《应同》篇都提到"类同相召"的思想。《说文解字》云:"召,呼也。""类同相召"的意思就是同类事物就能互相召引。《应同》篇列举了大量的自然现象和社会现象,说明了"类同相召"的规律:

> 类固相召,气同则合,声比则应。鼓宫而宫动,鼓角而角动。平地注水,水流湿;均薪施火,火就燥。山云草莽,水云鱼鳞,旱云烟火,雨云水波,无不皆类其所生以示人……夫覆巢毁卵,则凤凰不至;刳兽食胎,则麒麟不来;干泽涸渔,则龟龙不往。物之从同,不可为记。(《应同》)

意思是说物类相同的就互相召引,气味相同就互相投合,声音相同就互相应和。例如宫与宫相应,角与角相应。平地灌水,水先流向潮湿的地方;柴草上点火,火先燃向干燥的地方等,这些现象都向人们显示相从类事例的发生。相反,如果打翻鸟巢,弄坏鸟卵,那么凤凰就不会再来;如果剖腹取胎,那么麒麟也不会再来;如果把池水弄干来捕鱼,那么龟龙就不会再来。同类事物相从的现象,不可胜记。

《吕氏春秋》认为不仅自然界的事物遵循"类同相召"的规律,社会亦如此:

> 子不遮乎亲,臣不遮乎君。君同则来,异则去。故君虽尊,以白为黑,臣不能听;父虽亲,以黑为白,子不能从。(《应同》)

儿子不会一味被父亲遏制,臣子不会一味被君主遏制。志同道合就在一起,否则就会分开。因此君主虽然尊贵,但如果把白的当成黑的,臣子也不会顺从;父亲虽然亲近,但如果把黑的当成白的,儿子也不会依从。

通过上面举例来看,《吕氏春秋》提出的"类同相召"的思想,并非直接肯定推类,只是为"类可推"提供了条件。《察今》篇认识到同类事物之间是可以推类的,对"类可推"做出了肯定的回答:

> 有道之士,贵以近知远,以今知古,以所见知所不见。故审堂下

之阴,而知日月之行,阴阳之变;见瓶水之冰,而知天下之寒,鱼鳖之藏也;尝一脟肉,而知一镬之味,一鼎之调。

这指出了明白事理的人,都重视由眼前的情况推知"远""古"的情况,这就是"以所见知所不见",即推理的作用。《观表》篇也说:"圣人上知千岁,下知千岁,非意之也,盖有自云也。"圣人上可知千年,下可知千年,不是猜测的,而是可以类推的。

人们认识、掌握了事物类,就可以以类而推。但以类而推也不是没有问题的,这就决定了在有些情况下是不能以类相推的。所以,《吕氏春秋》在肯定推类的同时,又提出了"类固不必可推知"的思想。

二 "类固不必可推知"

《别类》篇指出"类固不必可推知"的原因之一在于"物多类然而不然",即事物经常类似于这样而实际上又不是这样,举例说明如下:

> 夫草有莘有藟,独食之则杀人,合而食之则益寿。万堇不杀,漆淖水淖,合两淖则为蹇,湿之则为干。金柔锡柔,合两柔则为刚,燔之则为淖。或湿而干,或燔而淖,类固不必可推知也?

《吕氏春秋》列举了大量自然现象,说明对事物的认识不能只看表面,否则会发生推类谬误。如莘和藟都是草药,单独服用会致人死命,按一定比例合在一起服用却能延年益寿;蜂和乌头是毒物,但两种毒物混合着吃却不会毒死人;漆和水都是流体,按照一定比例混合它们会凝固起来,变得坚硬,越是潮湿就干得越快;把柔软的铜和锡合在一起,反而变得坚硬,如用火烧则会变成流体。有些东西弄湿后反而干燥,有些焚烧后反而变成流体,本来就不一定是相同的物类,又怎能推知呢?《别类》篇根据对事物的详尽观察,总结出类是不可必推的,这是合乎科学的。温公颐先生认为,"从这些实例的经验证明物类本身的复杂性,我们不能仅凭抽象的同一性做出演绎的必然结论,而必须进行经验的归纳,才能得出真实的论断"[①]。

《疑似》篇讲到物类的相似性也往往让人迷惑,不注意辩察就会造成严重后果:

---

① 温公颐:《中国中古逻辑史》,上海人民出版社1989年版,第11页。

> 使人大迷惑者，必物之相似也。玉人之所患，患石之似玉者；相剑者之所患，患剑之似吴干者；吴干，吴之干将者也。贤主之所患，患人之博闻辩言而似通者。通，达也。亡国之主似智，亡国之臣似忠。相似之物，此愚者之所大惑，而圣人之所加虑也。

意思是，像石头一样的玉，像吴干一样的剑，能言善辩像通达事理的人，亡国的君主好像很聪明，亡国的臣子好像很忠诚，这些相似的事物，连圣人都要认真思索，更何况我们这些愚昧之人呢。物类的相似性让人难以分辨。

《应同》篇接着指出物类是复杂的，用相同的推理模式去推论不同的问题也会出现错误：

> 小方，大方之类也；
> 小马，大马之类也。
> 小智，非大智之类也。

小方与大方都属于方形，故同为一类，小马与大马本质相同，故为同类，如果照此类推，小智与大智同类，则是错误的。因为小智与大智表面相同，本质则是不同的，小智是指要小聪明，弄小权术，大智才是真正的智慧。

"类固不必可推知"的原因除了事物本身的复杂性之外，还在于人们认识方面的局限性：

> 目固有不见也，智固有不知也，数固有不及也。（《别类》）
> 穴深寻，则人之臂必不能极矣。是何也？不至故也，智亦有所不至。（《悔过》）

就是说人的眼睛、智慧、道术本来就有不及之处，人们有时只能在小处明察，却不懂得大道理。正如《去尤》所云："东面望者不见西墙，南向视者不睹北方。"《别类》篇引用鲁人公孙绰的一个笑话，进行了形象生动的说明：

> 鲁人有公孙绰者，告人曰："我能起死人。"人问其故。对曰："我固能治偏枯，今吾倍所以为偏枯之药，则可以起死人矣。"

这个推理错误的原因在于公孙绰"不知而自以为知",认为"偏枯之药"加倍就能救活"死人",混淆了"偏枯"和"死人"这两个不同的概念,其内涵不同。"偏枯之药"能治愈偏枯之病,但如果加倍却不能救活"死人"。这一笑话说明公孙绰在认识上的局限性。对于出现这种推理错误的原因,《吕氏春秋·别类》篇总结道:"物固有可以为小,不可以为大,可以为半,不可以为全者也。"就是说有的事物只能在小范围起作用,不能在大范围起作用,有些只能对局部起作用,不能在全局起作用。

对于这个问题,《别类》篇又用一个具体事例进行说明:

> 相剑者曰:"白所以为坚也,黄所以为韧也,黄白杂则坚且韧,良剑也。"难者曰:"白所以为不韧也,黄所以为不坚也,黄白杂。则不坚且不韧也。又柔则锩,坚则折。剑折且锩,焉得为利剑?"剑之情未革,而或以为良,或以为恶,说使之也。

剑的实质没有改变,为什么有人认为好,有人认为不好呢,这是人为的原因造成的。其实,以锡、铜组成的合金青铜,是一种新的物类,不再是原来的纯锡、纯铜了,其性质也不是纯锡和纯铜的性质的简单相加,而是发生了质的变化。所以,如果把以前物类的性质简单相加作为新物类的性质,就会出现推类错误。

可见,推类是存在很大困难的,如果不了解物类的复杂性和认识的局限性,就会出现不知类的情况。《吕氏春秋》批评了很多不知类、对事物笼统推类的错误做法,这都说明了《吕氏春秋》对"类"范畴的重视。如《听言》篇云:

> 今人曰:"某氏多货,其室培湿,守狗死,其势可穴也。"则必非之矣。曰:"某国饥,其城郭庳,其守具寡,可袭而篡之。"则不非之。乃不知类矣。

"富人家房屋的墙壁很潮湿,看家狗也死了,这样可以挖个洞穴进去"与"某国遭受饥荒,城郭低矮,守城人又少,可以袭击而夺取它",这两件事本质相同,都属于不义之事,是同类。如果你指责前者的行为,却不知道指责后者,那就是不知类。《达郁》篇记载了战国时列精子高的事例,说明人们不知类的情况:

> 人皆知说镜之明己也,而恶士之明己也。镜之明己也功细,士之明己也功大。得其细,失其大,不知类耳。

列精子高把"镜子"与"贤士"作类比,指出镜子和贤士的作用是一样的,都是如实地反映自己的缺点,它们属于同类。然而,人们都喜欢用镜子照自己的形象,却不喜欢贤士指出自己的缺点,我们只得到功劳细小的镜子,而失去功劳很大的贤士,这也是不知类。《察贤》篇还把"贤士"与"良医"作类比:

> 今有良医于此,治十人而起九人,所以求之万也。故贤者之致功名也,必乎良医,而君人者不知疾求,岂不过哉?

贤士帮助君主建功立业和良医给病人治好病是同样的道理,病人知道寻求良医,君主却不知寻找贤士,这也是不知类,是君主的过错。《察今》篇把"良医治病"与"君主治国"相类比:

> 今世之主,法先王之法也,有似于此。其时已与先王之法亏矣,而曰此先王之法也,而法之以为治,岂不悲哉?……世易时移,变法宜矣。譬之若良医,病万变,药亦万变。病变而药不变,向之寿民,今为殇子矣。

良医治病与君主治国的方法是相同的,良医根据病情的变化而改变药方,君主也应根据社会的变化改变相应的治国策略,如果君主固守"先王之法以为治",也是不知类的缘故。

为什么会出现如此多"不知类"的情况,如何保障推类的可靠性,《吕氏春秋》提出"察"这一重要的范畴。《察微》《察贤》《察今》《察传》《听言》《疑似》等篇,强调了"察"的重要性:

> 夫得言不可以不察。数传而白为黑,黑为白。故狗似玃,玃似母猴,母猴似人,人之与狗则远矣。(《察传》)
>
> 疑似之迹,不可不察,察之必于其人也。(《疑似》)
>
> 听言不可不察,不察则善不善不分。善不善不分,乱莫大焉。(《听言》)
>
> 凡持国,太上知始,其次知终,其次知中。三者不能,国必危,

身必穷。(《察微》)

故察己则可以知人,察今则可以知古。古今一也,人与我同耳。(《察今》)

物类具有"物多类然而不然""物之相似"的性质,通过"察传言""察疑似""察听言""察微"等找出其真正的原因,掌握正确的事物类,从而保证推类的准确性,避免不知类的情况出现。

总之,《吕氏春秋》沿袭了先秦诸子注重概念内涵的分析方法,在批判"不知类"的情况时,抓住概念之间内涵的不同来说明两者之间类的不同。通过考察物类的关系,提出了"类可推"和"类固不必可推知"的思想,分析了物类的复杂性以及认识的局限性对推类造成的困难,更难能可贵的是,提出"察"这一重要范畴,加深了对物类复杂性的认识,这是对先秦"推类"理论的丰富与发展。

第二节 《淮南子》与"类不可必推"

《淮南子》是汉初淮南王刘安召集门客编撰的一部哲学著作。《汉书·艺文志》记载:"《淮南内》二十一篇。《淮南外》三十三篇。"其中,《淮南外》三十三篇,已佚;《淮南内》二十一篇,即今本《淮南子》,又称《淮南鸿烈》。《淮南子》书中的逻辑思想是对先秦诸子逻辑思想的批判、继承与发展,内容丰富,思想深邃。

《淮南子》继承并发挥了先秦儒家"仁者爱人"的原始人道思想,主张以仁义治国。《淮南子·主术训》说:"国之所以存者,仁义是也。"(以下引文无特殊说明,皆出自《淮南子》)《泰族训》提出:"所谓仁者,爱人也;所谓知者,知人也,爱人则无虐刑矣。知人则无敌政矣。治由文理,则无悖谬之事矣。刑不侵滥,则无暴虐之行矣。"这可以视为孔孟"德政""仁政"学说的进一步弘扬。《淮南子》主张以民为本。《氾论训》说:"治国有常,而利民为本。"《主术训》说:"食者,民之本也;民者,国之本也;国者,君之本也。"《淮南子》主张人性本善。认为"人之性有仁义之资"(《泰族训》),这是对孟子思想的继承。《淮南子》认为社会生活是变迁的,法令制度也应当随时代变迁而更改。《氾论训》说:"政教有经,而令行为上,苟利民主,不必法古;苟周于事,不必循旧。"又说:"法与时变,礼与俗化。衣服器械,各便其用。法度制令,各因其宜。故变古未可非，而循俗未足是也。"

先秦诸子非常重视推类，《淮南子》也继承了这一传统。《淮南子》强调"推理而行"（《兵略训》）、"以推明事"（《要略》），说明它重视推理，它还指出了推理的重要性，如在《人间训》中云："夫事之所以难知者，以其窜端匿迹，立私于公，倚邪于正，而以胜惑人之心者也。若使人之所怀于内者，与所见于外者若合符节，则天下无亡国败家矣。"对于类与推理的问题，《淮南子》继承了公孙龙、《墨经》和《吕氏春秋》的"类"观念，并深入研究了"类"的内涵，提出"类可推"和"类不可必推"的思想。它在批判、吸收先秦的"类"观念尤其是《吕氏春秋》的"类"观念的基础之上，提出了不少自己的观点，进一步发展了先秦时期的"类"范畴思想。

一 "同类相动"

《淮南子》对于"类"范畴的研究比《吕氏春秋》更全面、更深刻。它认为类是客观存在的，"类"是逻辑推理的基础，宇宙间的万物应分为不同的类："洞同天地，浑沌为朴，未造而成物，谓之太一。同出于一，所为各异，有鸟有鱼有兽，谓之分物。方以类别，物以群分。"（《诠言训》）《淮南子》认为，世间万物虽然种类各异，但它们遵循着"名各自名，类各自类；事犹自然，莫出于己"（《主术训》）的规律。因此，人们通过观察事物属性的同异，就可以将万物分为不同的类，《主术训》云："夫鸟兽不同群者，其类异也。"不同群的事物就是"异类"，因为事物是"以类相从"（《泰族训》）的。"人们根据这类事物与他类事物的同或异，就可作出判断；同类事物必有某些相同的属性，异类事物必定有某些不同的属性，据此可进行推类。'类'成了作出判断、进行推类的基础。"①

《淮南子》认为世间万物都是由阴阳二气形成的，《览冥训》云："故至阴飂飂，至阳赫赫，两者交接成和而万物生焉。"就是说至阴寒冷，至阳酷暑，只有阴阳接触交融，合成中和之气，万物才会产生。《淮南子》还提出"同类相动"，认为同气同类是能互相感应的，如《览冥训》云："故山云草莽，水云鱼鳞，旱云烟火，涔云波水，各象其形类，所以感之。"山中云气似草莽，水上云气若鱼鳞，旱天云气像烟火，雨天云气如水波，各种云气的形状都和产生它们的环境相类似，这就是所谓的"感

---

① 董志铁：《论〈淮南子〉对〈吕氏春秋〉推类理论的继承和发展》，《人文杂志》1989年第3期。

应"。同时《览冥训》还强调"异类不感","若夫以火能焦木也,因使销金,则道行矣。若以慈石之能连铁也,而求其引瓦,则难矣。物固不可以轻重论也"。火能焦木,也能销金,但磁石能吸铁,却不能吸瓦,因为磁石与瓦异类,不能互相感应。

《淮南子》在强调"同类相动""异类不感"的基础上,提出"类可推"的思想。"类可推"的思想主要有以下三种推理形式。

第一种推理形式是"以类取之"。这种思想认为事物之间有着一定的内在联系,因而可作类推:

> 见窾木浮而知为舟,见飞蓬转而知为车,见鸟迹而知著书,以类取之。(《说山训》)
>
> 视书上有酒者,下必有肉;上有年者,下必有月。以类而取之。(《说林训》)
>
> 狸头愈鼠,鸡头已瘘,虻散积血,斲木愈龋,此类之推者也。(《说山训》)

"'类'是形式逻辑的重要概念,是类比的依据、归纳的基础、演绎的前提。"① 先秦诸子就非常重视"察类""明故",把"类"范畴作为推理的依据和前提,《淮南子》继承了先秦诸子和《吕氏春秋》的"类"范畴思想,并深入研究"以类取"。它认为世界万事万物"异形殊类""以类别",因此要"以类取"。

第二种推理形式是"以小明大""以近论远"。这推理形式是根据类同关系提出的,认为从个别的、特殊的或者事物的部分为前提,可以推出一般的、抽象的或者关于事物整体的结论:

> 尝一脔肉,知一镬之味;悬羽与炭,而知燥湿之气;以小明大。见一叶落,而知岁之将暮;睹瓶中之冰,而知天下之寒;以近论远。(《说山训》)
>
> 未尝灼而不敢握火者,见其有所烧也;未尝伤而不敢握刃者,见其所害也。由此观之,见者可以论未发也,而观小节可以知大体矣。(《氾论训》)
>
> 见象牙乃知其大于牛,见虎尾乃知其大于狸。一节见而百节知

---

① 周文英主编:《中国逻辑史资料选》(汉至明卷),甘肃人民出版社1991年版,第1页。

也。(《说林训》)

第三种推理形式是"引譬援类"。《要略》篇强调"言天地四时而不引譬援类,则不知精微……言君事而不为称喻,则不知动静之宜……已知大略而不知譬喻,则无以推明事"。"引譬援类"与惠施的"譬"、《墨经》中的"辟"一脉相承,就是根据两类事物的某些属性相同或相近,用一种已知事物比拟另一种未知事物的推论过程。如:

以一世之度制天下,譬犹客之乘舟,中流遗其剑,遽契其舟楫,暮薄而求之,其不知物类亦甚矣。(《说林训》)

夫指之拘也,莫不事申也,心之塞也,莫知务通也,不明于类也。(《泰族训》)

《说林训》用"刻舟求剑"的故事说明事物不是千古不变的,借以说明治理国家的制度也是一样,不能用某一朝代的制度来治理已经发生变化的社会。《泰族训》用手指弯曲和思想堵塞做比拟,如果手指痉挛弯曲,我们都想着把它弄直,可是有些人思想上堵塞,却没想到将它打通,这种人就是不知道以类相推的方法。

二 "类不可必推"

《淮南子》中还进一步指出,事物的同异是相对的,事物的同不是完全没有差别的同,事物的异不是完全没有相同的异,而是同中有异,异中有同。《淮南子》还讲到了名实关系,它指出名是实的反映,要"操其名,责其实",做到名实相符,但是事物是复杂的,有时"名同而实异",而有时又"名异而实同"。

由于客观事物的属性和关系是多方面的,对于正确"知类"造成困难,再加上人们的认识存在一定的局限性,做到正确的"知类"并非易事,《淮南子》认识到了这一点,因此,在"类可推"思想的基础上又提出"类不可必推"的思想。《说山训》中云:

小马大目,不可谓大马;大马之目眇,可谓之眇马。物固有似然而似不然者。故决指而身死,或断臂而顾活,类不可必推。

人食署石而死,蚕食之而不饥;鱼食巴菽而死,鼠食之而肥,类不可必推。

对于"类不可必推"的原因,《吕氏春秋》主要从类的复杂性和人们认识的局限性来分析,《淮南子》则主要从"明类""知类"容易造成困难的角度进行分析。如《淮南子》指出:"佳人不同体,美人不同面,而皆悦于目。梨、桔、枣、栗不同味,而皆调于口。"(《说林训》)"狂者东走,逐者亦东走,东走则同,所以东走则异。溺者入水,拯之者亦入水,入水则同,所以入水者则异。"(《说山训》)这种同中有异,异中有同的现象,说明了物类的复杂性,从而给推类造成困难。

纷繁复杂的事物联系紧密,又有不同种类,让人难以识别。有些事物的现象看起来相似,其实却不同;有些事物的现象看似不同,事实又一样。有时候好像是这样却又不是这样;有时候好像不是这样,实际上却是这样,正如《人间训》所言:

> 物类之相摩近而异门户者,众而难识也。故或类之而非,或不类之而是;或若然而不然者,或不若然而然者……物类相似若然而不可从外论者,众而难识矣,是故不可不察也。

事物中的相似性,使世上的君王及众人迷惑不解;人有时也是这样,有些人看似聪明、仁慈、勇敢,实际上并非如此。如《氾论训》中云:

> 夫物之相类者,世主之所乱惑也;嫌疑肖象者,众人之所眩耀。故狠者类知而非知,愚者类仁而非仁,憨者类勇而非勇。

有时事物看似相同,但我们决不能从表面上来判断。有些事物之间的联系是必然联系,我们可以进行类推,有些事物之间的联系是偶然联系,我们就不能以类推之。如:

> 膏之杀鳖,鹊矢中猬,烂灰生蝇,漆见蟹而不干,此类之不推者也。(《说山训》)

因此,正确区分事物的类就显得尤为重要。我们把正确区分事物的类称为"知类"。只有知类,才能进行"以类取,以类予"的推理,即推类。不能正确区分事物的类则称为"不知类",不知类而进行推类,必将陷入荒谬。《说林训》载:"尝被甲而免射者,被而入水;尝抱壶而度水者,抱而蒙火,可谓不知类矣。"意思是说,穿着铠甲可抵挡箭的射入,抱壶渡水可增加浮力,但如果穿着铠甲入水,抱壶而入火,则会适得其反。

本书认为《淮南子》在研究推理时,重视对客观事物的观察分析,抓住了事物的本质和事物之间的必然联系,提高了"推类"的可靠性。在"类"范畴的分析方面,充分发挥了先秦诸子重视概念内涵的研究,对"推类之难"的原因做出了深入、具体的分析,丰富和发展了中国古代的"推类"理论。

第三节　神学思想与"类"范畴

中国古代文化发展到战国时期,各种科学已经很发达,唯物主义思想已经占据统治地位,但是,秦汉之后转入宗教神学,唯心主义思想占据了统治地位,先秦儒家思想逐渐变为儒教,先秦道家也变为道教,随着东汉明帝年间印度佛教的传入,形成了儒、释、道三教鼎立之势。汉武帝时代由于封建帝国的建立,诸封王的灭亡,汉王朝形成了中央集权大一统的局面,因此,在思想上也要求有相应的大一统意识。在这种社会背景下,董仲舒的神学思想应运而生。

董仲舒(公元前179—前104年)是西汉时期的思想家、政论家,汉景帝时,为官方讲授儒家经典《春秋》。《汉书·董仲舒传》中记载,他做学问极其专注,曾"三年不窥园"。汉武帝即位后,"举贤良文学之士",亲自考试。董仲舒以三篇"对策"应试。他在"对策"中建议"罢黜百家,独尊儒术"的哲学思想,并说"臣愚以为诸不在六艺之科,孔子之术者,皆绝其道,勿使并进,邪辟之说灭息,然后统纪可一,而法度可明,民知所以矣"。他还提出他的"大一统"的唯心论哲学,为当时地主统治的政治利益服务。

他的逻辑思想主要体现在《春秋繁露》中,认为人类、宇宙万物及其变化都是天意的安排,所以,人的认识也就是对天意的认识,只要认真考察自然现象,或通过内心自省,就不难体会到天意,这是一条唯心主义的认识路线。董仲舒是在论证其唯心主义思想天人感应时使用了逻辑意义上的"类"范畴,但是,他并不是在纯粹的逻辑意义上进行研究,而是把"类"范畴作为论证其神学思想的重要工具。

一　天人合一思想中的"类"

董仲舒的天人合一思想,实质上乃是类学说,也是直接以"类"范畴为基石的。他非常重视"类"范畴在推理论证中的作用，他所提倡的"以类相召"思想，虽然与先秦诸子的"类同相召"的思想有很多相通的地方，但是，这两者之间还是有着明显的不同，先秦时期的"类"主要是指客观存在的物类，董仲舒受到天人感应学说的影响，他所讲的类很多时候都不是客观存在的物类，而是他虚构的空类。因而，我们对董仲舒神学思想的评价实际上就是对他类学说的批评。

董仲舒的《春秋繁露》具有浓厚的神学思想，认为天是有意志的，是宇宙万物的主宰，是至高无上的神，把自然现象和社会现象进行神秘化的比附，认为天按照自己的形体制造了人，人是天的副本，人类的一切都是天的复制品，这就是"天人合一"的思想。正如《春秋繁露·深察名号》所云："是故事各顺于名，名各顺于天，天人之际，合而为一。"

《春秋繁露》中指出"天"是至上神，是世间一切的创造者，天不但为人世安排了正常秩序，还密切注视人间的活动，监督正常秩序的实现。如果人间违背了封建道德即天的意志，君主有了过失而不省悟，天便会降下灾异警告。《春秋繁露》提出了先验主义的人性论。董仲舒把人性分为三个品级：圣人之性，中民之性，斗筲之性。这三个品级的人性，都是天所赋予的。《春秋繁露》论证了"天不变道亦不变"的形而上学思想。它认为道是永恒的、绝对的："凡物必有合。合必有上，必有下；必有左，必有右；必有前，必有后；必有表，必有里；有美必有恶；……此皆其合也。阴者阳之合，妻者夫之合，子者父之合，臣者君之合。物莫无合，而合各有阴阳。"（《春秋繁露·基义》）

天的观念在董仲舒的逻辑思想体系中占有很重要的地位。他说："天之道，春暖以生，夏暑以养，秋清以杀，冬寒以藏，暖暑清寒，异气而同功，皆天之所以成岁也。"（《春秋繁露·四时之副》）这是从天的功用来说的，是指自然的天。可是董仲舒又认为"天人合一"，天是有目的、有意志、有仁爱道德的品质、具有人一样的情感。他说："天亦有喜怒之气，哀乐之心，与人相副，以类合之，天人一也。春，喜气也，故生；秋，怒气也，故杀；夏，乐气也，故养；冬，哀气也，故藏；四者，天人同有之。"（《春秋繁露·阴阳义》）"父者，子之天也，天者，父之天也，无天而生，未之有也。天者，万物之祖，万物非天不生。"（《春秋繁露·顺命》）天是万物的主宰，无论自然现象或人类生活都是天创造和安排的。董仲舒认为，《春秋公羊传》是借天道来建立人道的。他接着说："天子受命于天，诸侯受命于天子，子受命于父，臣妾受命于君，妻受命于夫，诸所受命者，其尊皆天也，虽谓受命于天亦可。天子不能奉天之命，则废而称公，王者之后是也；公侯不能奉天子之命，则名绝而不得就位，卫侯朔是也；子不奉父命，则有伯讨之罪，卫世子蒯聩是也；臣不奉君命，虽善，以叛言，晋赵鞅入于晋阳以叛是也；妾不奉君之命，则媵女先至者是也；妻不奉夫之命，则绝夫不言及是也；曰不奉顺于天者，其罪如此。"（《春秋繁露·顺命》）

在《春秋繁露·四时之副》中，董仲舒说：

> 圣人副天之所行以为政，故以庆副暖而当春，以赏副暑而当夏，以罚副清而当秋，以刑副寒而当冬。庆赏罚刑，异事而同功，皆王者之所以成德也。庆赏罚刑与春夏秋冬，以类相应也。如合符，故曰王者配天，谓其道，天有四时，王有四政，四政若四时，通类也，天人所同有也。

董仲舒认为四季的生长收杀，四政的庆赏刑罚，是以类相从的，他把自然与人事看作义理相同的一类，董仲舒从天道和人道的关系，进一步阐述了天人合一，他解释道：

> 人有三百六十节，偶天之数也；形体骨肉，偶地之厚也；上有耳目聪明，日月之象也；体有空窍理脉，川谷之象也；心有哀乐喜怒，神气之类也；观人之体一，何高物之甚，而类于天也……天地之符，阴阳之副，常设于身，身犹天也，数与之相参，故命与之相连也。天以终岁之数，成人之身，故小节三百六十六，副日数也；大节十二分，副月数也；内有五脏，副五行数也；外有四肢，副四时数也；乍视乍瞑，副昼夜也；乍刚乍柔，副冬夏也；乍哀乍乐，副阴阳也；心有计虑，副度数也；行有伦理，副天地也；此皆暗肤着身，与人俱生，比而偶之弇合，于其可数也，副数，不可数者，副类，皆当同而副天、一也。（《人副天数》）

董仲舒从人的身体构造和情感来说明天与人整齐的类性对应，明确天人属于类的同构体。这种以类为中枢的认知贯穿于董仲舒学说的系统中。

他还沿用了阴阳五行家的说法，认为凡是同类的事物互相感应，认为类是物物相动的所以然，他举例说：

> 今平地注水，去燥就湿；均薪施火，去湿就燥；百物去其所与

异,而从其所与同。故气同则会,声比则应,其验皦然也。试调琴瑟而错之,鼓其宫,则他宫应之,鼓其商,而他商应之,五音比而自鸣,非有神,其数然也。美事召美类,恶事召恶类,类之相应而起也,如马鸣则马应之,牛鸣则牛应之。帝王之将兴也,其美祥亦先见,其将亡也,妖孽亦先见,物故以类相召也。故以龙致雨,以扇逐暑。军之所处,生以棘楚。美恶皆有从来,以为命,莫知其所处。天将阴雨,人之病故为之先动,是阴相应而起也;天将欲阴雨,又使人欲睡卧者,阴气也;有忧,亦使人卧者,是阴相求也;有喜者,使人不欲卧者,是阳相索也;水得夜,益长数分,东风而酒湛溢;病者至夜,而疾益甚,鸡至几明皆鸣而相薄。其气益精,故阳益阳而阴益阴。阴阳之气,固可以类相益损也。天有阴阳,人亦有阴阳,天地之阴气起,而人之阴气应之而起,人之阴气起,天地之阴气亦宜应之而起,其道一也。明于此者,欲致雨,则动阴以起阴,欲止雨,则动阳以起阳,故致雨,非神也,而疑于神者,其理微妙也。(《同类相动》)

从上述言语中,我们不难发现,董仲舒的"类"有的是指客观事物之类,如水就湿,火就燥,鼓宫宫应,鼓商商应,马鸣马应,牛鸣牛应等;有的是对客观物类的曲解,如龙逐雨、扇逐暑等;还有的是空类或神类,如国家将兴的美祥,国家将亡的妖孽之类。董仲舒认为天地之阴阳、社会之祸福,人之喜、忧、病、卧,皆是同类,都可以进行类比。他说帝王出现之时,祥瑞也会出现;帝王要死去,妖孽也会出现;上天将出现阴天下雨,人类就会有因病而死去或躺下睡觉的先知活动;有忧虑会让人卧床,喜悦会使人不想卧床,有病之人,夜间疾病会越来越严重等,都可以进行类比。很明显,在上述推论中,他是从客观事物之类和曲解的类推出空类的存在,以此证明天人感应的神学体系。当然,在董仲舒看来,他所使用的类都是客观事物之类,都是真类,因为董仲舒根本没有区分真类和假类,这种对"类"范畴的乱用,导致了"无类"思想的出现。

在《求雨》篇,董仲舒把他的"无类"思想发挥到了极致。在董仲舒看来,龙和雨是互相感应的。可是你根本无法找到一条龙,用真龙求雨的希望是不可能实现的,董仲舒就用制造的假龙来求雨,他说:"以庚辛日为大白龙一,长九丈,居中央,为小龙八,各长四丈五尺,于西方,皆西乡,其间相去九尺。"(《求雨》)假龙与真龙是同类,真龙与雨互相感应,那么假龙致雨就可以实现了。

总之,在《同类相动》篇,董仲舒把自然界的"类同相召"的事例无限扩大，用来机械地类推社会人事现象，是对类比推理的错误运用。

二 "深察名号"中的"类"

董仲舒把"深察名号"作为区别是非曲直的标准，作为治理国家的先行步骤。他说："治天下之端，在审辨大。辨大之端，在深察名号。"（《深察名号》）他注意到"类"的确定性，从而注意到概念的确定性，防止概念的混淆。可见，董仲舒的"类"范畴思想也有积极的一面。

他提出"号"与"散名"的概念分类法，具有一定的合理性。他认为"物莫不有凡号，号莫不有散名如是。"他举例说：

> 名众于号，号其大全。名也者，名其别离分散也，号凡而略，名详而目，目者，徧辨其事也，凡者，独举其大也。享鬼神者号一，曰祭；祭之散名：春曰祠，夏曰礿，秋曰尝，冬曰烝。猎禽兽者号一，曰田；田之散名：春苗、秋蒐、冬狩、夏狝。（《深察名号》）

名比号众多，号是事物的全体，名是事物的各个分散的部分。号是概括的、大略的，名是具体的、详细的。具体的是把事物一部分一部分地区别开来，概括的只是举出一个大纲。就拿供鬼神这件事来说，它的号只有一个，叫作"祭"，但分析开来，春天的祭祀叫作"祠"，夏天的祭祀叫作"礿"，秋天的祭祀叫作"尝"，冬天的祭祀叫作"烝"。拿打猎这件事来说，它的号只有一个叫作"田"，但分析开来，春天打猎叫作"苗"，秋天打猎叫作"蒐"，冬天打猎叫作"狩"，夏天打猎叫作"狝"。董仲舒对"名""号"的分析，体现了"类"范畴思想的属种包含关系。

董仲舒在论证性和善的关系时，区分了潜能与现实是两种不同的类，不能混淆，应保持概念的确定性。他说：

> 性如茧、如卵，卵待覆而成雏，茧待缲而为丝，性待教而为善，此之谓真天。天生民性有善质而未能善，于是为之立王以善之，此天意也。民受未能善之性于天，而退受成性之教于王，王承天意以成民之性为任者也；今案其真质而谓民性已善者，是失天意而去王任也。万民之性苟已善，则王者受命尚何任也？其设名不正，故弃重任而违大命，非法言也。春秋之辞，内事之待外者，从外言之。今万民之性，待外教然后能善，善当与教，不当与性，与性则多累而不精，自成功而无贤圣，此世长者之所误出也，非春秋为辞之术也。不法之

言，无验之说，君子之所外，何以为哉！或曰："性有善端，心有善质，尚安非善？"应之曰："非也。茧有丝，而茧非丝也；卵有雏，而卵非雏也。比类率然，有何疑焉。"（《深察名号》）

董仲舒用茧与丝、卵与雏类比性与善的关系，指出茧是丝的潜能，丝是茧的现实，所以茧属于潜能的类，丝属于现实的类。潜能与现实是两种不同的类，不能混淆，以此类推，卵与雏、禾与米也都是潜能与现实的不同。董仲舒用这三种具体事物的关系，类推出性与善的关系，性只是善之端，但善之端不是善，必须经过教化才能成为善。

董仲舒对概念的分类有其合理的因素，但也是为其神学思想服务的。他把名号作为逆顺的标准，把逆顺又作为是非的标准，以至于天地为名号的大义，《深察名号》云："是故事各顺于名，名各顺于天，天人之际，合而为一。""天不言，使人发其意；弗为，使人行其中；名则圣人所发天意，不可不深观也。受命之君，天意之所予也。"（《深察名号》）他认为，名称是圣人所发现的上天的想法，国君是上天授予的对象。这种思想与他的天人感应说是相互呼应的。"他在推理论上的滥用类概念所做种种神学的比附，正导源于此种概念起源论的神学性质。"①

总之，董仲舒在《春秋繁露》中所体现的逻辑思想，其主要特征就是连类比附和神学的概念起源。这种建立在唯心主义基础上的"比类"思想，歪曲了先秦诸子对于"类"的认识，具有浓厚的神学色彩，导致他的类比推理成了连类比附。

第四节　论证思想与"类"范畴

西汉时期，天文学和医学等科学的发展推动了唯物主义哲学家对天道自然的探索。王充通过多种科学的论证方法，对西汉董仲舒所宣扬的天人感应的神学思想进行了有力的批判和揭露。

王充（27—97年）字仲任，会稽上虞（今浙江上虞市）人，是东汉时期最著名的唯物主义哲学家，他认为宇宙间充满了没有具体形体的物质元素——气，万物都是由这个物质的气构成的，这种认识具有朴素唯物主义的倾向。他的《论衡》是汉代百科全书式的著作，是对当时的一切虚妄

---

① 侯外庐等：《中国思想通史》第2卷，人民出版社1957年版，第124—125页。

谬论的批判。他生活的时代有两种特别的文化色彩，一是神学迷信盛行的时代，二是天文学发展的时代。桓谭、郑舆、尹敏在光武帝时已经极力攻击神学迷信，但他们不能从根本上推翻当时天人感应的儒教神学。王充生平最痛恨当时天人感应的儒教神学，对汉儒思想进行了尖锐而猛烈的抨击。他在《论衡·对作》篇清楚地阐明了写作《论衡》的动机："虚妄显于真，实诚乱于伪，世人不悟，是非不定，紫朱杂厕，瓦玉集糅，以情言之，岂吾心所能忍哉。"王充把董仲舒的天人感应论和谶纬迷信看作虚妄之言，在批判其唯心主义的斗争中自觉运用逻辑进行论证，提出了他的论证逻辑思想。王充说《论衡》是"非作也，亦非述也，论也"（《自纪篇》）。所以，《论衡》全书充满着对儒教神学迷信的批判，其论证方法更是被堪称论证逻辑的典范。

《论衡》认为天地万物（包括人在内）都是由"气"构成，天和地都是无意志的自然的物质实体，宇宙万物的运动变化和事物的生成是自然无为的结果。它认为天是自然，而人也是自然的产物，"人，物也；物，亦物也"，这样就割断了天人之间的联系。《论衡》认为社会的政治、道德与自然界的灾异无关，所谓"天人感应"的说法只是人们以自己的想法去比拟天的结果。它指出"天地之间，异类之物相与交接，未之有也"，"何则？异类殊性，情欲不相得也"（《奇怪篇》）。《论衡》认为人有生即有死。人所以能生，由于他有精气血脉，而人"死血脉竭，竭而精气灭，灭而形体朽，朽而成灰土，何用为鬼？"对于人的精神现象给予了唯物的解释。它还从自然主义的唯物论出发来论述社会历史发展，认为社会历史是个不以人的意志为转移的客观发展过程，反对"奉天法古"的思想。

王充在反对神学思想天人感应时使用了逻辑意义上的"类"范畴，基于其朴素的唯物主义哲学观点，把"类"范畴作为论证的工具。

一　"同气共类"

王充主张种类之说，把类看成客观存在的，只是禀受的气不同，他说，"固气而生，种类相产"（《物势篇》），万物是凭借气而产生，相同种类的事物进行繁殖。他提到许多不同的种类，如"生动之类"（《累害篇》）、"百草之类"（《幸偶篇》）、"虫之种类"（《商虫篇》）、"首目之类"（《命禄篇》）等。王充也看到了物类的变化，他认为随着时间的推移，节气的变化，物类也会跟着变化。《无形篇》中云："岁月推移，气变物类，虾蟆为鹑，雀为蜄蛤。""蛴螬化为复育，复育转而为蝉，蝉生两翼，不类蛴螬。"与其他学者不同的是，王充对自然物类的变异用"恒"

和"瑞"作逻辑范畴的区分。正如他在《讲瑞篇》所云:"恒物有种类,瑞物无种适生。"平常的东西都有族类,祥瑞之物没有族类是偶然出现的,所以称为"德行的征兆"。

王充在《论衡》中提出"同气共类""异气殊类"之说:

> 同气共类,动相招致。(《寒温篇》)
> 同类通气,性相感动。(《偶会篇》)
> 类同气钧……异气殊类。(《骨相篇》)

意思是说同类之物气能相通,性能相感动,反之,异类之物所禀受的气不同,不能相感动。这样说来,"人生于天地也,犹鱼之于渊,虮虱之于人也,固气而生,种类相产"(《物势篇》)。人和鱼、虱子都是凭借气而出生,同种类东西相繁殖。异类不同气,不能相互交配。万物的本性应该像各自原来的物种,不同种类的动物相互交配是没有的,人不可能跟人以外的事物成为配偶:"含血之类,相与为牝牡,牝牡之会,皆见同类之物。精感欲动,乃能授施。若夫牡马见雌牛,雀见雄牝鸡,不相与合者,异类故也。今龙与人异类,何能感于人而施气?……天地之间,异类之物,相与交接,未之有也……异类殊性,情欲不相得也。"(《奇怪篇》)

二 "方比物类"

王充一直强调要"推原事类""揆端推类"(《实知篇》),这是因为只有掌握了事实的类,才能辨别事物的本然。他承认"类"是客观存在的,认为天和人属于不同的种类,"同气共类""异气殊类",有力地批判了董仲舒以来的天人感应学说,对魏晋时期的学者产生了积极影响。他在《论衡》中提出"推类"与"验物"要结合起来,这是对逻辑思想最大的贡献。他说:"唯圣心贤意,方比物类,为能实之。"(《薄葬篇》)比类是在运用"验物"时,有些事物无法用自己的感官去认识而采用的一种推理论证方法。如他对"人死神灭"的论证:

> 人之死,犹火之灭也;火灭而耀不照,人死而知不惠,二者宜同一实。论者犹谓死有知,惑也。人病且死,与火之且灭何以异?火灭光消而烛在,人死精亡而形存;谓人死有知,是谓火灭复有光也。(《论死篇》)

对"类"的界限有着严格的划分,他认为性质相同的事物才能推类:

> 然则杞梁之妻哭而崩城,复虚言也。因类以及,荆轲秦王,白虹贯日;卫先生为秦画长平之计,太白食昴,复妄言也。(《变动篇》)

这里所举事例的性质完全相同,可以进行推类。对于推类的能力,王充认为这种能力一般人都具有:"放象事类以见祸,推原往验以处来,事者亦能,非独圣也……妇人之知,尚能推类以见方来,况圣人君子,才高智明者乎!"(《实知篇》)效仿同类的事情可以推测祸患,推究以往的经验可以判断未来,妇人、贤者都能做到,何况才智聪颖的圣人呢。

三 "不知类"

王充认为类推的思维能力人人都有,但人们也经常会出现"不知类"的情况。《程材篇》云:

> 今世之将相,知子弟以文吏为慧,不能知文吏以狎为能;知宾客以暂为固,不知儒生以希为拙,惑蔽暗昧,不知类也。

这段话的意思是说,当今的地方长官,只知道子弟因为在宅院里时间长才变得聪明,却不知道文吏是因为文书熟练才能干的;只知道宾客因为刚来不了解情况,却不知道儒生是因为接触文书和法令少才拙笨的。这就是糊涂不明,不会类推的缘故。《效力篇》也说:

> 夫马足人手,同一实也,称骥之足,不荐文人之手,不知类也。

马蹄与人的手是功能相同的一类事物,如果称赞千里马的蹄子,却不推崇人的手,这也是不懂得类推的缘故。可见,王充的推类坚持了同类相推的原则。

总之,王充的逻辑思想既重视"推",也重视"验"。他认为只有"推"而无"验",就会陷入空洞的主观臆测。因此,推类时要将各种事物进行对比研究,才能确定观点的正确与否。但由于落后的历史条件的限制,王充对于有些事类的分析并非科学,他认为虎与风,龙和雨是"同气同类",如《寒温篇》云:"虎啸而谷风至,龙兴而景云起,故曰……以形逐影,以龙致雨。"王充的"不知类"有其认识论的根源,他认为天地万物都是由气构成的，有时难免将天地万物看作"同气共类"而互相感应。王充的"类"范畴思想虽然存在一些缺陷，但他所使用的"类"主要是客观事物之类，是推理论证的基础和依据，基本上是正确的。他还提出"知类""察类"是逻辑推理的关键，承袭并发展了先秦的"类"范畴思想。

第五节 名辩思想与"类"范畴

东汉后期，受到王充等人的影响，一些思想家在批评时政时，非常重视名辩的原则，他们或是重申先秦的名辩思想或是提出新的名辩思想，"名""辩"都不能缺少"类"。这里主要介绍王符和徐干的名辩思想中所体现的"类"范畴思想。

一 王符与"不知类"

王符（约85—162年），字节信，东汉安定临泾（今甘肃镇原县）人。他生前的年代当在黄巾起义以前，他好学有志，目睹朝政腐败以及贵族官僚、豪族地主的贪婪残暴的社会现实，隐居著书，讥评时政，是东汉时期一位进步的思想家。他的著书《潜夫论》共十卷三十六篇，该书思想深刻，观点鲜明，文笔犀利，揭露和批判了当时的政治、经济、风俗等方面的本末倒置、名实不相符的社会黑暗现象，因此，该书以批判时政为主，多数是讨论治国安民之术的政治文章，主张尊贤任能，并提出了考功、明选等一整套改革史治的具体措施，但该书也探讨了哲学问题和名、辩、譬喻等逻辑问题。

王符的唯物论的世界观和认识论是他的逻辑学基础。王符的世界观是一元的。他在《本训》篇里讲："上古之世，太素之时，元气窈冥，未有形兆，万精合并，混而为一，莫制莫御。若斯久之，翻然自化，清浊分别，变成阴阳。阴阳有体，实生两仪，天地壹郁，万物化淳，和气生人，以统理之。"宇宙之初，元气深远渺茫，后来化为清浊，化为阴阳，后来又化生万物，最后和气生人，他把一切万物的生成变化都看成"气"的变化运行，认为一切生命都是由于气聚的结果。"是故道德之用，莫大于气。道者，气之根也。气者，道之使也。必有其根，其气乃生；必有其使，变化乃成。是故道之为物也，至神以妙；其为功也，至强以大。"（《本训》）他说元气的存在是"莫制莫御"，即它不受上帝或无形的"道"的影响，而是"翻然自化"自己变化的。他还强调和气生人,认为人是宇宙所生,但人出生后还可以统领天下。他说:"为者,盖所谓感通阴阳而致珍异也。人行之动天地,譬犹车上御驰马,蓬中擢舟船矣。虽为所覆载,然亦在我所可。"(《本训》)王符不仅强调自然,还强调人的主观能动性,避免了王充的形而上学的片面性和命定论的缺点。

王符注重经验积累和实际校验的认识论。他认为"虽有至圣,不生而知;虽有至材,不生而能"(《赞学》),人的知识没有不学能知、不问便晓的,都是从后天的经验中得来的。知识要从经验积累而得,真知更需要由客观实际的参验和实证而得。他很强调"和"字,所以又说"人道中和"。在这一点上,他和王充的观点有所区别。他又说,"天道曰施,地道曰化,人道曰为"。这个"为"是孔、孟发扬人的主观能动性观点的继承和发展。在《本训》通篇中,他反复讲"气运感动",这种讲法比董仲舒多了一些唯物的素质,少了一些神学神秘的色彩。由此,我们可以看到时代的向前推进。

王符在名辩方面主张"名理者必效于实",反对"名理不相副"和"诬罔无然之事"。他注重名实关系的考察,但他的名实观与先秦时期的名实观有所不同。王符的名是指个人的社会称誉,实是指个人所具有的道德品质,例如"君子"之名,即在于其具有"所以为君子之实",君子之实即为"志节美";"小人"之名,即在于其具有"所以为小人之实",小人之实即为"心行恶"。由此可见,王符的"名理效于实"就是某一官位名,必须与出任这一官位之人的实相符,如果"群僚举士者,或以顽鲁应茂才,以桀逆应至孝,以贪饕应廉吏,以狡猾应方正,以谀谄应直言,以轻薄应敦厚,以空虚应有道,以嚚暗应明经,以残酷应宽博,以怯弱应武猛,以愚顽应治剧",(《考绩》)就会出现"名实不相副,求贡不相称"的矛盾。王符的"类"范畴思想主要体现在对韩非矛盾思想的批评中。

他强调事物的种类是客观存在的,如"人之有骨法也,犹万物之有种类,材木之有常宜"(《相列》)。他认为类是指本质属性相同的一类。他认同推理是建立在类同基础上的,最重要的是,他继承了先秦时期"同类相推,异类不比"的推类原则,并进一步指出,共然与共否的两个事物都是同类。《释难》篇云:

> 庚子问于潜夫曰:"尧、舜道德,不可两美,实若韩子戈伐之说邪?"
>
> 潜夫曰:"是不知难而不知类。今夫伐者盾也,厥性利;戈者矛

也，厌性害。是伐为贼，伐为禁也，其不俱盛，固其术也。夫尧、舜之相于，人也，非戈与伐也，其道同仁，不相害也。舜、伐何如弗得俱坚？尧、伐何如不得俱贤哉？且夫尧、舜之德，譬犹偶烛之施明于幽室也，前烛即尽照之矣，后烛入而益明。此非前烛昧而后烛彰也，乃二者相因而成大光，二圣相德而致太平之功也。是故大鹏之动，非一羽之轻也；骐骥之速，非一足之力也。众良相德，而积施乎无极也。尧、舜两美，盖其则也。"

在这段引文中，王符批评韩非的"尧舜之不可两誉，矛盾之说"是"不知难而不知类"。"不知难"是批评韩非没有抓住事物的本质，只看到事物的表面，即王符所谓的"文"，不是事物的本质属性"真"；"不知类"批评韩非把物和与人作为同类，违反了"异类不比"的推类原则。两物相譬，不论是"然"还是"否"都应该是事物的本质属性，否则譬喻就会出现错误。王符认为尧、舜是人，属于人类，而戈、伐是物，属于物类，两者不同类，因此，不能根据戈、伐的不相容，类推出尧、舜的不两立，因为尧、舜之美德可以相容，就像幽室中的两盏蜡烛，都有照明的作用。

王符在《释难》篇中解释道：

伯叔曰："吾子过矣。韩非之取矛盾以喻者，将假其不可两立，以诘尧、舜之不得并之势。而论其本性之仁与贼，不亦失是譬喻之意乎？"

潜夫曰："夫譬喻也者，生于直告之不明，故假物之然否以彰之。物之有然否也，非以其文也，必以其真也。今子举其实文之性以喻，而欲使鄙也释其文，鄙也惑也。且吾闻问阴对阳，谓之彊难。子若欲自必以则昨反思，然后求，无苟自彊。"

王符认为譬喻的本质是"生于直告之不明，故假物之然否以彰之"。《墨子·小取》篇云："辟也者，举物而以明之也。""辟"即"譬"之省。《荀子·非相》篇云："谈说之术，分别以喻之，譬称以明之。"《淮南子·要略》云："假象取耦，以相譬喻。"惠施的"以其所知谕其所不知而使人知之《说苑·善说》"。王符的譬喻与先秦诸子对于譬喻的定义有异曲同工之处，但王符更强调同类事物才能相推，也就是说本质属性不同的事物不能相譬。

二 徐干与"别类"

徐干（约 171—217 年），字伟长，汉末文学家、哲学家、诗人，建安七子之一，主要著作是《中论》。曹丕称赞此书"成一家之言，辞义典雅，足传于后"（《与吴质书》）。《中论》主要是论述政治的著作，但是其中的《核辩》《考伪》《谴交》《审大臣》《慎所从》等篇章涉及认识论和逻辑学的问题。

关于名实问题，他在《考伪》篇指出：

> 问者曰："仲尼恶殁（末）世而名不称，又疾伪名；然则，将何执？"
> 曰："是安足怪哉？名者，所以名实也。实立而名从之，非名立而实从之也。仲尼之所贵者，名实之名也。贵名乃所以贵实也。夫名之系于实也，犹物之系于实也。物者，春也吐华，夏也布叶，秋也凋零，冬也成实；斯无为而自成者也。若强为之，则伤其性。名亦如之。故伪名者皆欲伤之者也。人徒知名之为善，不知伪善者为不善者，惑甚矣！"

徐干的名实观坚持了唯物主义观点，认为先有实才立名，"名者，所以名实也""实立而名从之，非名立而实从之也"，《荀子·正名》篇也指出："制名以指实，上以明贵贱，下以辨同异。"

关于"辩"，他将"辩"与"别类"联系在一起：

> 俗士之所谓辩者，非辩也。非辩而谓之辩者，盖闻辩之名，而不知辩之实，故目之妄也。俗之所谓辩者，利口者也。彼利口者，苟美其声气，繁其辞令，如激风之至，如暴雨之集，不论是非之性，不识曲直之理，期于不穷，务于必胜。以故浅识而好奇者见其如此也，因以为辩。不知木讷而达道者，虽口屈而心不服也。夫辩者，求服人心也，非屈人口也。故辩之为言，别也，为其善分别事类而明处之也；非谓言辞切给而以陵盖人也。……君子之辩也，欲以明大道之中也，是岂取一坐之胜哉！……故其论也，遇人之是则止矣；遇人之是而犹不止，苟言苟辩，则小人也。……夫类族辩物之士者寡，而愚暗不达之人者多，孰知其非乎？（《中论·核辩》）

徐干在《核辩》开篇就提出"俗士之所谓辩"与"君子之辩"。他认为"俗士之辩"并不是真正的"辩",原因是这些俗士只知道"辩"之名,却不知"辩"之实。正如孔子所讲"必也正名,名不正则事不成","名"与"实"不相符又怎能成为真正的"辩"呢?俗士口中的所谓"辩",仅仅是伶牙俐齿之人,但他们不辨别是非曲直,只求表面上的口角胜利,因此,一些见识浅薄之人就认为这就是"真正之辩"。真正的辩者不仅使别人口角屈服,还要求更高一层的人心的佩服。先秦诸子也曾从圣人之辩、君子之辩和小人之辩探讨辩的分类。荀子提出的圣人之辩是"不先虑,不早谋,发之而当,成文而类,居错迁徙,应变无穷"。徐干继承了前人关于"辩"的思想,提出了"君子之辩"。他认为"小人之辩"是自以为是,不讲道德的,"君子之辩"是为真理而辩,与言语的巧拙无关,并且"遇人之是则止",就是说,君子之辩重在达成共识,并不在乎辩论的胜负。

徐干还进一步指出"夫类族辩物之士者寡,而愚暗不达之人者多"。小人之辩不能准确分辨出"类",如果前提中都无法分辨事物的类别,又如何称得上真正的辩论呢?因此,他说道:"故辩之为言,别也,为其善分别事类而明处之也。"所谓"别类"就是分辨事物的同类或异类,"明处"就是各种观点的是非曲直。他认为辩就是通过准确分辨事物类别,从而正确判断某一命题是非的思维过程。在徐干的思想中,"别类"是分清是非,并作为辩的前提与基础。

综上所述,"类"作为中国古代逻辑思想中的一个基本范畴,在先秦时期已经形成,具有本质、规律等意义。墨家的推类就是以类同为依据的推理。但是,墨家在研究"推类"时,认识到"推类"是存在一定困难的,如《墨经》中就提出:"推类之难,说在名之大小。"对于这个问题,先秦诸子并没有进行详细阐释。

秦汉时期的《吕氏春秋》和《淮南子》对"推类"问题进行了深入研究,通过分析了物类的复杂性以及认识的局限性,提出了"类可推"和"类固不必可推知"的思想。这一时期的"类"范畴研究,基本承袭了先秦诸子注重概念内涵的分析方法,在批判"不知类"的情况时,抓住概念之间内涵的不同来说明两者之间"类"的不同。更难能可贵的是,《吕氏春秋》提出"察"这一重要范畴,加深了对物类复杂性的认识,通过"察传言""察疑似""察听言""察微"等找出其真正的原因,掌握正确的事物类;《淮南子》特别强调"故"的重要性,《说山训》云:"得隋侯之珠,不若得事之所由。得呙氏之璧,不若得事之所适。"认为找出事物发生的原因和安排事情的适当位置，比得到世间珍宝还贵重。这两部著作对"推类之难"的原因做出了深入、具体的分析，并阐明了提高推类准确性的方法，丰富和发展了中国古代的"推类"理论。

但是，自汉武帝提出独尊儒术、罢黜百家之后，"类"范畴研究不像墨家一样，在纯粹的逻辑理论的意义上阐述，而是和其他的学科进行了交融。在两汉时期，"类"范畴与神学纠缠在一起，成为他们论证和反对神学的有力武器。董仲舒借助"类"范畴论证其"天人感应"的神学思想，他的逻辑思想所体现的主要特征就是无类的比附和神学的概念起源，这种建立在唯心主义基础上的"比类"思想，歪曲了先秦诸子对于"类"的认识，具有浓厚的神学色彩，导致他的类比推理成了无类的比附。王充从朴素的唯物主义哲学观点出发，承认"类"是客观存在的，天和人属于不同的种类，有力地批判了董仲舒以来的天人感应学说。

王符、徐干继承了"类"即本质的思想，在名辩思想中把"辩"与"别类"联系起来，所谓"别类"就是分辨事物的同类或异类，如果前提中都无法分辨事物的类别，又如何称得上真正的辩论呢？他们认为辩就是通过准确分辨事物类别，从而正确判断某一命题是非的思维过程，"别类"是分清是非和辩的前提与基础。这些思想对魏晋时期的学者产生了积极影响。

第四章 魏晋南北朝时期的"类"范畴思想

魏晋南北朝时期，由于玄学的兴起，论辩之风盛行一时。玄学家对言意关系的讨论有其独特的学术价值和理论意义，魏晋玄学的言意之辨大致有以下三个重要阶段：其一，汉末名士通过清议等方式，寻找判别才性的标准，逐渐衍生出"言不尽意论"；其二，由王弼在诠释经典、注老注易的过程中继承与发展了言不尽意论，他在《周易略例·明象》一章具体表述了"得意忘言"的思想，通过阐释"言""象""意"三者的相互关系，提出"忘"的办法用以"得意"；其三，是来自欧阳建的《言尽意论》，他从本体论立场出发，在逻辑思辨方面论述语言活动和名称概念都对客观事物及其规律无所作为，让言意之辨重新回归到哲学本体论层面。

魏晋南北朝时期的学术主流是玄学，谈玄说理比董仲舒的神学更具有某种合理性，因此，谈玄说理的名理辩论盛行一时。在这种情况下，陆机、葛洪大力制作"连珠"。连珠在魏晋南北朝时期风靡一时，除了哲学上盛行的谈玄说理的影响之外，与文学上讲求声律对偶有着密切联系。

这一时期的"类"范畴的研究不像墨家一样，在纯粹的逻辑理论意义上阐述，而是和其他的学科进行了交融，出现了哲学和文学意义上的"类"范畴思想。本部分主要分析王弼、欧阳建、陆机、葛洪和鲁胜等人的"类"范畴思想。

第一节 言意之辨与"类"范畴

在魏晋的玄学中，荀粲最先提出"言不尽意"的命题，而对此命题进行论证的代表人物是王弼。荀粲曾指出要理解复杂事物的"象外之物""系表之言"等事物深处的精微之理，不能用周易的图象和语辞来表达。言、象、意在《易传》中有着特定的含义，"象"就是这八卦中的易象，"意"指的是圣人立象的意图，"言"就指卦辞对易象的文字解说。从语言学的角度看，象是模拟事物现象的符号，言是语言、文字，意就是思想认识。这实际上包括了名与实的关系、语言与思维的关系，这也是魏晋时期名理辩论中的主要辩题。所以，对"类"范畴的讨论主要是语言之"类"。

一 王弼的"言不尽意"

王弼（226—249年），字辅嗣，三国曹魏山阳（今河南焦作）人，经学家、哲学家，魏晋玄学的主要代表人物及创始人之一。其作品主要包括解读《老子》的《老子注》《老子指略》及解读《周易》思想的《周易注》《周易略例》四部。他在《老子指略》和《周易略例》中讨论了"言不尽意"的问题，并指出"意、象、言"三者之间的关系。王弼在言意之辨中，把"类"与"意""象"贯穿在一起，他提出同一类意义之物事，可用同一象来表示。

王弼对"言不尽意"的论证充分体现了他的"类"范畴思想。他指出：

> 是故触类可为其象，合义可为其征。义苟在健，何必马乎？类苟在顺，何必牛乎？（《周易略例》）

他认为类与象是对应的，综合各类事物，则成各种象；集合各种意义，可以相互验证。只要合于刚健含义的，不必拘泥于马这一具体的象征。只要合于柔顺含义的，不必拘泥于牛这一具体的象征。王弼通过"得意而忘象"论证了"言不尽意"的结论。

他在《老子指略》中也讲到"触类"：

> 夫途虽殊，必同其归；虑虽百，必均其致。而举夫归致以明至理，故使触类而思者，莫不欣其思之所应，以为得其义焉。

"殊途同归""百虑均致"，意思就是说，道路不同但归宿必定相同，思虑众多但目的必定一致。用相同的归宿和所致让人明白至高的道理，使得那些掌握类别而思虑的人，都能欣然接受他们所思虑的，从而得到事物的本义。可见，王弼非常强调类的重要性。他还说：

> 《老子》之书，其几乎可一言而弊之。噫！崇本息末而已矣。观

其所由，寻其所根，言不远宗，事不失主。文虽五千，贯之者一；义虽广瞻，众则同类。解其一言而蔽之，则无幽而不识。每事各为意，则虽辩而愈惑。(《老子指略》)

王弼指出，《老子》一书的主旨可以用"崇本息末"来概括，崇尚根本，养息枝末。观察该书的由来，追寻其根本，它的语言不离其宗，事物也没有背离宗旨，《老子》全书五千余言，但主旨自始至终贯穿全文，它所表达的意蕴虽广远富瞻，但确归于同类即属于同一主旨。如果理解了该书中"崇本息末"的根本道理，那么任何玄远幽深的东西没有不被认识的，如果就事论事，即使辩论也会令人迷惑。因此，在王弼看来，看待事物应该站在更高的位置，从事物的类别来把握，才能更好地把握事物的本质。

王弼还从分析概念入手论证"言不尽意"。他说：

名必有所分，称必有所由。有分则有不兼，有由则有不尽；不兼则大殊其真，不尽则不可以名，此可演而明也。……然则，言之者失其常，名之者离其真，为之者则败其性，执之者则失其原矣。(《老子指略》)

王弼提到的"分"是"部分"的意思，"由"是"角度"的意思。从逻辑的意义上来看，"名"（概念）只是根据事物的某一部分的特征来反映事物，作为一个单独概念来说，不能反映事物的全体，必然会有所不兼；"名"也只能从某一角度、某一方面去反映，因而必然有所不尽。不兼不能为真，不尽则不可为"名"。概念对事物的反映"有不兼""有不尽"，所以概念必会"失其常""离其真"，进而否认"名"（概念）对"实"的反映以及"言"对"意"的表达作用。从这点来说有其合理性的一面，但是他把这一观点绝对化，得出"言之者失其常，名之者离其真"的观点。他的意思是说，执着于语言就会失去对事物规律的认识，执着于概念反而会离开事物的真实，概念和语言是不能尽意的。我们认为这一结论是错误的，因为"作为单位的概念，它是不能反映事物的全体，也没有穷尽事物的一切；但语言和概念的整个体系是可以把任何复杂的事物、奥妙的思想表述清楚的"[①]。

[①] 周文英：《中国逻辑思想史稿》，人民出版社1979年版，第108页。

王弼在《周易略例》中结合《周易》中的"象"与"辞"来论证"言不尽意":

> 夫象者,出意者也。言者,明象者也。尽意莫若象,尽象莫若言。言生于象,故可寻言以观象。象生于意,故可寻象以观意。意以象尽,象以言著。故言者所以明象,得象而忘言。象者所以存意,得意而忘象。犹蹄者所以在兔,得兔而忘蹄;筌者所以在鱼,得鱼而忘筌。然则,言者,象之蹄也;象者,意之筌也。是故存言者,非得象者也;存象者,非得意者也。象生于意而存象焉,则所存者乃非其象也。言生于象而存言焉,则所存者乃非其言也。然则,忘象者,乃得意者也;忘言者,乃得象者也。得意在忘象,得象在忘言。故立象以尽意,而象可忘也。重画以尽情,而画可忘也。

王弼主要是通过割裂言、象、意的关系来论证"言不尽意"的,他提出同一类意义之物事,可用同一象来表示,语言如卦辞、爻辞等都是为说明卦象或物象的。他的明象重在其所含之意,言与象只是得意的一种工具,旨在得意,所以得意后就可以把言、象忘去。虽然鱼靠筌而捕得,然得鱼就应忘筌,存筌即未得鱼。因此,尽管象由意而生,但象是表达意的工具,所以不应停留在象本身;言由象而生,但言是说明象的工具,所以也不应该停留在言本身。王弼错误地只把概念和语言当作表意的工具,而忽略了概念、语言和思想密不可分的关系。"概念和语言对思想来说,并不只是一种表达的工具,概念本身就是思维的一种形式,而语言则是思维的直接现实。"①

二 欧阳建的"言尽意论"

欧阳建(269—300年),字坚石,西晋时渤海南皮(今河北南皮)人。他坚决驳斥了"言不尽意"的唯心主义,明确提出"言尽意论"的唯物主义名实观和正名观。

王弼和欧阳建在"言意之辨"中对名实关系的运用,都坚持了同类事物具有相同的名,名是由实决定的,不同的是,王弼认为名只是实的部分反映,欧阳建认为名依赖于实,可以随着实而变,名可以表达实。

---

① 周文英:《中国逻辑思想史稿》,人民出版社1979年版,第108页。

第四章 魏晋南北朝时期的"类"范畴思想

他的《言尽意论》全文如下:

> 有雷同君子问于违众先生曰:"世之论者,以为言不尽意,由来尚矣。至乎通才达识,咸以为然。若夫蒋公之论眸子,钟傅之言才性,莫不引此为谈证。而先生以为不然,何哉?"先生曰:"夫天不言,而四时行焉;圣人不言,而鉴识存焉。形不待名而方圆已著;色不俟称而黑白以彰。然则名之于物,无施者也;言之于理,无为者也。而古今务于正名,圣贤不能去言,其故何也?诚以理得于心,非言不畅;物定于彼,非名不辩。言不畅志,则无以相接;名不辩物,则鉴识不显。鉴识显而名品殊,言称接而情志畅。原其所以,本其所由,非物有自然之名,理有必定之称也。欲辩其实,则殊其名;欲宣其志,则立其称。名逐物而迁,言因理而变。此犹声发响应,形存影附,不得相与为二矣。苟其不二,则言无不尽矣。吾故以为尽矣。"

欧阳建对"言尽意论"的论证主要有以下三个方面。

其一,欧阳建从唯物主义名实观出发,肯定了事物的形色不依赖于名而独立存在,"名"与"言"也不能改变事物的形色。他说:"形不待名而方圆已著;色不俟称而黑白以彰。"意思是说,在"名"还没出现之前,事物的方圆之形和黑白之色早就客观存在了。

其二,欧阳建从"名"与"言"的作用方面肯定了名能辩实、言能尽意。他说:"诚以理得于心,非言不畅;物定于彼,非名不辩。"这就是说,"名"与"言"的作用就是辩物和畅理。因此,"非物有自然之名,理有必定之称也。欲辩其实,则殊其名;欲宣其志,则立其称"。意思是说,事物以及事物之理本身是不具有名称的,这些事物之名是外加的、主观的,但是事物之别必须通过"名"才能辨别,事物之理必须通过"言"才能充分表达。

其三,欧阳建从唯物主义的正名观出发,提出"名"是由实决定的,"名"必须随实而变。"名逐物而迁,言因理而变。此犹声发响应,形存影附,不得相与为二矣。苟其不二,则言无不尽矣。"这就是说,"名"是由实决定的,"名"必须随实而变;"言"是表明理的,"言"也要随着理而变。"名""言"对于物、理的依赖关系,犹如影子依附于形,从而批判了王弼割裂言与意、意与实之间的关系,进而论证了"言尽意论"的思想。

第二节 连珠体与"类"范畴

连珠体是我国古代基于"类"范畴的一种别具特色的推论形式，是逻辑性与文学性相融合的一种文体，它的逻辑性是区别于其他文体的最显著标志。刘勰称其："辞小而发润矣。"（《文心雕龙·杂文》）周文英指出："'春色满园关不住，一枝红杏出墙来'，连珠是一朵逻辑的灿烂之花。"①

傅玄在《叙连珠》中指出："所谓连珠者，兴于汉章之世，班固、贾逵、傅毅三子受诏作之，而蔡邕张华之徒又广焉，其文体辞丽而言约，不指说事情，必假喻以达其旨，而览者微悟，合于古诗讽兴之义，欲使历历如贯珠，易睹而可悦，故谓之连珠也。"（《艺文类聚》卷五十七）连珠体的形式最早始于韩非，但"连珠体"或"演连珠"这类名称起源于汉代文学界，西汉末年扬雄吸收了韩非"连珠"的形式，并赋予了"连珠"之名。梁启雄注解为"韩非书中有连语，先列其纲而后著其解，谓之'连珠'"②。其中先列其纲即所谓的"经"，然后再逐条解析，列举例证，称为"说"。在韩非的连珠中，"经"就是论证的论题，"说"就是论据。由于韩非的连珠是初创，还没有固定的格式。连珠的言辞优美简约，在推论方法上往往是不直接说理，而是运用连类譬喻达到说理的目的，这些都是连珠的主要特点。所谓"假喻达旨"就是推类的变体，荀子、韩非诸子的引喻比类就是"假喻达旨"的表达方法。因此，汪奠基指出："连珠式在古代逻辑上是以推类的形式为基础，荀子说'伦类不通，不足谓善学'；'推类接誉，以待无方'。古代辩者善于博喻巧譬，触类而长，但是到了从纯文艺出发的表达方式，则只能是抽象的运用而已。"③可见，连珠体的假喻达旨是推类另一种表现形式，是融合了演绎、归纳和类比的一种逻辑推理形式。

"连类譬喻是中国人在说理论证中喜闻乐用的，但驾驭得不好就会像一匹脱缰的野马，放纵不羁……譬喻乃至类比都是跛足的，它最好是和其它推理形式结合起来使用。"④也就是说，连类譬喻经常会出现随心所欲、

---

① 周文英：《连珠的逻辑性质》，《逻辑》1981年第4期。
② 梁启雄：《韩子浅解》，中华书局1960年版，第226页。
③ 汪奠基：《略谈中国古代"推类"与"连珠体"》，载《回顾与前瞻：中国逻辑史研究30年》，中国社会科学出版社2011年版，第114页。
④ 周文英：《连珠的逻辑性质》，《逻辑》1981年第4期。

牵强比附的情况，魏晋时期陆机的连珠把演绎和连类譬喻有机结合起来，扩展了连珠的题材，对逻辑推理的使用也是相当娴熟，察事辩理深刻透彻，而且陆机的连珠针砭时弊，具有积极的现实意义，同时也显示出陆机高深的学术修养和艺术表现力。陆机的《演连珠》五十首可以看作连珠体的经典之作，具有完整的推理结构、精湛的语言文字以及严谨的推理过程，标志着连珠体的成熟。陆机以后也出现了很多的连珠体著作，如南北朝时期庾信的《拟连珠》四十四首，但是连珠体的文学性特征愈来愈强，逐渐失去了逻辑推理性的特质。正如沈剑英先生在《中国逻辑史先秦卷》所言：连珠是我国古代的一种综合性推论的表述形式，它往往融演绎、归纳和类比于一体而又不同于一般的逻辑推理的省略式和复杂式。后来，连珠文学的成分增多，遂演变成一种文学体裁，成了文艺性的推论，相应的逻辑成分也就减弱了。

连珠体主要是把"类"作为推理的依据。它的逻辑性不仅体现在融演绎、归纳和类比于一体，更重要的是，连珠体还具有相对稳定的推理结构。陆机连珠体的推理结构主要分为两段式和三段式。

一　两段式连珠

两段式连珠是扬雄在韩非的连珠式基础上创立的。沈括曾将连珠定义为："连珠者，盖谓辞句连续，互相发明。"意思是，连珠的推论是由前提和结论组成，两者之间具有一定的逻辑关系。扬雄的两段式连珠在推理结构上还不是很严格，但是这种短小精悍、言简意赅、推理严密的表述形式深受后来学者的青睐，魏晋南北朝时期连珠达到了最兴盛的阶段，成就最大的当属陆机的《演连珠》。

陆机一生制作了大量的连珠，以两段式连珠最多。与推类相似，连珠也具有演绎、归纳和类比的性质，更为重要的是，连珠在结构上也有固定的表述形式。两段式连珠的结构为"臣闻……，是以（是故）……"，如：

> 臣闻禄放于宠，非隆家之举；官私於亲，非兴邦之选。是以三卿世及，东国多衰弊之政；五侯并轨，西京有陵夷之运。（《艺文类聚》卷五十七）

这是一例具有演绎性质的连珠，意思是说，把爵禄放给宠臣不是国家兴盛的办法；把官位给亲戚也不是国家兴盛的选择。所以仲孙、叔孙、季孙三家世世代代位高权重，鲁国多有衰败的政治；西汉成帝将五个舅舅同时封为侯，西汉就有被篡权的命运。此连珠以"臣闻"开头，"是以"引出要论述或论证的观点，"是以"之前是前提，之后是结论。前提中的两个事件是具有某些共性的，包含着一般性的道理，即前提是一般性的道理，结论是具体的现象。

又如：

> 臣闻春风朝煦，萧艾蒙被其温；秋霜宵坠，芝蕙被其凉。是故威以齐物为肃，德以普济为弘。（《艺文类聚》卷五十七）

这是一例具有归纳、类比性质的连珠，"是故"之前是前提，之后是结论，前提中讲春风晨拂和秋霜夜降两种自然现象，从中归纳出一般性道理，即春风和秋霜在自然界里无厚此薄彼之分，这显而易见的一般性的道理被省略了，陆机用自然之理类比社会之理，即明君对百姓的施威、济德也应一视同仁。

二 三段式连珠

陆机的两段式连珠是其连珠体的主要结构形式，但是，在两段式连珠中经常省略一些显而易见的道理，因此，从结构的完整性来看，三段式连珠才是完整的连珠体结构形式。三段式连珠是陆机对连珠体的最大贡献，它的结构更加形式化，三段式连珠中，其结构有两种，一种推理结构是"臣闻……，何则……，是以……"：

> 臣闻鉴之积也无厚，而照有重渊之深；目之察也有畔，而视周天壤之际。何则，应事以精不以形，造物以神不以器。是以，万邦凯乐，非悦钟鼓之娱；天下归仁，非感玉帛之惠。（《艺文类聚》卷五十七）

在这里，第一段是讲：镜子很薄，却能够映照深渊；眼睛有边，却能看遍天地。第二段讲：为什么呢？对待事物要抓住精髓不是形式，创造万物凭借精神而不是有形的事物，第三段是讲：所以万邦演奏胜利的乐曲，不是喜欢钟鼓的娱乐；天下归附仁君，不是感激玉帛的恩惠。第一段列举具体事物，第二段指出具体事物所包含的一般道理，第三段是从第二段的一般道理演绎出具体事物作为结论，第三段对于第一段来说，又相当于类比。这一推论是由特殊→一般→特殊的推理过程。

另一种推理结构为"臣闻……,是以……,故……":

> 臣闻触非其类,虽疾弗应;感以其方,虽微则顺。是以商飙漂山,不兴盈尺之云,谷风乘条,必降弥天之润。故暗于治者唱繁而和寡,审乎物者力约而功峻。(《艺文类聚》卷五十七)

这一推理的结构与上一推理有所不同,是一种典型的三段演绎推理,第一段是一般性的道理,第二段推出具体的事物,第三段推出具体的人事。第二段到第三段的推导是类比的结果。这一推论是由一般→特殊→特殊的推理过程。

陆机的连珠严格按照格式的严整性,逐段地推导,逻辑连接词的运用也有一定的规律性,结构上具有固定的表述形式。陆机的连珠,无论是两段式还是三段式,都是通过推类的推理形式进行的,其推理的机制可归纳如下:

A_1 属于 S 类,具有性质 a,
A_2 属于 S 类,具有性质 a,
归纳出所有 S 类具有性质 a,
所以,与 S 类同的事物或属于 S 类的事物,具有性质 a。
或者直接体现为:
S 具有性质 a,
所以,与 S 类同的事物或属于 S 类的事物,具有性质 a。

很显然,上述的推理机制融合了归纳、演绎和类比,例如:

> 臣闻任重于力,才尽则困;用广其器,应博则凶。是以物胜权而衡殆,行过镜则照穷。故明主程才以效业,贞臣底力而辞丰。(《艺文类聚》卷五十七)

在这里,第一段讲负担超出了能力的范围就会感到困难,使用超出了适用范围就会遭到破坏。第二段讲要秤的东西超出了秤的负荷量就会把秤弄坏,要照的事物超出了镜子的反射范围就照不出来。第三段讲英明的君主会依据臣子的才能授予不同的职位,忠贞的臣子也要根据自己的才能辞去不能胜任的职务。第一段是一般性的前提,第二段和第三段是由第一段演绎推理得出的具体事例,第三段是相对于第二段讲又是类比,是由物事的道理类比人事的道理。

陆机的连珠不仅含有多种类型的推论,而且还具有一定的表述形式,是对中国古代推论方式的一种创新,也可以看作对推理形式化的有益尝试,具有重要的逻辑意义。葛洪的演连珠突破了四句一则的限制,使推类更具有可靠性,突破了只用因果连词的限制,用"犹"准确表述了连类譬喻的推导关系,但是,葛洪的连珠,最后取消了逻辑连接词,形式散乱,这对于推理形式化的尝试来说,无疑是一种倒退。

第三节 《墨辩注序》与"类"范畴

鲁胜是魏晋时期杰出的逻辑学家,他的《墨辩注序》虽篇幅不长,但言简意赅,启人深思,是中国逻辑史上的不朽篇章。其全文如下:

> 名者所以别同异、明是非,道义之门,政化之准绳也。孔子曰:"必也正名,名不正则事不成。"墨子著书作辩经以立名本,惠施、公孙龙祖述其学,以正别。名显于世。孟子非墨子,其辩言正辞则与墨同。荀卿、庄周等皆非毁名家,而不能易其论也。
>
> 名必有形,察形莫如别色,故有坚白之辩;名必有分明,分明莫如有无,故有无序之辩。是有不是,可有不可,是名两可,同而有异,异而有同,是之谓辩同异。至同无不同,至异无不异,是谓辩同辩异。同异生是非,是非生吉凶,取辩于一物,而原极天下之污隆,名之至也。
>
> 自邓析至秦时,名家者世有篇籍,率颇难知,后学莫复传习,于今五百余岁,遂亡绝。墨辩有上下经,经各有说,凡四篇,与其书众篇连第,故独存。今引说就经,各附其章,疑者阙之。又采诸众杂,集为《刑名》二篇。略解指归,以俟君子。其或兴微继绝者,亦有乐乎此也。

鲁胜对名学下了正确的定义:"名者所以别同异、明是非。"鲁胜虽然未用逻辑一词,但是名学的定义反映了逻辑的性质。逻辑就是人们认识世界的工具。客观世界中的万物不是杂乱无章的,都有着一定的秩序。万物之间最重要的关系就是同异关系,性质相同的事物为一类即同类,各类事物都以各自共有的本质属性相互区别，本质属性不同的为异类。因此，对客观世界的认识主要在于区别类的同异。类同类异的问题却是比较复杂的，万类的同异并不是绝对的，类与类之间的关系就某一属性来说是相同的，但在另一属性上却是相异的，这种同中有异、异中有同的现象就造成了"推类之难"。因此，为了避免出现推类错误，人们对客观事物的认识要更深刻、更全面，以便把握住事物的本质属性。

鲁胜的《墨辩注序》对"类"范畴思想的阐述并不是很多，但对先秦逻辑史的叙述有着独特的见解。

其一，鲁胜认为先秦名家的主要代表人物是墨子。他认为先秦名家始于孔子，然后墨子"作辩经以立名本"，惠施、公孙龙"祖述其学"。在鲁胜之前，史家谈到名家只是列举邓析、尹文、惠施、公孙龙等人，从未把墨子列为名家。鲁胜首次提出墨子作辩经立名本，就是把墨辩理论作为名学的根本。关于孔子，在此之前也从未将其作为名家的代表人物，但是，在鲁胜看来，孔子的"正名"思想也属于名学的范畴，由于孔子没有提出系统的名学理论，只是作为名学的起源而已。由此可以看出，对于先秦的名学逻辑学家，鲁胜按照渊源和师承关系排列为：孔子、墨子、惠施、公孙龙。

其二，鲁胜提出先秦名家谈辩的内容。他指出名家谈辩的主要内容有：正名论、坚白论、有无论、两可论和同异论。然而，有无之辩在先秦并不盛行，先秦重点探讨的"故"与"类"却未被提及。鲁胜之所以未提到《墨经》中的说故、明类，主要是因为魏晋时期的谈辩不重视这些。

其三，鲁胜概括了名辩的性质和作用。他说："取辩于一物，而原极天下之污隆，名之至也。"就是说，辩论借助于具体的事物来辩难，但它的逻辑意义不仅仅限于一事一物，而是关乎政治的兴衰更替，这就涉及名辩的作用。因此，他开篇说："名者所以别同异、明是非，道义之门，政化之准绳也。"诸多辩论并不是为了搞清楚某个概念的含义或判断的真假，而是如何运用逻辑的方法去正定名实。

从鲁胜对于先秦逻辑思想发展情况的叙述中，可以看出他最大的贡献在于注重逻辑形式的探讨。他在阐明名学渊源时，实际上是撇开各家学说中的政治伦理内容，而就逻辑形式的共同点来讲的。例如，孔子、墨子的哲学观点和政治思想都有很大分歧。墨子原为儒门弟子，后因不满儒家学说而另创一对立的学派："墨子学儒者之业，受孔子之术，以为其礼烦扰而不说，厚葬靡财而贫民，久服伤生而害事，故背周道而用夏政。"（《淮南子·要略》）再如，墨家在《墨辩》中也曾激烈批判惠施、公孙龙的

"合同异""离坚白"等命题，但鲁胜却说惠施、公孙龙"祖述其学"。这充分表明鲁胜对逻辑的认识更为深入，他已经撇开这些命题的具体内容而只关注逻辑形式的共同性，尽管孔子、墨子、惠施和公孙龙探讨的命题内容各不相同，但在逻辑形式上确是趋于一致。它对自邓析至秦的逻辑学的发展史做出了精彩而又富有启发性的评价，可以说是我国历史上最早的逻辑史著作。

综上所述，魏晋南北朝时期，由于玄学的兴起，论辩之风盛行一时。王弼的"言不尽意"与欧阳建的"言尽意论"是当时"言意之辨"最具代表性的观点。王弼和欧阳建在"言意之辨"中对名实关系的运用，都坚持了同类事物具有相同的名，名是由实决定的，不同的是，王弼认为名只是实的部分反映，欧阳建认为名依赖于实，可以随着实而变，名可以表达实。

在这种情况下，陆机、葛洪大力制作"连珠"。连珠在魏晋南北朝时期风靡一时，除了哲学上盛行的谈玄说理的影响之外，与文学上讲求声律对偶有着密切联系。"类"范畴成为陆机、葛洪所提出的"连珠体"的基础，而"连珠体"主要和文学结合在一起。陆机的连珠可以看作对推理形式化的有益尝试，具有重要的意义。但是魏晋南北朝时期，并没有对连珠进行理论上的概括和说明，更没有提出推理的规则，而且南北朝之后，佛学逐渐取代了玄学，连珠失去了存在的土壤，之后很少有人再去拟作"连珠体"了。

第五章　隋唐时期的"类"范畴思想

隋唐时期的逻辑学发展主要体现在印度因明的传入。印度因明传入我国可分两部分，一为汉传因明，二为藏传因明。汉传因明主要指玄奘传入的因明。玄奘（596—664年）俗姓陈，名祎，年幼时跟随二哥陈素出入洛阳寺庙讲经场所，笃信佛教。他在十三岁时做了和尚，成为虔诚的佛教徒。后来他不满当时的和尚们以道教和玄学解经，而且翻译也很不完备，于是他于唐太宗贞观元年不顾当时朝廷不许私自出国的禁令，毅然从长安前往印度，在印度学习了因明和大、小乘经典。玄奘学成归国后，翻译了天主的《因明入正理论》（647年）和《因明正理门论》（649年），曾盛极一时，但数十年之后因明及唯识学无人问津。梁启超曾说：因明"繁重艰深，不易明习，则厌而蔑焉"①。法相唯识治学流于烦琐的分析，因明大部分也陷入了无意义的概念游戏，这和当时的人习于玄想格格不入。藏传因明较晚，大约在北宋末年，法称的《释量论》《定量论》《因滴论》《成他相属论》等七部因明论著作被藏族翻译家俄洛乍瓦（1059—1109年）翻译，至南宋后期，萨迦派第四代祖师萨班·贡噶坚赞（1182—1251年）对印度和中国西藏地区的有关因明的各种要义加以总结，撰写了《正理藏论》，由此奠定了藏传因明的理论基础。法师子（1109—1169年）曾注《定量论》，为藏传因明最早的注疏。稍后，格鲁派创始人宗喀巴·罗桑札巴（1357—1432年）撰写《因明七论除暗论》，之后，宗喀巴的弟子撰写了大量因明著作，格鲁派的因明论成为藏传因明的主导。同时，格鲁派因明论把因明的逻辑训练和解脱的修炼结合起来，使因明蒙上了修道的神秘色彩。格鲁派从明末清初即掌握了西藏地方政权，政教合一，使得藏传因明延续至今。

---

① 梁启超：《佛学研究十八篇》，中华书局1989年版，第13页。

第一节　因明与"类"范畴

玄奘在印度师从戒贤法师，精心研究因明。戒贤是当时因明学的权威，从师承关系来看，戒贤是护法的嫡传，而护法是陈那的高足，所以，玄奘所学的因明无疑是陈那的真传。后来，玄奘还向智贤、胜军居士等人虚心请教，对因明学有了很深的造诣。玄奘的弟子们撰有《因明理门论疏》《因明入正理论疏》《因明入正理疏》和《因明正理门论述记》等。但这些文疏后来大部分散佚，今仅存窥基的《因明入正理论疏》（世称《大疏》）、文轨的《因明入正理论疏》（世称《庄严疏》）和神泰的《因明正理门论述记》三种。尤其是《大疏》实为我国文化遗产中的瑰宝。

因明是印度的古典逻辑学，萌芽于公元前6世纪，从其发展来看，可以分为古因明和新因明。古因明是五支论式，新因明是三支论式。玄奘所传因明是陈那所创立的新因明。玄奘所传因明的体系可以概括为："能立与能破、及似，唯悟他。现量及比量、及似，唯自悟。"通常称为"八门二益"。"二益"指"悟他"和"自悟"两方面，每方面各有四门，共八门。八门二益分列如下：

$$\begin{cases}真能立\\真能破\\似能立\\似能破\end{cases} \qquad \begin{cases}真现量\\真比量\\似现量\\似比量\end{cases}$$

新因明的三支论式有如下两种格式：

格式之一：

宗：声是无常。
因：所作性故。
喻：$\begin{cases}同喻：若是所作，见彼无常，（喻体）犹如瓶等。（喻依）\\异喻：若是其常，见非所作，（喻体）犹如空等。（喻依）\end{cases}$

格式之二：

宗：声是无常。
因：所作性故。
喻：{ 同喻：凡诸所作，见彼无常，（喻体）犹如瓶等。（喻依）
异喻：凡是其常，皆非所作，（喻体）犹如空等。（喻依）

新因明三支式中的喻相当于大前提，但是地位不及大前提。它是由正反两个普遍性的命题组成，还各自带有一个例证。这作为普遍性原则的命题成为喻体，用作例证的概念称为喻依。喻是由喻体和喻依两部分组成，并分为同喻和异喻两种。三支论式在实际使用过程中，往往只把同喻列出来，而省略异喻。同喻和异喻的喻体在构成方法上是不相同的：组成同喻体的方法是合作法，即先因同后宗同；组成异喻体的方法是离作法，即先宗异后因异。从概念的关系来考察合、离二法，因法的外延一般小于宗法，如因法"所作"是种概念，宗法"无常"则是类概念。①

三支论式因明是一种必然性推理，我们把它与西方逻辑的三段论格式进行比较，其推论的必然性就更为明显。例如，三支因明格式之一大致可以改写为：

若是所作，见彼无常
声是所作
─────────────
声是无常

这种推理形式属于西方逻辑中假言推理的肯定式，是一种必然性推理。

三支因明格式之二大致可以改写为：

凡诸所作，见彼无常
声是所作
─────────────
声是无常

这种推理形式属于西方逻辑中的三段论推理，也是一种必然性推理。

我们不难发现，这两种三支论式是存在差异的，第一种格式的同喻体是

---

① 沈剑英：《玄奘和唐初的因明研究》，载周云之等编著《中国历史上的逻辑家》，人民出版社1982年版，第151—152页。

假言判断，第二种格式的同喻体是全称的直言判断。过去讲因明的人，不区分喻体是假言判断还是直言判断。但我们认为，这两种不同的格式体现了三支式发展的两个不同阶段。假言判断的三支式应该在先，因为它是在正理派讨论"见因而比量果，见果而比量因"的基础上建立和发展起来的，后来对这种格式的三支式并没有进行深入研究。陈那着重研究的是三支式的第二种格式，他还为三支式因明提出一整套推理的理论和规则即"因三相"。

因三相的标准说法见于商揭罗主的著作《入论》中，有以下三句：遥是宗法性，同品定有性，异品遥无性。因三相既是新因明组织三支论式的普遍原理，也是检验因以及三支论式正确与否的条件。因此，因三相理论在因明学中举足轻重。

有不少学者主张，九句因古已有之，发明权当归古印度正理派，而因三相则是陈那对九句因的补充和概括。其实，据吕澂先生的考证，在正理经文中并无九句因的痕迹，它首见于陈那的《门论》等著作中。因三相这一术语反比九句因早得多，其理论从提出到完善大致分为三个阶段："因三相语，源出外宗，无著以降，内渐引用。追及陈那，复事广说，列因九句，真似大明。"① 因明源于外宗（古印度与佛教并列的有九十五种外道），因三相术语也非始于佛典。因三相说在汉译中最早见于《顺中论义入大般若波罗密经初品法门》。因三相表述为：一朋中之法，二相时朋无，三彼自朋成。"朋"即宗之异译。这里二、三相秩序与陈那的不同。龙树是辩证法大师，他视外道的因三相说为异端而加以排斥。无著在解释《顺中论》时也把它当作虚妄凡庸的世间法，但他举出因三相后，又以问者的口气用实例来解释了因三相。请看：

    宗声无常。
    因以造作故。
    喻若法造作，皆是无常，譬如瓶等。
    合声亦如是。
    结作故无常。

此论式虽经许地山删节而成，但仍不失为五分作法的珍贵而罕见的史料。其中喻支"若法造作，皆是无常"，等值于直言判断"凡造作者皆无常"。这种五支式已不是类比推理而是演绎推理，是由五支向三支过渡的

---

① 吕澂：《因明幼要》，商务印书馆1926年版，第13页。

"两栖"类。这说明在新因明产生之前的无著时代，古因明已经有了演绎的性质。可见，许多因明著作所主张的观点，即改造喻支、增设同喻体，从而把类比推理变成演绎推理作为陈那新因明的一大贡献。

在佛典中首先采用因三相说的当推无著的弟弟世亲。据唐代文轨的《因明入正理论疏》（后称《庄严疏》）说，因三相说到世亲手里有性质迥异的两种不同说法。在世亲"未学时所制《论轨论》义"中，"释言相者体也。三体不同故言三相。初相不异陈那，后之二相俱以有法为体，谓瓶等上所作无常俱以瓶等为体故。即以瓶等为第二相。虚空等上常非所作俱以空等为体，故即以空等为第三相"。这是以体为相，而非以义为相，与前面说的外道的因三相说比，还是个倒退。但对于世亲的成熟著作《如实论反质难品》（通称《如实论》）和《论式论》，文轨评论说"此论似同陈那立三相义"。世亲在反外道之质难中提出了因三相："我立因三种相，是根本法，同类所摄，异类相离，是故立因成就不动。汝因不如是，故汝难期倒。"这种说法与外道相比，除词句不同外，精神实质完全一致。从论式上看，喻支有采用全称判断的，也有采用喻依形式的。《如实论》中还没有看到三支作法，至少都是四支。难能可贵的是，世亲已能全面运用因三相原理来反驳敌论的谬误。这为陈那新因明之因三相说奠定了基础。①

陈那"因三相"说中的因即理由，相即形式和表征，因之三相即因与三支式其他部分的关系。因三相也就是三条规则。在因明术语中，宗的主项称为"前陈"，亦称"有法"。宗的宾项称"后陈"，亦称"法"。

因的第一相是"遍是宗法性"。"遍"即遍有，就是以一个外延较大的类概念去包含一个外延较小的种概念。"是"即联系词。"宗"专指宗上的有法（主项）。"法"即因，因为因也是宗上有法的一种法（宾项）。"性"即性质。"遍是宗法性"的意思就是：因必须在外延上包含宗上的有法，指出宗上有法具有因法的性质。② 就是说因必须为宗的前陈普遍具有。如上述例子中的"声是无常，所作性故"，"所作性"必须要遍及"声"，"所作性"是一切"声"的共同特点，"声"被包含在"所作性"之内。

因的第二相是"同品定有性"。"同品"依照《因明入正理论》的解释："谓所立法均等义品说名同品。"就是具有因法和宗法性质的对象。

---

① 郑伟宏：《论因三相》，《复旦学报》（社会科学版）1986年第2期。
② 沈剑英：《玄奘和唐初的因明研究》，载周云之等编著《中国历史上的逻辑家》，人民出版社1982年版，第139页。

如立"声是无常"宗，除了声具有所作性和无常性之外，瓶、盆、碗等也具有所作和无常的性质，因为这些器皿的成坏是无常的。因此它们都是因法和宗法的同品。由于宗法的外延大，所以凡因的同品必是宗的同品，但宗同品不一定是因同品。"定有性"就是因的性质一定为宗的某些同品所具有。由此可见，同品的关键是同因，只有同因才谈得上宗同。如果宗因二法确有类种关系，那么因同必然宗同；反过来讲，如果因同而不能宗同，这就说明此因必是似因，它与宗法不存在类种关系，不能据此推理。由此可见，"同品定有性"是说"因"与"宗后陈"的关系。"所作性"一定具有"无常"的特点。"所作性"的范围可以小于"无常"，最多只能等于"无常"，但决不能大于"无常"，"所作"被包含在"无常"之内。

因的第三相是"异品遍无性"。"常"是"无常"的异品。"常"这个异品必须遍无"所作性"。因为"所作"是包含在"无常"范围之内，"常"是"无常"的异品，所以，"所作"与"常"是相互排斥的。异品的关键在于与宗法相异，宗异必然因异，如果宗异而不能因异，就从反面告诉我们：此宗因二法必无类种关系，不能据此推理。例如：

铜是固体；（宗）
系金属故；（因）
凡金属均系固体，如铁；（同喻）
凡非固体均非金属，如水……水银。（异喻）

从"遍是宗法性"和"同品定有性"的规则上看，都没有问题，按照"异品遍无性"的规则进行检查，就发现问题了。因为在异品中"水"是非固体，也不是金属，但"水银"是非固体的异品，却是金属，是因的同品。因此，在此例中，宗法与因法不存在类种关系，所以此因是似因。由此可见，"异品遍无性"是从反面来揭示因与宗法的关系，即如果结果不存在，原因也不存在，以此来遏制似因的混入。[①]

印度因明的三支式主要是运用了宗因之间的类种关系进行的论证。因明与西方逻辑的三段论推理在形式上有所不同，但都是依据类种之间的包含关系进行推理论证的，如：

---

① 周云之等编著：《中国历史上的逻辑学家》，人民出版社1982年版，第149页。

$$\text{因明}\begin{cases}\text{宗：声是无常。}\cdots\cdots\cdots\cdots\cdots\text{结论}\\\text{因：所作性故。}\cdots\cdots\cdots\cdots\cdots\text{小前提}\\\text{喻：凡所作皆无常。}\cdots\cdots\cdots\cdots\text{大前提}\end{cases}\text{三段论}$$

我们可以说，陈那的因三相原理至约至精，是正因的充要条件。第一相有人认为相当于三段论第一格小前提必须肯定这条规则，第一相除了有小前提的归类作用外，还有量的要求，要求因支是全称的，这是因为宗是全称或单称的（因明没有特称命题）。第二相要求同品和因存在，同品与因的交不等于零。这是因明作为论辩逻辑的特殊要求。三段论中没有相应的规则，但是亚里士多德的 A、E、I、O 命题是假定主项存在的。满足这一相的明显的标志是在论式上举得出同喻依。同喻依既是宗同品又是因同品。同喻依的作用不过是把同喻体中主项的存在性质明明白白地揭示出来。由于宗上有法不能做同喻依，因此如果举得出同喻依，同喻体的主项因法就不是空类。第三相的要求在论式上的表现是异喻体和同喻体。同喻体是全称肯定判断，反映因法与宗法之间的遍充关系，即因法包含于宗法。二、三两相合起来，就保证了同喻体既是全称肯定又是主项存在的判断。可见，三相功能各别，不可替代，因而缺一不可。①

玄奘不仅把因明学说系统地输入我国，推动了隋唐时期因明研究的热潮。他在介绍印度古老因明学的同时，也丰富和发展了因明理论。这主要体现在他把因明论和知识论区别开来，注重单纯的逻辑方法的探讨，为因明研究提供了新的发展方向。同时，他在翻译时提出了一些重要的补充，丰富和发展了因明理论。因明研究在隋唐时期盛极一时，但在当时只引起了少数人的注意，为佛门弟子所垄断。这些人是重视因明的，但由于对因明的不同解释发生了争论，玄奘在印度看到的因明学确实包含着许多反逻辑主义的因素，但他不去正视，不去思考，反而变得保守与固执。另外，当时多数知识分子对之不感兴趣。由此，因明这种新鲜的学问在当时未能形成风靡一世的局面。佛门之外，最早对因明进行认真研究和评论的，当推唐初著名的学者吕才。

第二节 义理思想与"类"范畴

吕才（600—665 年），博州清平（今山东聊城）人，曾任太常博士、

---

① 郑伟宏：《论因三相》，《复旦学报》（社会科学版）1986 年第 2 期。

太常丞等职。他博学多才，在天文、地理、文学、历史、音乐、哲学和逻辑学等方面都有很深的造诣。他是一位伟大的唯物主义思想家。

吕才的唯物主义世界观主要表现在四个方面：其一，他的唯物主义世界观是源于《周易》和印度古代六派哲学中的胜论，他把胜论的"极微"和《周易》的气当作物质性的宇宙基础。其二，义理产生于实录。他认为，客观事物的规律多生于具体事物中，理论来源于实践。其三，逻辑方法矛盾律的运用。他认为，世界是物质的存在，而它的发展转变则在矛盾交替作用的发展之中。其四，反对生而知之的先天认识论，把学习当作取得知识的唯一途径，并身体力行。他在逻辑运用和理论探讨方面都有深入究习，尤其重视因明的研究。他的著作大都散失，今仅存《叙宅经》《叙禄命》《叙葬书》和《因明注解立破义图序》四篇。

从吕才的唯物主义世界观中，我们不难发现，吕才的逻辑思想是极其丰富的。首先，他肯定了因明逻辑是认识事物和掌握事物的工具。他说：

> 此《因明论》者，即是三藏所获梵本之内一部也。理则包括于三乘，事乃牢笼于百法，研机空有之际，发挥内外之宗，虽词约而理弘，实文微而义显。

所谓的"法"意思是"通于一切"，或者可以说，一切事物都是法。"内外之宗"的内，一般指佛教或佛法，与之相对，其他教派和其他知识就都属于外了。既然因明所言事理包罗了自然界的事物，又发挥了内外二明的要旨，其作用自然就不止于论辩，而是认识事物和学习知识的工具了。①

其次，吕才逻辑的最大特点是重义理。例如他在《叙宅经》中批判"五姓之说"时，开始先征引《易》《诗》《书》的话，说明"卜宅吉凶"虽然起源甚早，但"五姓之说"乃近代师巫所加，"验于经典，本无斯说"，就连"诸阴阳书，亦无此语"，所以吕才指出"五姓之说直是野俗口传"。接着又退一步说，虽然在《堪舆经》上黄帝曾对臣子天老说过"五姓之言"，但黄帝之时不过姬、姜等数姓，"五姓之说"尚可概括，到后代"赐族"多了，"因邑、因官，分枝布叶"，姓氏也渐渐多了起来，就难以一一与宫、商、角、徵、羽五姓配属了。又据《春秋》所云，许多姓氏"或承所出之祖，或系所属之星，或取所居之地"，故亦非"五姓之

---

① 崔清田：《吕才的因明研究》，《河北大学学报》1989年第3期。

说"所能统摄。由此,他最后对"五姓之说"作了"事不稽古,义理乖僻"的八字结论。这稽古就是所说要合乎历史的事实,而义理正是从事实中概括出来的逻辑规律,吕才对"五姓之说"的批判正是紧紧抓住其不合事理、自相乖角之处来剖析的,所以我们不妨把吕才的逻辑称为"义理逻辑"①。

在吕才看来,作为客观规律的天地万物之"理"与认识和思维的规律是相通和一致的。所谓"因明论者……虽词约而理弘,实文微而义显"的说法,实际上就含有了上述的思想。因此,自相矛盾的论说不仅违背了思维规律,也违背了客观规律,即所谓"义理乖僻"②。

最后,吕才义理逻辑的基点是矛盾律。吕才善于从矛盾律出发来剖析敌论之义理乖僻,陷敌论于困境。例如《叙禄命》云:

> 案《春秋》,鲁桓公六年七月,鲁庄公生。今检《长历》,庄公生当乙亥之岁,建申之月。以此推之,庄公乃当禄之空亡。依禄命书,法合贫贱,又犯勾绞六害,背驿马三刑,当此生者,并无官爵。火命七月,生当病乡,为人尪弱,身合挫陋。今案《齐诗》讥庄公"猗嗟昌兮,颀若长兮。美目扬兮,巧趋跄兮"。唯有向命一条,法当长命。依检《春秋》,庄公薨时计年四十五矣。此则禄命不验一也。

《叙禄命》除以鲁庄公的事例来驳斥禄命说外,又列举秦始皇、汉武帝、魏孝文帝、宋高祖等反例来揭发禄命之不验。凡此种种反例,都是与禄命说正相乖违的,依据矛盾律,O 真即 A 假,所以卜士巫史按生日干支矫言祸福,只是"多言或中"而已,并非出于必然。

在《叙葬书》中,吕才更交叉运用 E 真即 A 假和 O 真即 A 假的论证方法来驳斥巫士的阴阳葬法,充分发挥矛盾律的破斥力量。例如:

> 葬书云,富贵官品,皆由安葬所致,年命延促,亦曰坟垅所招。然今按《孝经》云:"立身行道,则扬名于后世,以显父母。"《易》曰:"圣人之大宝曰位,何创守位曰仁。"是以日慎一日,则泽及于无疆,苟德不建,则人而无后,此则非由安葬吉凶而论福祚延促。藏孙有后于鲁,不关葬得吉日;若敖绝祀于荆,不由迁厝失所。此则安葬

---

① 沈剑英:《论吕才的逻辑思想》,《学术月刊》1986 年第 7 期。
② 崔清田:《吕才的因明研究》,《河北大学学报》1989 年第 3 期。

吉凶不可信用。

这里先列出被驳斥的论题（A），然后以经谊为据，得出"非由安葬吉凶而论福祚延促（E）的结论，根据矛盾律，E 真则 A 假，这就间接地驳斥了论题 A。又以鲁国大夫臧孙达和楚国的若敖氏为例，说明祸福在于是否守仁建德。依据矛盾律，O 真则 A 假，就进一步驳斥了以安葬言者凶的论题。吕才重义理的逻辑观以及善于以矛盾律来破斥敌论，都反映了他的逻辑一无经院恶习而注重实际的故斗效果"。①

吕才对因明采取科学的客观态度，他认为："此因明论者即是三藏所获梵本之内之一部也。理则包括于三乘，事乃牢笼于百法，研机空有之际，发挥内外之宗，虽词约而理弘，实文微而义显。……以其众妙之门，是以先事翻译。"（《大正藏》卷 50，262 页）因明是梵本，语句简约，但义理宏大，是取得各种知识的门径。他在《因明注解立破义图》中也说道："才以公务之余，辄为斯注。至于三法师等所说善者，因而称之；其有疑者，立而破之；分为上、中、下三卷，号曰《立破注解》。其间墨书者，即是论之本文；其朱书注者，以存师等旧说；其下墨书注者，是才今之新撰，用决师等前义，凡有四十余条；自鄗以下，犹未具录。至于文理隐伏，稍难见者，仍画为《义图》，共相比较；更别撰一方丈图，独存才之近注论。"吕才对因明既不盲从诸法师的疏解，也不一概否认他们的正确观点，而是一种批判的研究。在对因明的研究精通之后，他便对因明加以批判和改进。他对神泰等人的注疏，对的加以肯定，不对的加以批驳，并提出自己的新解，而且竟一共提出了四十多条。他还尽量使被佛教徒弄得晦涩难懂的因明通俗化，将那些"文理隐伏"的地方画图来表达，以便人对照参看。此外，他还描绘了一个方丈图，"独存才之近注论"。

吕才不仅对神泰等人的注疏提出了意见，还创造了一整套通俗易懂、细致严密的因明体系。他说："然以诸法师等，虽复序致泉富，文理会通，既以执见参差，所说自相矛盾。义既同禀三藏，岂合更开二门？"他指出，诸法师的疏解虽然条理清晰，内容富瞻，但是对因明的义理又各执己见，自相矛盾。他们对因明论的疏解都源于玄奘的口授，怎么会各说各的呢？吕才秉承"佛以一音演说，亦许随类各解"的自由思辨的宗旨，大胆创新，不仅对高僧的注疏加以评论，而且对因明理论也进行了改进。

吕才与诸法师争论的问题主要是关于"差别为性"的问题，"生因"

---

① 沈剑英：《论吕才的逻辑思想》，《学术月刊》1986 年第 7 期。

"了因"的问题，宗体、宗依和喻体、喻依的问题。但因《因明注解立破义图》已全部遗失，无从知其详尽的争论。

综上所述，隋唐时期的逻辑学发展主要体现在印度因明的传入。本部分主要分析玄奘及其弟子对《因明正理门论》的疏解以及吕才的《因明注释立破义图》等包含的"类"范畴思想。因明是印度的古典逻辑学，从其发展来看，可以分为古因明和新因明。古因明是五支论式，新因明是三支论式。玄奘所传因明是陈那所创立的新因明。陈那着重研究的是三支式，他还为三支式因明提出一整套推理的理论和规则，为"因三相"："遍是宗法性""同品定有性""异品遍无性"。印度因明的三支式主要是运用了宗因之间的类种包含关系进行的论证。因明的三支式与西方逻辑的三段论推理在形式上有所不同，但都是依据类种之间的包含关系进行推理论证的。

第六章　宋元明清时期的"类"范畴思想

　　由于宋朝对中央集权进行了进一步加强，社会上随之出现了重文轻武的现象，加之宋朝对学术文化干涉相对较少，因此，学术思想比较活跃。但是，由于出现了"儒、释、道"三教的融合，儒家一统天下的地位开始出现动摇，在这种情况下，两宋的封建贵族阶级为了巩固自己的政治地位，对儒学的体系进行了更新，在这种背景下，"宋明理学"随之产生。

　　理学创始人为周敦颐、邵雍、张载、二程，而南宋朱熹则是理学的集大成者。宋明理学建立了一个比较完整的客观唯心主义体系，他们提出"理"先于天地而存在，主张"即物而穷理"。理学创始人周敦颐作太极图，阐发心性义理之精微，由此奠定了理学的基础。之后，理学发展昌盛。在理学兴起和发展过程中，内部各派的主张也不尽相同，大致可分为三大系统：邵雍、二程、朱熹强调"理"；张载、王夫之主张"气"；陆九渊、王阳明注重"心"。其中，由周敦颐、邵雍、张载、二程开创，朱熹集大成的理学是主流学派，被称为"程朱理学"，与其相对峙的理学的另一学派是以陆九渊、王阳明为代表的心学。王夫之作为理学发展末期自我批判阶段的学者，对唯心主义的理学和佛老思想展开了积极的斗争。在宋明理学的这场争论中，"类"的突出特点是作为一个哲学范畴，被当作一个"整体观"的类。

第一节　理学与"类"范畴

一　邵雍的"类者，生之序也"

　　邵雍（1011—1077 年）字尧夫，曾隐居在苏门山百源，被称为百源先生。他根据《易传》关于八卦形成的解释，又掺入道家的一些思想，虚构了一个宇宙构成的图形和学说体系，《皇极经世》是他的代表著作。

邵雍是客观唯心主义者，他认为宇宙的本原是太极，宇宙生成的次序为神生数，数生象，象生器，最后器又复归于太极（神）。他在《观物外篇》中云："太极一也，不动；生二，二则神也。神生数，数生象，象生器。太极不动，性也，发则神，神则数，数则象，象则器。器之变复归于神也。"

邵雍也强调"理"。他说世间万物存在"天理"或"理"，天下的理是同一的，他说，"事无巨细，皆有天人之理"，"圣人知天下万物之理而一以贯之"，"图虽无文，吾终日言未尝离乎是，盖天地万物之理尽在其中矣"。他还强调，"得天理者，不独润身，亦能润心"，"逆天理者，患祸必至"（《观物外篇》）。

邵雍对"类"范畴的解释集中在《观物外篇》中，共涉及72处。关于物类的产生，他直接说道：

> 故两仪生天地之类，四象定天地之体；四象生日月之类，八卦定日月之体；八卦生万物之类，重卦定万物之体。类者，生之序也；体者，象之交也。推类者必本乎生，观体者必由乎象。生则未来而逆推，象则既成而顺观。是故日月一类也，同出而异处也，异处而同象也。推此以往，物焉逃哉！①

邵雍按照生之序而分类，"类"是表示万物生成的顺序和次第，不同次第的类表示不同的事物，如"天地之类""日月之类""万物之类"就是不同顺序的类。日月虽然"异处"，但"同象"，所以是"一类"。他承认万物各异，只要某种性质相同就可以归为一类。但是，他说"万物之类"生于八卦，但以类归纳之，万物皆可以归于阴阳之交，这是邵雍观物分类的系统。他说："阳交于阴而生蹄角之类也，刚交于柔而生根荄之类也，阴交于阳而生羽翼之类也，柔交于刚而生支干之类也。"② 邵雍对于"类"的认识基于他的唯心主义，认为"类"生于阴阳之交，否认"类"的客观存在。与中国古代逻辑中"类"范畴不同的是，邵雍的"类"范畴具有神秘的先验论思想。

二 程颢、程颐的"以类而推"

程颢、程颐是北宋两位著名的理学家，两人并称"二程"。程颢

---

① （宋）邵雍著，郭彧整理：《邵雍集》，中华书局2010年版，第113页。
② （宋）邵雍著，郭彧整理：《邵雍集》，中华书局2010年版，第115页。

（1032—1085年），字伯淳，世人称为明道先生。程颐（1033—1107年），字正叔，世人称为伊川先生。二程的著作被后人汇编为《二程遗书》。二程学说的核心是一套封建的伦理道德学说，其哲学基础是客观唯心主义，他们的学说被后来的朱熹所继承和发展。

在哲学上，二程发挥了周敦颐的性理之学，建立了以"天理"为核心的理学体系。二程在学术上提出的最重要的命题是"万物皆只是一个天理"（《二程遗书》卷2上），认为阳阴二气和五行只是"理"或"天理"创生万物的材料。从二程开始，"理"或"天理"被作为中国哲学上的最高范畴使用，亦即被作为世界的本体。对于"理"，二程认为："天下物皆可以理照，有物必有则，一物须有一理。"（《二程遗书》卷18）"理则天下只是一个理，故推至四海而准，须是质诸天地，考诸三王不易之理。"（《二程遗书》卷2上）关于如何"穷理"，二程认为："穷理尽性以至于命。"（《二程遗书》卷2上）"所务于穷理者，非道须尽穷了天下万物之理，又不道是穷得一理便到，只是要积累多后，自然见去。"（《二程遗书》卷2上）

二程对于"类"范畴的解释，主要是基于他的"理"。《二程遗书》中涉及的"类"字很多，其含义也各不相同，从总体上看，有种类、同类、相似的意思，例如：

> 如今城隍神之类，皆不当祭。（《二程遗书》卷1）
> 及左师触龙事，亦相类。（《二程遗书》卷2上）
> 螟蛉蜾蠃，本非同类，为其气同，故祝则肖之。又况人与圣人同类者？（《二程遗书》卷23）

二程遵循了中国古代逻辑中"物以类聚"的思想，他说："事物，莫不各以类聚"（《经说》卷6），"事则有类，形则有群，善恶分而吉凶生"（《易说·系辞》）。据此，人们就可以进行"以类而推"。

然而，二程的推类主要是建立在他的理学基础之上的，这个"理"是实物先天存在的准则。对于"类"和"理"的关系，二程认为，"理""类"是相通的。按照这种观点，只要穷尽一事物的"理"后，就能推类天下其他事物的"理"，也就是说，只要"明理"就可以进行"以理相推"，因为所有的类都具有相同的理。他说：

> 格物穷理，非是要尽穷天下之物，但于一事上穷尽，其他可以类

推。至如言孝，其所以为孝者如何，穷理一无二字。如一事上穷不得，且别穷一事，或先其易者，或先其难者，各随人深浅，如千蹊万径，皆可适国，但得一道入得便可。所以能穷者，只为万物皆是一理，至如一物一事，虽小，皆有是理。(《二程遗书》卷15)

格物穷理的原因也就是有此普遍存在的"理"作为依据。"格物穷理，非是要尽穷天下之物，但于一事上穷尽，其他可以类推。"就是说，格物并不是穷尽天下之物，只要穷尽一类事物之理，便可以此类推。因为他说，"一物之理即万物之理"(《二程遗书》卷1)，"万物皆是一理"(《二程遗书》卷15)，如果能"达（一物）理了，虽亿万亦可通"(《二程遗书》卷1)，意思是说，只要"明理"就可以"以类相推"。"天下只有一个理"与"一物须有一理"的关系犹如朱熹的"理一分殊"思想。二程的这种基于"理"统摄万物，万物皆只是一个"理"的理学思想，得出"理""类"相通的推类方式，具有明显的唯心主义的色彩。

三 朱熹的"稽类"

朱熹（1130—1200年）字元晦，后改为仲晦，号晦庵。徽州婺源县（今江西省婺源）人，十一岁时随父侨寓建阳（今属福建）。自幼便以做圣人为自己的愿望，十九岁中进士，三十一岁拜程颐三传弟子李侗为师，继承了二程关于理气的学说，形成了一个庞大的哲学体系，这一体系的核心范畴是"理"，或称"道""太极"。

朱熹是客观唯心主义理学集大成者。他的逻辑思想是建立在他的客观唯心主义的基础之上的，他认为"理"是世界的根本。首先，他对于"理""气""天地"之间的关系进行了描述："理气本无先后之可言。然必欲推其所从来，则须说先有是理。""未有天地之先，毕竟也只是理。"(《朱子语类》卷1)他认为"理"在"气""天地"之先，"有此理，便有此天地；若无此理，便亦无天地"，"有理，便有气流行，发育万物，""同者理也，不同者气也"。(《朱子语类》卷1)理是天地万物生成的根源，气是万物形成的物质条件，"且如万一山河大地都陷了，毕竟理却只在这里"(《朱子语类》卷1)。朱熹主张理是第一位的，气是第二位的。如何认识这个万物之源的"理"呢，朱熹说："世间之物，无不有理，皆须格过。""事事都有个极至之理，便要知得到。"即格物致知，他认为，二程所说的"所谓穷理者，非欲尽穷天下之理，又非是止穷得一理便到。但积累多后，自当脱然有悟处"，"此语最亲切"(《朱子语类》卷18)。

因此，在格物致知的过程中，推类是重要的方法。朱熹的推类也是以"类"范畴为基础的，遵循"以类而推"的原则。

朱熹对《周易》的阐发中，对"类"范畴的考察既有非逻辑意义上的使用，也有逻辑意义上的阐释。如他将《礼记·王制》中的"天子将出，类乎上帝。宜乎社，造乎祢"解释为"类、宜、造，皆祭名，其礼亡"①。他把《诗经·文王之什·皇矣》中的"克明克类，克长克君"理解为"克类，能分善恶也"②。"类"的"祭名""善名"都是非逻辑意义上的概念。朱熹对"类"的考察主要体现在逻辑意义上的使用，即"类"与同异相结合，这种对"类"的考察称为"稽类"。

> 言类其族，辨其物。且如青底做一类，白底做一类。恁地类了时，同底自同，异底自异。
>
> "类族"，如分姓氏，张姓同作一类，李姓同作一类。"辨物"，如牛类是一类，马类是一类。就其异处以致其同，此其所以为同也。（《朱子语类》卷70）

通过以上论述，我们不难看出，朱熹对"类族辨物"的解释是以事物的同异为基础的，并提出了"类"的本质是"审异而致同"③。朱熹所谓的"同"有"真同"和"苟同"之分，他在《朱子语类》卷30中明确说明何谓"真同"："世上许多要说道理，各家理会得是非分明，少间事迹虽不一一相合，于道理却无差错。一齐都得如此，岂不甚好！这个便是真同。""于道理上无差错。"朱熹的类同即是"真同"、事理相同，也可称为"类"事理相同。由此，朱熹对推理中的"类"的考察也是基于他对于"理"的解释。他的"类推"思想继承二程的观点："格物非谓尽穷天下之理，但于一事上穷尽，其他可以类推。"（《朱子语类》卷18）这与他提出的"理一分殊"的观点是相一致的，只要把一事物的理穷尽，其他事物的理就可以类推得到，他提出推类的依据即是"类"事理：

---

① （宋）朱熹：《仪礼集传集注》卷31，《朱子全书》第3册，上海古籍出版社、安徽教育出版社2002年版，第1051页。

② （宋）朱熹：《仪礼集传集注》卷31，《朱子全书》第3册，上海古籍出版社、安徽教育出版社2002年版，第667页。

③ （宋）朱熹：《仪礼集传集注》卷31，《朱子全书》第3册，上海古籍出版社、安徽教育出版社2002年版，第109页。

万物各具一理，而万理同出一源，此所以可推而无不通也。(《朱子语类》卷18)

在这里，朱熹"将'类'与'理'视为同一的东西；类是同一的，理也是同一的"①。在朱熹看来，万物都有各自的理，但同出于一个根本的理，这就是推类的依据。所以，朱熹说："格物穷理，有一物便有一理。穷得到后，遇事触物皆撞着这道理：事君便遇忠，事亲便遇孝，居处便恭，执事便敬，与人便忠，以至参前倚衡，无往而不见这个道理。"(《朱子语类》卷15)

他主张由格物穷得的某些事物的"理"，推知其他事物的"理"，这是一种由已知推未知的推类方法，根据"万物各具一理，而万理同出一源"：

以类而推之，是从已理会得处推将去，如此，便不隔越。

只要以类而推，理固是一理，然其间曲折甚多，须是把这个做样子，却从这里推去，始得。(《朱子语类》卷18)

这与他的"理一分殊"思想相一致。汪奠基在《中国逻辑思想史》中说："按照他的说法，类是同一的，因为理是同一的，所以推类可以达明，因为每一个事物均全禀'太极'，即理之大全。如果一事一物的'格'，就可以一次一次地推致同一的理……虽曰'分殊'，实则为同一理之推类……"②

朱熹讲到"为学"的方法时说："大凡为学有两样：一者是自下面做上去，一者是自上面做下来。自下面做上者，便是就事上旋寻个道理凑合将去，得到上面极处，亦只一理。自上面做下者，先见得个大体，却自此而观事物，见其莫不有个当然之理，此所谓自大本而推之达道也。"(《朱子语类》卷114)在这里，朱熹所讲的"为学"的方法，就是归纳和演绎之所本。不管是归纳还是演绎，都是以类为基础的，所以朱熹的这两种方法即是推类的方法。

朱熹还分析了类属关系的特点，他说，这个大的道理，"其他道理总包在里面。其他道理已具，所谓穷理，亦止是自此推之，不是从外面去寻

---

① 袁野：《论中国逻辑史的两个主要问题》，载《中国逻辑史研究》编辑小组编《中国逻辑史研究》，中国社会科学出版社1982年版，第135页。

② 汪奠基：《中国逻辑思想史》，上海人民出版社1979年版，第326页。

讨。一似有个大底物事，包得百来个小底物事；既存得这大底，其他小底只是逐一为他点过，看他如何模样，如何安顿"。还说："虽是识得个大底都包得，然中间小底，又须着逐一点掇过。"意思就是说，"大底道理"与"小底道理"，"大底事物"与"小底事物"是类属关系，从"大底道理"可以推出"小底道理"，从"大底事物"可推知"小底事物"。对此，《中国逻辑史教程》中指出：朱熹"'天才地猜测到'一般与个别、类属与种、整体与部分的辩证关系，丰富了传统的'类'概念的内容"①。

综上所述，理学家的"类"是一个整体观的类。把"类"看成与"理"相通，世界万物是以"类"范畴为基本单位的有机整体，"理一分殊"理论就说明了"类"的这种整体观。"万物各具一理，万理同出一源，此所以可推而通也。"（《朱子语类》卷18）这也是朱熹"格物致知"的方法，即只要穷得某事物的"理"，那么其他事物的"理"就可以以类相推了。比如，我们穷得事物A的"理"是S_1，由于事物B与事物A的"理"同源于S（"大理"或"道"），所以，B事物的理是S_2。"阴阳八卦、五行，都是在给世界万物归类——归为基本的类别。这种归类是把世界看成一个由基本'类别'构成的关系整体。"② 刘文英也指出："中国哲学一开始就构建了一种阴阳八卦的世界模式，认为天地万物和人事活动都不能超出这个模式。因而无论什么天象、农事、兵戎、祭祀以至仕官、婚姻，都可以在这个模式中推知其吉凶休咎。"③ 在这种模式中，"类"就是一个整体观的类。

第二节 心学与"类"范畴

陆九渊（1139—1192年），字子静，号象山，江西抚州金溪人。他的著作有《语录》《文集》，后人编辑为《象山先生全集》。王守仁（1472—1528年），字阳明，浙江余姚人，他的著作被后人编为《王文成公全书》，他发挥了陆九渊的学说，他们的学派后来被称为"陆王学派"或"陆王心学"。"心学作为一种哲学体系，反映人类认识世界的一种不同视角。它的'心外无理'的观念至少指出了这样一个事实：虽然真理

---

① 温公颐、崔清田主编：《中国逻辑史教程》，南开大学出版社2001年版，第257页。
② 刘明明：《从中国古代"类"的观念解读"推类"》，《毕节学院学报》2007年第6期。
③ 刘文英：《论中国传统哲学思维的逻辑特征》，《哲学研究》1988年第7期。

的本质是客观的,但在形式上却是主观的。它必待人的发现而得以呈现,必待人的理论论证和实践检验而得以确立。在这个意义上,心学的理论是有其合理性的。"①

一 陆九渊的"心即理"

南宋初期朱熹宣扬理一元论的客观唯心主义,把封建的社会道德原则论证为天地万物的根源,以此来巩固中央集权的封建统治。朱熹讲"格物穷理",主张"泛观博览而后反之约"的"道问学"功夫,陆九渊嫌他的理论太复杂,方法太烦琐,于是提出了一个简单的方法。他说,理就在心中,"心即理",因此不必多向外求,只要"保吾心之良",遵循"先发明人之本心,而后使之博览"的"尊德行"功夫,"此吾之本心也"(《象山先生全集》卷1)。陆九渊的"心"即是"本心"。

陆九渊和朱熹两派的观点是一致的,都属于"理学",都把"理"或"天理"作为自然界和社会现象背后的原因或本质,不同点在于,朱熹认为"理"或"天理"是客观的,是不以人的意志为转移的,因而主张"格物穷理",而陆九渊认为,"理"或"天理"不外于心,心即理,不假外求。

陆九渊并不像朱熹一样重视"类"范畴的考察,但是,在论述过程中也能体会出他对"类"范畴的把握:

> 天下之理无穷,若以吾平生所经历者言之,真所谓伐南山之竹,不足以受我辞,然其会归,总在于此。
> 千古圣贤若同堂而席,必无尽合之理。然此心此理,万世一揆也。(《象山先生全集》卷34)

陆九渊认为,天下的理是无穷尽的,千古圣贤的理也是不尽相同的,每一类事物都有自己的理,每个人都有不同的理,然而这些理都归于心,此心此理,万世一个"道","道"与"理""心"也是相通的,在"道"观念下的"类"是整体观的类,他说:

> 心,一心也;理,一理也。至当归一,精义无二,此心此理,实

---

① 姜广辉、禹菲:《心学的理论逻辑与经学方法——以陆九渊、杨简、王阳明为例》,《哲学研究》2017年第2期。

不容有二。(《象山先生全集》卷1)

人皆有是心,心皆具是理,心即理也。(《象山先生全集》卷11)

人心至灵,此理至明,人皆有是心,心皆有是理。(《象山先生全集》卷22)

道外无事,事外无道。(《象山先生全集》卷34)

"心即理"的命题是指本心即理,他认为只要明心,便可穷理。事物的理本在人心之中,心是第一性的,"理"是离不开心的。因此,他不主张去读什么书,格什么物。他所谓的理不是客观事物的规律,而只是道德的原则,因此他认为本心即是道德原则。他又把心看成与宇宙同其大,与宇宙之理是同一的,他说:

四方上下曰宇,往古来今曰宙。宇宙便是吾心,吾心即是宇宙。千万世之前,有圣人出焉,同此心同此理也。千万世之后,有圣人出焉,同此心同此理也。东南西北海有圣人出焉,同此心同此理也。……宇宙内事,是己分内事。己分内事,是宇宙内事。(《象山先生全集》卷22)

陆九渊的吾心即是宇宙的思想,就是认为宇宙间万事万物都是自己的心构成的,那么,天下万事万物不外吾心,格物只需反省内求就可以了。他指出认识无须向外探求,因为"天下万物,不胜其繁",但是良知良能是"我固有之,非由外铄",认识真理,只需内求"本心"即可。这种认识论的路线是由"心"到"物"的先验论。心是宇宙的根本,宇宙就是依据这种道德意识而存在的,道德意识才是最高的实体。所以,任何与这种道德原则不符的理论以及任何与封建时代的道德意识不同的思想,都不容许存在。

此理塞宇宙,所谓道外无事,事外无道。舍此而别有商量,别有趋向,别有规模,别有形迹,别有行业,别有事功,则与道不相干,则是异端,则是利欲。为之陷溺,为之窠臼,说即是邪说,见即是邪见。(《语录》)

这段话的意思是说,陆九渊也不得不承认不同的人有不同的趋向、思想、见解等,那么是否可以说心中的任何观念都是合理的呢?当然不是,陆九渊指出那些不符合儒家道德原则的都是"邪说""邪见",都应该排斥。

陆九渊主张一切"理"都是不可言说的。《宋元学案·象山学案》中云:

> (象山)一夕步月,喟然而叹。包敏道侍,问曰:"先生何叹?"曰:"朱元晦(朱熹)泰山乔岳,可惜学不见道,枉费精神,遂自担阁,奈何?"包曰:"势既如此,莫若各自著书,以待天下后世之自择。"忽正色厉声曰:"敏道敏道!怎地没长进,乃作这般见解。且道天地间有个朱元晦、陆子静,便添得些子,无了后,便减得些子。"

陆九渊认为"理"是不可论证的,也不需要论证,"各自著书"也不能使那个"理"增加或减少。在这样的哲学观指导下,逻辑自然就没有了它的地位。

二 王阳明的"致良知"

王阳明同样认为心即理,心外无物,心外无事,心外无理。一切物、事、理都是人心本来就具有的,都是先验的。只要把握了自己的心,就可以把握一切事物及其"理"。陆九渊和王阳明都属于心学,陆九渊选择"本心"作为核心概念,王阳明却选择"良知"作为核心概念,但在王阳明看来,"本心"与"良知"并没有本质上的不同。何为"良知",他运用类比的方法来说明:

> 夫良知之于节目时变,犹规矩尺度之于方圆长短也;节目时变之不可预测,犹方圆长短之不可胜穷也。(《王文成公全书·传习录中》)

在王阳明看来,"良知之于节目时变"与"规矩尺度之于方圆长短"具有类同关系,他把"良知"类比为"规矩尺度",良知对于事物的随时变化犹如规矩尺度对于形状的长短,事物变化是不可预测的,形状的长短也是变化无穷的。"良知"和"规矩尺度"面对的都是变化无穷的对象,由此进行类比。

他认为两者在某种属性上相同或相似即可进行类比。他的"类"范畴思想也主要是通过内涵来体现的,世界万物由不同的种类组成。他在推理过程中也多次讲到"类",主要是种类、同类的含义。比如:

问道之精粗。先生曰:"道无精粗。人之所见有精粗。如这一间房。人初进来,只见个大规模如此。处久便柱壁之类,一一看得明白。再久,如柱上有些文藻,细细都看出来。然只是一间房"。(《传习录上》)

他的"类"范畴思想有时也从外延方面来把握:

立者,创立之立。如立德,立言,立功,立名之类。(《传习录中》)

"立"从外延上可以分为"立德,立言,立功,立名"这些小类。尽管在王阳明的心学理论中把"本心"作为核心概念,但"类"范畴思想也是非常丰富的。他继承并发挥了陆九渊"心即理也"的观点,主张"心外无理"。他在《王文成公全书·传习录》中云:"心即理也,天下又有心外之事,心外之理?"(《传习录上》)"夫物理不外于吾心,外吾心而求物理,无物理也。"(《传习录中》)他主张心与理是同一的,反对朱熹把心与理分别为二。他完全否定了客观规律是不以人的意志为转移的观点,认为事物的规律是离不开"心"的,离开"心"去寻找规律,这样的规律是不存在的。王阳明讲到的"万事万物之理"与陆九渊的见解一致,其主要是指封建道德的基本原则,即"忠孝之理"。他认为这种理是人心中所固有的。

王阳明不仅主张"心外无理",还说"心外无物""心外无事",否定客观事物的存在。他说:"若草木瓦石无人的良知,不可以为草木瓦石矣。岂惟草木瓦石为然,天地无人的良知亦不可为天地也。"(《传习录下》)他认为离开了人的"良知",就无所谓天地万物。这也就是说天地万物只是人的意识的表现,事物离开人的意识就不能独立存在,事物的存在完全依赖于人的知觉意识。

据《传习录》记载:

先生(王阳明)游南镇,一友指岩中花树问曰:"天下无心外之物,如此,花树在深山中自开自落,于我心亦何相关?"先生云:"尔未看此花时,此花与尔心同归于寂。尔来看此花时,则此花颜色一时明白起来,便知此花不在尔的心外。如此知一切可见不可见的事物,都在心中,便知心量之广大无边,放之则弥六合,退之则藏于

密。"《传习录下》

王阳明面对弟子的诘难，他说当未看花时，心不起作用，花就不存在；当看花时，心起作用，花才显现出来。他的认识论是主张对本心良知的自我认识，他认为良知是心的本质，是先天固有的认识。良知即天理，所有的事物及规律都包含在内，"致良知"就可以达到认识一切真理。因此他提出致知格物，"所谓致知格物者，致吾心之良知于事事物物也。吾心之良知即所谓天理也。致吾心良知之天理于事事物物，则事事物物皆得其理矣。致吾心之良知者致知也，事物物皆得其理者格物也。是合心与理而为一体也"（《答顾东桥书》）。就是把良知推致到事事物物身上，事事物物就合天理了，致我心的良知是致知，事事物物都合理就是格物，这就是心与理合为一。

王阳明讲"致良知"，良知就是本心。由于陆王心学受到佛教禅宗的影响，他认为心的内容就是"天理"。"心之理也，此理无私欲之藏，即是天理不须外面添一分。以此纯乎天理之心，发之事父便是孝，发之事君便是忠，发之交友治民便是信与仁，只在此心去人欲存天理上用功便是。"（《传习录上》）他所谓的"天理"只是封建道德的基本原则，"致良知"本质上就是把封建道德的基本原则说成是人心所固有的东西，使人更容易接受封建道德的约束。

如何"致良知"？王阳明"致良知"的方法就是类推，类推的方法就是求得某一事物之理，然后同类事物之理即可类推。他说：

> 而后之人不务致其良知，以精察义理于此心感应酬酢之间，顾欲悬空讨论此等变常之事，执之以为制事之本，以求临事之无失，其亦远矣。其余数端，皆可类推，则古人致知之学，从可知矣。
> 所喻杨、墨、乡愿、尧、舜、子之、汤、武、楚项、周公、莽、操之辨，与前舜、武之论，大略可以类推，古今事变之疑，前于良知之说，已有规矩尺度之喻，当亦无俟多赘矣。（《传习录中》）

王阳明在其晚年将其主张概括为："无善无恶是心之体，有善有恶是意之动，知善知恶是良知，为善去恶是格物。"这就是说经常做诚意的功夫，才能去私欲存良知。他的两个弟子钱德洪与王龙溪围绕"四句教"，讨论阳明讲学宗旨引起不同意见，阳明遂在他们的请求下，发挥"四句教"哲理意涵，钱、王二人言下俱有省悟，史称"天泉证道"。

钱德洪说:"心体是天命之性,原是无善无恶的。但人有习心,意念上见有善恶在,格致诚正,修此正是复那性体功夫。若原无善恶,功夫亦不消说。"(《传习录下》)王龙溪说:"若悟得心是无善无恶之心,意即是无善无恶之意,知即是无善无恶之知,物即是无善无恶之物。"(《王龙溪全集》卷1,《天泉证道记》)

钱德洪强调为善去恶的修养功夫,认为心的本体是无善无恶的,但人有习心,意念就会有善恶,所以要做诚信的功夫,才能格物致知,这类似于神秀禅的渐修方法。而王龙溪强调从彻悟心体的无善无恶入手,认为心、意、知、物是一事,若心是无善无恶,那么意、知、物也应是无善无恶,所以不必去格物致知,这类似于慧能禅的顿悟方法。对于二人的争论,王阳明裁决道:

> 二君之见,正好相资为用,不可各执一边。我这里接人,原有此二种:利根之人,直从本原上悟入,人心本体原是明莹无滞的,原是个未发之中,利根之人一悟本体即是功夫,人己内外一齐俱透了;其次不免有习心在,本体受蔽,故且教在意念上实落为善去恶,功夫熟后,渣滓去得尽时,本体亦明尽了。汝中之见,是我这里接利根人的,德洪之见,是我这里为其次立法的。二君相取为用,则中人上下皆可引入于道,若各执一边,跟前便有失人,便于道体各有未尽。(《传习录下》)

阳明所说的"中人上下"乃是指中根以下的人。根据各人资质分限的不同,或悟或修,必须因材施教,因此表面的对立正好相资为用。王阳明所谓的"理"就是指能够多引人于"道",多拯救一些世俗之人,便是最完善的"理"了。然而就生活在日常世俗生活中的人来说,毕竟以中根以下为大多数。所以阳明又特别教导他们说:

> 已后与朋友讲学,切不可失了我的宗旨:无善无恶是心之体,有善有恶是意之动,知善知恶的是良知,为善去恶是格物。只依我这话头,随人指点,自没病痛,此原是彻上彻下功夫。利根之人,世亦难遇,本体功夫,一悟尽透,此颜子、明道所不敢承当,岂可轻易望人?人有习心,不教他在良知上实用为善去恶功夫,只去悬空想个本体,一切事为俱不着实,不过养成一个虚寂,此个病痛,不可不早说。(《传习录下》)

由此可见，王阳明"致良知"的学说比陆九渊完善了很多。他的学说就是把封建道德观念强加于人的内心，使人更容易接受封建道德的约束。他宣扬人固有封建道德为内容的良知，强调人的主观能动性，在明后期产生了极大的影响。理学自宋至明，经过了几百年的发展，理学家们把所谓的惊人"妙语"讲过之后，再也提不出新的思想，只剩下道学先生的一般说教，于是诱惑力也逐渐消失，腐朽性逐渐显现，理学思想也受到诸多学者的批判。

第三节 "气本论"与"类"范畴

一 张载的"推类"

张载（1020—1078年），字子厚，汉族，大梁（今河南开封）人，后迁居凤翔郿县（今陕西眉县）横渠镇，人称横渠先生。北宋哲学家，理学创始人之一，理学支脉"关学"的创始人，与周敦颐、邵雍、程颐、程颢，合称"北宋五子"。他的主要著作有《正蒙》和《易说》，此外，还有《经学理窟》《语录》，由其弟子记录而成。

张载著《正蒙》的主要目的，就是用儒家学说批判佛、道思想，从而建立一元论的哲学体系。他认为宇宙的本原是"太虚"。他说："太虚无形，气之本体。"他认为太虚即是气，气便是太虚，它们是一而非二。他根据太虚与气是一理，承认有聚散而没有有无，正如他在《正蒙·太和篇》所云："气聚则离明得施而有形；不聚则离明不得施而无形。方其聚也，安得不谓之客；方其散也，安得遽谓之无。"气聚则有形而见形成万物，气散则无形可化为太虚。他认为宇宙是一个无始无终的过程，在这个过程中充满浮与沉、升与降、动与静等矛盾的对立运动。他还把事物的矛盾变化概括为"两与一"的关系，说："两不立则一不可见，一不可见则两之用息。"他严格地区分了天、道、性、心等概念，准确地表达了理学的基本宗旨和精神。在中国哲学上，这也是第一次从世界观的高度批判佛教唯心主义哲学。

对于"类"字含义的理解，张载与前人一样，也认为"类"字有类别、同类的含义。他认为属性相同的事物为一类：

> 今人过忧盗贼祸难，妄动避之，多致自伤者，又祸未必然而自祸

者,此恶溺而投河之类也。(《张子语录·语录上》)

他对于"类"的含义运用最多的是"推类"。他说:"凡所当为,一事意不过,则推类如此善也;一事意得过,以为且休,则百事废,其病常在。"(《经学理窟·义理》)对于如何推类,张载指出:"心统性情者也。有形则有体,有性则有情。发于性则见于情,发于情则见于色,以类而应也。"(《拾遗·性理拾遗》)

张载有一个重要的哲学思想,那就是要"穷理",张载认为:"明庶物,察人伦,皆穷理。"(《张子语录·语录下》)他认为"理"是客观存在的,可以通过"推类"的方法认识世间万物的"理"。推类的方法有两种:

若便谓推类,以穷理为尽物,则是亦但据闻见上推类,却闻见安能尽物!今所言尽物,盖欲尽心耳。(《张子语录·语录下》)

这两种推类的方法为:"据闻见上推类"和"尽心"推类。"据闻见上推类"即是"依据对事物的具体观察而进行的推类"①。正如他所说的"穷理则其间细微甚有分别,至如偏乐,其始亦但知其大总,更去其间比较,方尽其细理"(《张子语录·语录下》)。意思是说,穷理能发现事物之间的细微差别,比如"礼乐"这一社会伦理现象,开始只知道个大体,经过仔细地观察比较,才知道其中详细的"礼乐"规范。"尽心"推类则是通过推类获得关于绝对真理的认识。但是,张载也说:"今盈天地之间者皆物也,如只据己之闻见,所接几何,安能尽天下之物?所以欲尽其心也。"从这句话中不难发现,张载认为"据闻见上推类"是有问题的,毕竟人们的所见所闻有限,很难达到"尽物"的高度,因此,为了达到"尽人之性""尽物之性"的"天道"知识,还应使用"尽心"推类的方法。

二 王夫之的"依其类"

王夫之(1619—1692年),字而农,号姜斋,湖南衡阳人,因晚年隐居衡阳石船山,故称他为船山先生。明末清初,宋明理学发展和演变到自我批判的阶段,王夫之积极展开了反对唯心主义理学和佛老思想的斗争。他的主要哲学著作有《周易外传》《张子正蒙注》等。

---

① 温公颐、崔清田主编:《中国逻辑史教程》,南开大学出版社2001年版,第254页。

第六章 宋元明清时期的"类"范畴思想

王夫之的逻辑是建立在他的唯物主义基础之上的。他在与宋明以来的唯心主义的斗争中,建立了自己的唯物主义思想,把古代的朴素唯物主义发挥到了极致。他反对程、朱的"理气在先"说,他认为"气者,理之依也,气盛则理达"(《思问路·内篇》)。"气外更无虚托孤立之理。"(《读四书大全说》)对于道器的问题,他认为:"天下惟器而已矣。道者器之道,器者不可谓道之器也。"(《周易外传·系辞上传》)意思是天下万物是客观存在的,事物有自己的道,但是道不能脱离事物单独存在。他在批判中国古代哲学思想的基础上,对逻辑学中的推理进行了阐释。推理离不开"类",不明确"类"就不能进行正确的推理,王夫之也认识到了这一点。

"类"在《张子正蒙注》中含义也非常多,有种类、同类、类推等。他对于"同类"的使用较为频繁:"既已为人,则感必因乎其类,目合于色,口合于食,苟非如二氏之愚,欲闭内而灭外,使不得合,则虽圣人不能舍此而生其知觉,但即此而得其理尔。"(《张子正蒙注·乾称篇》)"遇者,类相遇;阴与阴遇,形乃滋,阳与阳遇,象乃明。"(《太和篇》)"阴用之分,不可执一言者,类如此"(《太和篇》)。"自太和一气而推之,阴阳之化自此而分,阴中有阳,阳中有阴,原本于太极之一,非阴阳判离,各自孳生其类"(《参两篇》)。"阳急欲散而阴之凝结益固,然其势必不能久聚,激为戾气瞳霾而后散焉。戾气,雹类。"(《参两篇》)"四时不忒,万物各肖其类之谓信。"(《天道篇》)

何谓"同类",他认为"相类"即是同类:"凡物,非相类则相反……泛言性,则犬之性,牛之性,其不相类久矣。"(《张子正蒙注·诚明篇》)在他看来,同类事物具有"依其类"和"从其类"的性质,不同类的事物不可能出现混淆:

> 聚则见有,散则疑无,既聚而成形象,则才质性情各依其类。同者取之,异者攻之,故庶物繁兴,各成品汇,乃其品汇之成各有条理,故露雷霜雪各以其时,动植飞潜各以其族,必无长夏霜雪、严冬露雷、人禽草木互相淆杂之理。故善气恒于善,恶气恒于恶,治气恒于治,乱气恒于乱,屈伸往来顺其故而不妄。(《张子正蒙注·太和篇》)

在对"类"的认识基础之上,他提出"类推"和"比类相观"的推理方法:

或同者，如金铄而肖水，术灰而肖土之类；或异者，如水之寒、火之热、鸟之飞、鱼之潜之类。或屈而鬼，或伸而神，或屈而小，或伸而大，或始同而终异，或始异而终同，比类相观，乃知此物所以成彼物之利。（《张子正蒙注·动物篇》）

王夫之认为，世间万物错综复杂，但"精而察之，条理具，秩序分焉，帝载之所以信而通也"（《张子正蒙注·动物篇》），"风雨、雪霜、山川、人物，象之显藏，形之成毁，屡迁而已结者，虽迟久而必归其原，条理不迷，诚信不爽，理在其中矣"（《张子正蒙注·太和篇》），就是说事物都有一定秩序、条理，可以根据事物的同异，进行比较推理，即"比类相观"的推论方法。王夫之主张"类"的客观存在，认识到事物具有一定的秩序和条理，坚持同类相推，不同于程朱理学在绝对观念"理"的指导下进行的推类。这是宋明理学进行自我批判的结果。

综上所述，宋元明清时期的逻辑思想是中国逻辑发展史上的重要一环，这一时期的哲学家、逻辑学家主要通过"理气"之辩，从而形成"理一分殊"的思想。他们对于"理"范畴的重视，相应地促进了对"类"范畴的考察和研究。宋明理学认为，理性只有一个，只要知道一事一物，就能进行"类推"。随着宋明理学的产生，"类"范畴随着这股新儒学思潮的出现而产生了转折，宋明理学所指的"类"范畴和宋之前的建立在"故"基础上的"类"范畴相比，其内涵有了明显的不同，这时期的"类"范畴是建立在"理"的基础之上的。先秦时期的"推类"以"类"即类同为依据，宋明时期的推类以"理"为依据，宋明理学将"类"与"理"视为同一的东西：类是同一的，理也是同一的。

程朱理学关于"类"范畴的观点是在客观唯心主义的基础上阐释的，虽然承认物类各异，但强调"万物皆只是一个天理""万物各具一理，而万理同出一源"，在这一个"天理"的统辖下，万物同出一理，万物皆为一类，类是同一的，理也是同一的，模糊了"类"的确定性认识。理学的另一派别是陆九渊、王阳明的心学，强调"心"的重要性，"心即是理"，人们通过明心就可以穷理，与程朱理学对"类"范畴阐释不同的是，他们在主观唯心主义的基础上阐释"类"，对于"类"范畴也没有提出更多合理的观点。从逻辑意义上来说，他们对于"类"的认识既有合理性的一面，也有反逻辑的一面。

第四节 西方"类"范畴的引入

明末清初是西方逻辑首次传入的历史时期。在这一阶段,随着西方传教士在中国传教的深入,亚里士多德的著作也被西方传教士引入到中国,这些著作引起徐光启、李之藻等学者的注意,他们和这些传教士一起对这些西方逻辑著作进行了翻译。但是,从总体上看,这一时期对逻辑的研究主要表现在对西方逻辑的译介上,对"类"范畴的研究则主要体现在对西方"类"范畴的解读上。

西学东渐前期始于明末清初,一般认为具体是从1582年意大利传教士利玛窦到达澳门,次年进入中国内地开始,直到1723年雍正明令"禁教",实行闭关锁国政策终结的这一阶段。一方面,明末清初的中国已经进入到封建社会的晚期,农民大起义以及王朝更迭使中国社会处在混乱之中。另一方面,中国东南沿海地区出现了"农本"向"重商"转化的迹象,资本主义因素在中国悄然萌芽与滋长。在这种社会条件下,近代早期启蒙运动逐渐开展起来。"当时南北崛起的一代启蒙思想家,不约而同地对宋明道学及传统学风的揭露批判,通过提倡'经世致用'、'核物究理'、'依人建极'而走向人文主义的觉醒。"[①] 从上述的社会背景来看,明末清初的中国具有了引进西方文化的需要和接受西方文化的条件。

中西文化的首次直接交流,是以西方传教士来中国宣传基督教拉开序幕的。西方殖民主义者的海外扩张伴随着宗教扩张与征服,他们向中国派出了大量的传教士,毫无疑问,他们来中国传教的根本目的不是宣传科学,而是使中国最终皈依基督教。然而,面对具有悠久历史的文明古国——中国,西方传教士发现在中国直接传教根本是行不通的。以利玛窦为代表的西方传教士不得不改变在中国的传教方式,他们迫于无奈与出于策略采取了"学术传教"的方式,他们利用西方科学作为敲门砖,从此打开了在中国传教的局面。这一时期的西学东渐,在中国取得了一定的进展,很大程度上是由于中国学者发挥的积极作用,大多数中国学者对西学东渐的态度是包容的,他们笃信中西文化有诸多相通的地方,西学输入可以实现中西文化的会通与融合。因此,西学东渐前期的中西文化交流,是在一种平等对话的基础上展开的。

[①] 黄见德:《西方哲学东渐史》(上),人民出版社2006年版,第29—30页。

在逻辑学方面，传教士在传播基督教哲学的同时，还将亚里士多德的逻辑著作及思想译介过来了。这也是西方哲学发展的内在规律。因为从古希腊到中世纪经院哲学的发展过程中，经院哲学改造和吸取了古希腊哲学中的一些观点、思想来论证经院哲学的论题。古希腊哲学思想不仅成为经院哲学的重要理论来源，而且那些被改造和吸取的古希腊哲学，还成为经院哲学的有机组成部分。所以，西方传教士在中国传播基督教哲学时，还会介绍一些古希腊哲学。但是这些古希腊哲学是被经院哲学家改造过的，与古希腊哲学的本来面目相比已经发生了变化。因此，西学东渐前期译介过来的亚里士多德的逻辑著作和逻辑思想，实际上都是中世纪经院哲学的古逻辑。

利玛窦（Matteo Ricci，1552—1610 年），号西泰，意大利耶稣会传教士。明朝万历年间来到中国传教。利玛窦与徐光启（1562—1633 年）合译了欧几里德《几何原本》的前六卷（1607 年刊印），第一次把欧几里德几何学及其严密的逻辑体系、演绎的观念和方法引入中国。他的《天主实义》（1603 年刊印）是中国最早涉及亚里士多德逻辑的"十范畴"，其中谈到了"自立者"和"依赖者"。他的《解释世人错认天主》中有：

> 夫物之宗品有二，有自立者，有依赖者。物之不特别体以为物，而自能成立，如天地、鬼神、人、鸟兽、草木、金石、四行等，是也。斯属自立之品者。物之不能离，而诧他体以为其物，如五常、五色、五音、五味、七情等，是也。斯属依赖之品者。①

他在《辩释鬼神及人魂异论，而解天下万物不可谓之一体》中将"依赖者"分为九类，分别是：

> 几何，如二、三寸大等；相视，如君臣、父子等；何如，如黑白、急惰等；作为，如化、伤、走、言等；抵受，如被化、著伤等；何时，如昼夜、年世等；何所，如厢房、厅位等；体势，如立、坐、伏、倒等；穿得②，如袍裙、田池等。③

---

① 〔意〕利玛窦著，朱维铮主编：《利玛窦中文著译集》，复旦大学出版社2007 年版，第18 页。
② 艾儒略译为"得用"，《名理探》译为"得有"。
③ 〔意〕利玛窦著，朱维铮主编：《利玛窦中文著译集》，复旦大学出版社2007 年版，第37 页。

利玛窦把亚里士多德的"十范畴"分为"自立者"和"依赖者"两大类,"依赖者"又包括"几何、相视、何如、作为、抵受、何时、何所、体势、穿得"九种。"自立者"相当于亚里士多德"十范畴"中的实体;"依赖者"是其他九个范畴(亚里士多德的十大范畴是:实体、数量、性质、关系、地点、时间、状态、具有、主动、被动)。利玛窦的这种译法与波菲利在《〈范畴篇〉导论》中将实体与其他九范畴区别开来的做法是一致的。利玛窦之后的西学翻译也大都采用了"自立者"和"依赖者"的说法。利玛窦对亚里士多德"十范畴"的解释,是我们最早涉及西方逻辑思想的介绍。

艾儒略(Jules Aleni,1582—1649年),字思及,明代意大利耶稣会传教士。万历三十八年(1610)来华。艾儒略学识渊博,对天文、历学均有研究,且通汉学,有"西来孔子"之称。他的著作包括《西学凡》《职方外纪》《耶稣传》八卷。

艾儒略的《西学凡》对西方知识体系进行了系统介绍,他在文中提到了"五公称之论"和"十宗论":

> 万物五公称之论,即万物之宗类,如生觉灵等;物之本类,如牛马人等;物之分类,如牛马人所以相分之理;物类之所独有,如人能言、马能嘶、鸟能啼、犬能吠、狮能吼等;物类听所有无物体自若,如艺于人、色于马等。
>
> 十宗论,即天地间万物十宗府。一谓自立者,如天地人物;一谓依赖者,不能自立,而有所赖焉以成。自立,独有一宗;依赖,则分而为九:一为几何,如尺寸一十等;二为相接,如君臣父子等;三为何状,如黑白冷热甘苦等;四为作为,如化伤行言等;五为抵受,如被化受伤等;六为何时,如昼夜年世等;七为何所,如厢房厅位等;八为体势,如立坐伏侧等;九为得用,如用袍裙如得田池等。①

艾儒略提及的"五公称之论":万物之宗类、物之本类、物之分类、物类之所独有、物类听所有无物体自若,也就是后来李之藻在《名理探》中所翻译的"五公",其原意是波菲利将亚里士多德四谓词(属、特性、偶性、定义)理论系统化的五谓词学说(属、种、种差、固有属性、偶性)。

---

① 祖湘主编:《天学初涵》第1册,台湾学生书局1978年版,第67页。

李之藻（1569—1630年），字振之，又字我存，是首译西方逻辑著作的中国学者。他与葡萄牙耶稣会士傅泛际（Francois Furtado，1587—1653年）合作翻译了《名理探》。《名理探》的原名是《亚里士多德辩证法概论》，该书有上、下两编，共25卷。李之藻翻译了上编的十卷，主要内容是"五公"和"十伦"，主要涉及亚里士多德的《范畴篇》。

《名理探》翻译的"五公"，即艾儒略提及的"五公称之论"：万物之宗类、物之本类、物之分类、物类之所独有、物类听所有无物体自若。《名理探》则分别译为：宗、类、殊、独、依。后来严复译为"五旌"：类、别、差、撰、寓。艾儒略提到"五公"，但他没有对此进行详细阐述。李之藻把"五公"的含义概括为："生觉为宗，人性为类，推理为殊，能笑为独，黑白为依。"①"五公"的具体含义怎样？我们先来看"宗"：

（古）宗义有二：诞生所肇，各类所属。
（解）宗字之指有二，一是生所自来之亲，一是类所共属之宗也。
（古）名理云宗，惟取次义，以称属类，据问何立。
（解）宗也者，乃就问何立，可用以称不同类者也。如举生觉者，可以兼称人马诸类也。②

李之藻所翻译之"宗"，含义有两重：其一是万物生成的根源，其二是其下属的"种"的一个"源"，也就是《名理探》中所讲的"各类所属"。名理学所谓"宗"就是第二种含义，是"五公"之中最大的范畴，可以称谓许多不同的类。如举生觉者为"宗"，就可以指称人类和马类。另外，"宗"具有相对性，如李之藻解释为：

生觉，为人性之宗；人性，为能笑之宗，多有生觉而不能笑者。③

"宗"与"类"是属种关系，而这种关系是相对的，如"生觉"相对于"人性"来说是宗，而"人性"相对于"能笑"来说也变成了宗。即

---

① 〔葡〕傅泛际译义，李之藻达辞：《名理探》，生活·读书·新知三联书店1959年版，第106页。
② 〔葡〕傅泛际译义，李之藻达辞：《名理探》，生活·读书·新知三联书店1959年版，第106页。
③ 〔葡〕傅泛际译义，李之藻达辞：《名理探》，生活·读书·新知三联书店1959年版，第111页。

对于下属的种来说是"宗",对于上一级的属来说则是"类"。

《名理探》云:"兹究类义,举宗设论。相因而有,故相为解。"① 也就是说,对于"类"的解释也要借助于"宗":

(古)在宗下者是之谓类,生觉色形,皆各谓宗。若人、若白、若三角形,是乃属类。

(古)举宗称类是谓正称,举类称宗谓不正称。盖凡上者可以称下,若其下者不可称上。

(解)……可举统以称偏,不可举偏之称统也。宗为统者,类为偏者。②

也就是说,"宗"相当于今译的属,"类"相当于今译的种。如生觉、色、形是"宗",是属,相对应的人、白、三角形是"类",是种。我们可以说三角形是"形",但不能说"形"就是三角形。这就是"宗"和"类"之间的关系,即属种关系。波菲利在《〈范畴篇〉导论》中说:

属包含种,但种不包含属,而是被属包含,因为属比种的范围更广。此外,必须预先承认属,而且如果知道专有种差,则形成种。因此,属自然地先于种。……属同义地谓述其下属的种,但是种从不谓述属。此外,属由于包含其下属的种而多于种,而种在其专有种差方面多于属。还有,种不能成为最高的属,属也不能成为最低的种。③

对于属与其他四谓词之间的相互区别,波菲利概括道:

(1)由于属谓述许多事物,因此区别于只谓述一个事物的个体词;(2)由于属谓述不同种的事物,因此区别于作为种或作为固有属性而进行谓述的词;(3)由于属在本质的意义上谓述,因此区别于种差和共同的属性,因为二者均不是本质意义上而是性质或状态的意义

---

① 〔葡〕傅泛际译义,李之藻达辞:《名理探》,生活·读书·新知三联书店1959年版,第124页。
② 〔葡〕傅泛际译义,李之藻达辞:《名理探》,生活·读书·新知三联书店1959年版,第124—127页。
③ 〔叙〕波菲利:《〈范畴篇〉导论》,王路译,《世界哲学》1994年第6期。

上谓述。①

李之藻认为,"宗"和"类"是属种关系,"殊"却是类与类之间的差别,相当于今译的"种差",有"泛殊,切殊,甚切殊"之分。"泛殊"为普遍意义上的种差,指的是如果一事物以任意一种差异与自身或另一事物不同,那么这就是普遍的区别。如亚里士多德与柏拉图不同,也与自身不同,如:他正在跑步,或他停止跑步。"切殊"为专门意义上的种差,指的是如果两个事物以不可分的偶性相区别,那么这就是专门地区别。如白皮肤的、高鼻子的。"甚切殊"是严格意义上的种差,指的是如果两个事物由专门的差别相区别,那么这就是严格地区分。如理性,是人与马两类事物的本质区别。"泛殊"和"切殊"属于"依然而异","甚切殊"属于"本然而异"。"甚切殊"是表示种类本质差别的,可以作为"种差",给概念下定义的主要方法就是种差+邻近的属概念。

"独"指事物的特有属性,即"畸类自有,又至全类,又所时有",如人能笑,鸡能鸣,狗能吠,狼能嚎等。"这种特征在严格的意义上说是固有属性,因为它们可以互换。因为如果有一匹马,那么就有嘶鸣的能力,而如果有嘶鸣的能力,就有一匹马。"②"依"指事物的偶性,分为可分的和不可分的两类。如吃饭、睡觉是可分的,人有高矮胖瘦,马有黄黑白,这些偶性是不可分的。

李之藻翻译的"十伦",即亚里士多德的"十范畴",李之藻将其分别译为:

> 不合而谓者,或指自立体,或指几何者,或指何似者,或指互视者,或指切所者,或指何时者,或指体势者,或指受饰者,或指作为者,或指抵受者。自立如天人;几何如丈尺;何似如白黑;互视如彼此;且所如舍宅;何时如岁月;体势如坐立;受饰如服御;作为如施感;抵受如承应。③

李之藻的"十伦"是否如实反映了亚里士多德《范畴篇》中"十范畴"的含义,我们先来看看亚里士多德的解释:

---

① 〔叙〕波菲利:《〈范畴篇〉导论》,王路译,《世界哲学》1994年第6期。
② 〔叙〕波菲利:《〈范畴篇〉导论》,王路译,《世界哲学》1994年第6期。
③ 〔葡〕傅泛际译义,李之藻达辞:《名理探》,生活·读书·新知三联书店1959年版,第331页。

  一切非复合词包括：实体、数量、性质、关系、何地、何时、所处、所有、动作、承受。举个例子来说，实体，如人和马；数量，如"两肘长"、"三肘长"；性质，如"白色的"、"有教养的"；关系，如"一半"、"二倍"、"大于"；何地，如"在吕克昂"、"在市场"；何时，如"昨天"、"去年"；所处，如"躺着"、"坐着"；所有，如"穿鞋"、"贯甲的"；动作，如"分割"、"点燃"；承受，如"被分割"、"被点燃"。①

  亚里士多德的实体是客观、独立存在的个别事物，是作为主词存在的，是"第一实体"；其他范畴都是实体的谓词，是包含了个别事物的属和种，是一般，属于"第二实体"。一般不能脱离个体而存在，而且一般与个体之间是可以互相转化的。亚里士多德认为，认识事物就应该是从个别的、感性的经验到一般的、抽象的道理的发展过程。亚里士多德把一般与个别的关系运用到逻辑学，认为命题的主词与宾词的关系就是个别与一般、属与种的关系。但是，亚里士多德在讨论命题判断和三段论推理时，很少讨论个体与类的关系，更多关注类与类的关系。

  事实上，由于中西在思维方式上的差异，李之藻的翻译是存在问题的。例如，亚里士多德构建实体范畴是通过提问"它是什么"来实现的，即是从认识个体开始的，然而在古汉语中，这个问题被疑问代词"何"取代，"何"在中国古代文献中很少或从未提及一个特殊事物。如《墨子·非命》云："故使言有三法。三法者何也？有本之者，有原之者，有用之者。……此言之三法也。"在这里，"何"指代"三法"："有本之者，有原之者，有用之者。"因此，葛瑞汉说："中国人的思维不是始自特殊的个体，而是优先考虑特殊个体来源的整体或集合……亚里士多德是从单一的事物开始考察，问'它是什么'，然后独立地思考。"② 很明显，古汉语的思维方式是从整体到特殊的个体，而亚里士多德是从个体到整体的思维方式，优先考虑的是特殊事物。

  "性质"与"何时"这两个范畴，在亚里士多德逻辑中是表示真实存在的一般理念，是用概念认知的"一般"，它优先考虑的是特殊事物。用概念认识的"一般"如何得到被感知的"特殊"，这是逻辑学要处理的

---

① 苗力田主编：《亚里士多德全集》第 1 卷，中国人民大学出版社 1990 年版，第 5 页。
② A. C. Graham, *Disputers of the Dao: Philosophical Argument in Ancient China*, Open Court Publishing Company, 1989, p. 419.

内容。① 再加之中国古代汉语没有明显的单复数变化，古代汉语中的量项也是模糊的，无法处理全称与特称，而这些是建立命题的前提。所以说，如果按照中国古代汉语的思维方式解释亚里士多德的"十范畴"，就会偏离亚里士多德的原意。中国古代汉语的这些特点，也决定了中国古代不可能发展出亚里士多德那样的逻辑。

综上所述，这一时期对"类"范畴的研究没有取得实质性的进展。但是，秦汉至宋明时期的逻辑思想仍是中国逻辑发展史上的重要一环。清初理学盛极而衰，王夫之对理学中的唯心论提出了批判，但理学颓势已经无法挽回，一世学风逐渐演变为以乾嘉考据学为主要治学内容的学术思潮。考据学的形成是建立在对理学的批判和总结基础上的，讲求朴实简洁，重证据轻义理，再加上明末清初西方逻辑的传入，从此，中国逻辑走上了一条崭新的发展之路。

亚里士多德的逻辑思想，在中国得到了初步的介绍，为中国学者认识逻辑学这门科学打开了全新的视角。中国知识分子在明末就接触到了亚里士多德的逻辑学，但在很长一段时间里它却不被人们所重视。主要原因在于，自汉代提出独尊儒术、罢黜百家的思想之后，中国逻辑自身的发展开始走下坡路，长久疏于对逻辑系统的学习和研究，再加上中国古代汉语又不能准确提供理解、分析亚里士多德逻辑的资源。因此，当明末知识分子接触到异于中国古代汉语思维方式的亚里士多德逻辑时，他们就无法全部理解《亚里士多德辩证法概论》原文中的内容。在这种情况下，中国学者对亚里士多德逻辑缺乏整体、全面的认识，对亚里士多德思想的译著难免会出现一些偏差。

---

① 王建鲁、彭自强：《〈范畴篇〉中"十范畴"与〈名理探〉中"十伦"比较研究》，《哲学研究》2010 年第 9 期。

第七章 近现代时期的"类"范畴思想

从1840年鸦片战争爆发,西方学术随着坚船利炮再次进入中国,直到20世纪40年代新中国成立之前,西学再次东渐之后给中国学术带来巨大的影响。西学首次东渐过程中,由于清朝政府与罗马教廷之间的"礼仪之争"日益激化,康熙帝逐渐改变了以往优待传教士、准其在内地传教的做法,开始限制、直至禁止传教士传教。雍正继位后,采取了更为严厉的措施,1723年明令"禁教"。这样一来,持续了近两个世纪的中西文化交流,被人为地打破了。直到1840年鸦片战争后,西方学术随着坚船利炮再次进入中国,中断了一个多世纪的中西文化交流又重新开始了。与明末清初相比,1840年后传入中国的西学知识体系与逻辑在传播主体、传播渠道和传播内容上出现了新的变化,也呈现出新的特点。

第二次鸦片战争以后,清政府中一些掌有实权的人物曾国藩、李鸿章、张之洞等人,深感西方侵略者坚船利炮的巨大威力,便极力主张学习西方的科学技术,借以巩固和维持清朝的封建统治。于是,在"自强""求富"的旗号下,掀起了一场长达三十年之久的洋务运动。洋务运动在"中体西用"的原则下展开了多方面的引进与传播西学的工作。1862年,奕訢创办京师同文馆,培养外语人才,加强了解西方的手段。随后,上海、广州等地也相继建馆仿行。1872年,中国第一批留学生赴美学习,直接接触西方的先进文化。设立同文馆,派遣留学生,对于学习传播西方近代科学技术知识和文化,推动中国文化的近代化,起到了不可低估的积极作用。

这一时期大量的西方知识传入中国,影响非常广泛。在此期间,有大量的西方著作被我国学者译介到中国来。在逻辑方面,严复先后翻译了约翰·穆勒的《穆勒名学》以及耶方斯的《名学浅说》。西方知识的大量引入,必然引起中西学术配置的问题。我们从中西文化交流的大背景来看,"在中西学术配置问题上,当西学刚刚输入中国时,是西方学术如何纳入中国学术体系中的问题,于是'西学中源'说应运而生;随着西学输入的强化,中西学术被纳入'中学为体、西学为用'的知识框架中;二十世纪初期,随着西学输入之势的不可逆转,所要面临的问题已经不是在中学体系中如何接纳西学,而是在西学成为学术主流后,中国学术如何纳入近代西方学术及知识系统中之问题,于是便出现了一种实际上可称为'西体中用'之知识配置模式"[①]。20世纪初,在"西体中用"之知识配置模式的影响下,中国大多数学者展开了以西方逻辑为参照研究中国古代逻辑的模式。梁启超、胡适、谭戒甫等人对墨家逻辑的研究就采用了这种比较研究的方法,他们对于"类"范畴的研究具有明显的西方逻辑的痕迹。实际上,"西学中源"说直到20世纪初仍有很大影响,诸多中国学者"仍没有放弃从中国古学中寻找西学依据及本源的做法"[②]。因为这种方法是证明中西两学相融、互补的最简便的方法。需要指出的是,他们的中西逻辑比较研究是在清朝中后期兴起的诸子学研究的基础上进行的。

中国学者对墨家逻辑的反思以及西方逻辑的再次引入,使得"类"范畴的研究进入一个全新的发展阶段。

第一节　对墨家"类"范畴的反思

清中叶至后期,兴起了诸子学研究。诸子学研究的出现并不是偶然现象,从学术渊源上讲,诸子学是乾嘉考据学在诸子学领域中的延伸;从社会背景看,当时社会动荡不安,一些文人墨客仕途受阻转而隐居著述论学,他们冲破独尊儒术的传统,对先秦诸子的典籍进行了系统整理、挖掘和解释,使长期被忽视的荀、墨、名诸家作品开始受到学术界的关注。这一时期的代表人物有毕沅(1730—1797年)、汪中(1744—1794年)、孙星衍(1753—1818年)、王念孙(1744—1832年)、俞樾(1821—1907年)、王先谦(1842—1917年)、孙诒让(1848—1908年)等人。在对中国古代典籍的整理中,《墨子》一书的整理较为全面和系统,其中,孙诒让在前人校勘的基础上汇集而成的《墨子闲诂》是对墨家逻辑研究中最有代表性的著作。

《墨子闲诂》是孙诒让总结清代学者墨子研究成果的重要著作。他以毕沅本为底本,以明刊道藏本、明吴宽写本、顾广圻校道释本和日本人仿

[①] 左玉河:《从四部之学到七科之学》,上海书店出版社2004年版,第5页。
[②] 左玉河:《从四部之学到七科之学》,上海书店出版社2004年版,第291页。

刻本为参校，以前辈《墨子》注释的研究成果为基础，集各家精华汇集而成。正如俞樾所评价的"凡诸家之说，是者从之，非者正之，阙略者补之。……盖自有《墨子》以来，未有此书也"①。梁启超发现另一个闪光点是"其附录及后语，考讨流别，精密闳通，尤为向来读子书者所未有。盖自此书出，然后《墨子》从此可读。现代墨学复活，全由此书导之。古今注《墨子》者固莫能过此书，而仲容一生著述亦此书为第一也"②。由此可见，孙诒让在《墨子》研究中的关键性地位。"他是中国新旧墨学的分水岭，既是传统治墨方法的集大成者，又是新墨学的催生者。孙氏的治墨成果，是现代和未来墨学研究者的起跳板，既是必须依赖的文献基础，又是期待超越的思想对象。"③

孙诒让对衍文脱字严重的《墨经》作了较为系统地梳理与挖掘，他在《墨子·大取》的注释中说，"以故生，以理长，以类行也者"之前，当有"夫辞"二字。④ 他还指出："三物必具，然后足以生。此下疑当接后'以故生，以理长，以类行也者'句。三物，即指故、理、类而言之，谓辩之所由生也。"⑤ 孙诒让虽然没有对墨家的"类"范畴作过多的阐释，但他在注释中强调了"类"范畴在墨家推理中的重要性，认为"类"是立辞必不可少的因素之一。《墨子闲诂》在墨学研究中承前启后，功不可没，然而《墨子闲诂》一书并没有解决墨学研究中的所有问题。他完成《墨子闲诂》后，于光绪二十三年（1897）致信梁启超，对墨家的科学思想提出了猜测，而逻辑只是其中的一部分。他在信中说：

> 曩读墨子书，深爱其掸精道术，操行艰苦，以佛氏等慈之旨，综西士通艺之学，九流汇海，斯为巨派。然《经说》诸篇，闳义眇旨所未窥者尚多，尝谓《墨经》楬举精理，引而不发，为周名家言之宗，窃疑其必有微言大例，如欧士论理家雅里大得勒（指亚里士多德）之演绎法，培根之归纳法，及佛氏之因明论者。惜今书伪缺，不能尽得其条理，而惠施公孙龙窃其绪余，乃流于儇诡口给，遂别成流派，非

---

① （清）孙诒让：《墨子闲诂·前言》，中华书局1986年版，第2页。
② 王兴文：《〈墨子闲诂〉与20世纪30—60年代墨学的全面复兴》，《学术交流》2006年第10期。
③ 孙中原：《孙诒让在墨学史上的学术地位与贡献》，《南通大学学报》（社会科学版）2010年第4期。
④ （清）孙诒让：《墨子闲诂·前言》，中华书局1986年版，第377页。
⑤ （清）孙诒让：《墨子闲诂·前言》，中华书局1986年版，第370页。

墨子之本意也。

　　拙著印成后，间用近译西书，复事审校，似有足相证明者。如《经上》篇云："㠯有以相撄，有不相撄也。"此疑即《几何原本》所云两线于同面行至无穷，不相离亦不相远而不得相遇为平行线。"有以相撄"，即不相离不相远之意；"有不相撄"，即不得相遇之意。此殆亦形学之精理矣。又如《经说上》云："无久之不止，有久之不止"，二语似即力学永静永动之理，而与奈端（指牛顿）静者不自动、动者不自止之例亦复冥契。又如《经下》云："火不热"，似亦热学之滥觞。盖热无尽界，以西人寒暑表测之，光热相生，大抵不逾二百度已足成焰，而近日化电诸家所能成之热，已有增至三四千度者。新法日挚，热度所至，亦复无竟，则一星之然，不翘冰界矣。而说者乃以目见火不见热为释，则义殊浅隘也。若此诸义，蓄之胸臆者非一，因于西书所见甚少，其算例精繁者复苦不能尽解，愧未洞窥奥窍，又虑近于皮傅，未敢著之于篇。以执事研综中西，当代魁士，又夙服膺墨学，即剌一二奉质，觊博一发耳。

　　总之，《经》、《经说》上下及《大、小取》六篇，文义既苦奥衍，章句又复褫贸，昔贤率以不可读置之。爻山刊误，致力甚勤，而于此六篇，竟不著一字。专门之学，尚复如是，何论其它。惟贵乡先达兰甫（番禺陈澧）、特夫（南海邹伯奇）两先生，始用天算光重诸学发挥其旨，惜所论不多。又两君未遘精校之本，故不无望文生训之失。盖此学晐举中西，邮彻旷绝，几于九译乃通，宜学者之罕能津逮也。①

　　在墨家思想研究方面，孙诒让有着比前人更为深刻的认识，虽未能对《墨经》的逻辑思想作出科学的解释，但是孙诒让在此信中，对照西学对墨家思想进行了初步分析与猜测，认为其中存在有逻辑、几何、力学、热学等，而逻辑是其中一部分。孙诒让对逻辑的猜测应该是从知识体系角度提出来的，并不局限于逻辑。但是，他对《墨经》中有逻辑的猜测，是梁启超研究墨家逻辑的动力和信心。

　　孙诒让的最大贡献是对《墨经》作了较为系统、完整的校释，使《墨经》成为文字通顺、人人可读的校释本，为后人的墨学研究提供了宝贵的资料线索，为《墨经》研究的复兴扫清了障碍。之后，吴毓江、高亨对墨

---

① 孙诒让：《籀庼述林》卷10《与梁卓如论墨子书》，《续修四库全书》编委会编《续修四库全书》，上海古籍出版社2002年版，子部，第1210册，第290页。

家思想进行了进一步的校勘和诠释。

吴毓江的《墨子校注》于1944年由重庆独立出版社刊行。它以治《墨子》全书而论，是继《墨子闲诂》之后的又一本力作。吴毓江积二十余年之功，撰成《墨子校注》十五卷。该书的最大特点就是保存了许多今天难见或已经失传的《墨子》各种版本的内容，为整理研究《墨子》提供迄今为止最详尽的版本资料。吴毓江认识到"类"范畴在《墨经》中极为重要，他说："明是非、辩同异，其要不外乎明类。"① 也就是说，辨别是非、同异是以"类"范畴为基础的。

高亨的《墨经校诠》于1944年完成初稿，他集清代张惠言《墨子经说解》、清代毕沅《墨子注》、孙诒让《墨子闲诂》、梁启超《墨经校释》、张纯一《墨子集解》、伍非百《墨辩解故》、章士钊《墨辩今注》、谭戒甫《墨经易解》等古今各家之说，结合自己的体悟，对于简古而多衍窜脱误的《经上》《经下》《经说上》《经说下》四篇进行了校勘和诠释，独创性较多，是我们研究墨家思想的重要参考。高亨认为，《墨经》自汉代以来就没有人重视，没人能懂，晋朝的鲁胜虽然曾作注，但是早已不复存在。直到清代才有学者加以整理，近代学者出现了一些《墨经》专家，但他们在有些地方的解释，还是存在问题的。② 于是，他集各家之说，力求对《墨经》做到准确合理的校对、诠释。对于《墨经》中的"类"，他认为"类，象也、似也"，二物有相象相似之点，就是类同。类同之物，必有其相同之点。反之则为不类。③

清代学者以及近代学者对墨家"类"范畴的校对与诠释，为我们研究先秦诸子思想扫清了障碍，为我们今天研究《墨经》以及中国古代逻辑思想提供了重要的范例文本。当然，这并不意味着我们在研究中就不用考证训诂了，只是不用再像前人一样费很大力气就可以了，他们在校注过程中对"类"范畴的解释，为我们理解先秦典籍中的"类"范畴提供了重要的资料来源。

第二节 西方"类"范畴再次引入

明末清初，李之藻与傅泛际合译的《名理探》是中国学者首次译著西

---

① 吴毓江:《墨子校注》，中华书局1993年版，第646页。
② 高亨:《高亨著作集林》第7卷，清华大学出版社2004年版，第9页。
③ 高亨:《高亨著作集林》第7卷，清华大学出版社2004年版，第146—147页。

方逻辑学的著作。遗憾的是,由于受到中国古代汉语思维方式的限制和西学东渐前期逻辑思想输入特点的影响,李之藻并未对亚里士多德的逻辑思想作出全面的解释。再由于内容深奥难懂,自刊印后长达300年几乎无人问津,所以说,这一时期的西方逻辑学"在中国传统文化上,还没有找到它立脚的基点,中国还没有感到需要它"①。直到清末,西方逻辑再次传入中国,它才在中国逐渐传播开来,在这个过程中严复的作用最大。

严复(1853—1921年)原名宗光,字又陵,又字几道,福建侯官人,是清末很有影响的资产阶级启蒙思想家、翻译家和教育家。严复翻译了《天演论》《原富》《群学肄言》《群己权界论》《社会通诠》《法意》《美术通诠》等西方学术名著,他是中国近代史上向西方国家寻找真理的著名人物,也是"中国思想史上第一个系统介绍西方学术、提倡资产阶级思想与文化挽救中国的资产阶级启蒙思想家"②。严复非常重视认识论和逻辑学,他认为"要救国,只有维新","要维新,只有学西方",西方国家的富强是以近代自然科学和社会科学为基础和依据的,而这些科学都以逻辑学为指导,"这种认识论——逻辑学就是培根开其端的经验论和归纳法"③。因此,他翻译了《穆勒名学》和《名学浅说》,将西方的演绎逻辑和归纳逻辑引入中国。对于严复译著的影响,郭湛波评价道:"自明末李之藻译《名理探》,为论理学输入中国之始,到现在已经三百多年,不过没什么发展,一直到了严几道先生译《穆勒名学》、《名学浅说》,形式论理学始盛行于中国,各大学有论理学一课。"④

《穆勒名学》这本书原是英国逻辑学家弥尔(J. S. Mill,严复译为穆勒)的《逻辑学体系:演绎和归纳》,穆勒继承了培根(F. Bacon)的思想而发展了归纳逻辑的学说,这部书主要是讲归纳逻辑的,但严复译著了演绎法的全部内容和归纳法的一小部分内容,他在《名学浅说》的序言中解释说:"老来精神荼短,惮用脑力。"《名学浅说》是英国逻辑学家耶方斯(W. S. Jevons)的著作,该书是一本逻辑的入门书,主要介绍了演绎逻辑和归纳逻辑,而对于演绎逻辑的三大基本规律根本没有提及。穆勒和耶方斯对归纳逻辑推崇备至,认为一切科学原理都是靠归纳方法获得的。严复译著的特点是,多是意译,往往就原著的某一思想或观点发表自己的见解。有的注明"复按"字样,可以视为严复的思想,有的未加注明,在译

---

① 包遵信:《名理探的翻译与〈墨辩〉之沉沦》,《读书》1986年第1期。
② 商务印书馆编辑部编:《论严复与严译名著》,商务印书馆1982年版,第1页。
③ 李泽厚:《论严复》,《历史研究》1977年第2期。
④ 郭湛波:《近五十年中国思想史》,山东人民出版社1997年版,第183页。

第七章 近现代时期的"类"范畴思想

著中边翻译边议论。所以说,严复的译著很大程度上可以看作他思想的体现。由此可见,严复也是推崇归纳逻辑的。

严复在"何谓五旌"中详细阐释了西方"类"之观念:

> 五旌之区物,其所以为分之理,非据公名异义与夫涵德不同如常术者也;其所以为分者,乃以其名所命类别大小之不同。盖使有一物于此,则所取以旌别是物者有五:一曰类,次曰别,三曰差,四曰撰,五曰寓。①

他认为,亚里士多德开创了以"五旌"分万类,随后的波菲利把这一思想发扬光大,使其成为科学上共用的方法。如果要指称某一具体事物,则要通过"五旌"的方法逐一确认,分别为类、别、差、撰、寓。波菲利在《导论》中强调:"为了理解亚里士多德的范畴学说,必须认识属、种差、种、固有属性和偶性。这一认识也有助于提出定义,并且一般来说有助于划分和证明。"② 严复指出,穆勒的分类主要依据类别的大小,换句话说,穆勒的分类主要依据"类"的外延,而不是依据"类"的内涵。因此,严复说穆勒的分类"与他家之言五旌者稍异",差别在于,希腊诸名家"顾其义常兼所命、所涵为言,而穆勒氏则谓其与涵义无涉,而纯以所名之物为分"③。

严复认识到,分类不仅可以按照类别的大小,也可以按照本质属性的不同,即"夫旌物者非独旌其类而已也,顾亦旌其德焉。今但取其浅而易明者言之"④。严复从物类属性的不同首先解释了"五旌"之"类、别、差"的含义:

> 凡物之有同德者,皆可以为类,类固从德起也。而同者之中,固有所异,因其异而区之,于是乎有别。则知乎其别,又以德也。是故别之涵德必多于其类,而类既统诸别矣,斯其涵德必寡,多寡之际而较生焉。是故类有类德,别有别德,以类容别,故以差德加之类德者,斯为别德矣。譬如车类也,益之以轻小之差而得轺之别焉,三角形类也,二边等三角形别也。别之所涵,其多于类之所涵者,有是二

---

① 〔英〕约翰·穆勒:《穆勒名学》,严复译,商务印书馆1981年版,第110页。
② 〔叙〕波菲利:《〈范畴篇〉导论》,王路译,《世界哲学》1994年第6期。
③ 〔英〕约翰·穆勒:《穆勒名学》,严复译,商务印书馆1981年版,第111页。
④ 〔英〕约翰·穆勒:《穆勒名学》,严复译,商务印书馆1981年版,第111页。

边等者耳，则二等边者其差数也。然则舍所涵之德，吾不知差之果何以云也。①

他认为同德者都可以为类，即属性相同者为一类。同类中又有异，即是别，别也有德。他从内涵与外延的反变关系，说明类与别的不同，别的内涵多于类，而类包含别，差德＋类德即是别德，相当于传统逻辑中种差＋属，如"车"是类，"轻小"是差，"轺"是古代轻便的小马车，是别；又如"三角形"是类，"二等边"是差，"二等边三角形"是别。

他接着解释了何谓"撰、寓"的含义：

> 四曰撰，亦以德言之也。撰者类、别共有之德而不可为类德、别德者也。以其虽为一类，一别之所共有，而是类、是别之所以区于他类、他别者则不待此故也。必举以为喻，则三角形之内角必合而等于两正角者，三角形之一撰也；半圆内之负角必等于一正角者，半圆之撰德也；人能言之，人之撰德也。故撰德大抵可由类德、别德以为推。类、别为因，而撰为之果。撰固通其类之所同有，独以其为果而不因，故不入于类、别之旌。类、别二德者，所以为其类，其别之旌者也。五曰寓，寓者偶也，亦以德言。为一类、一别之所有，然纵无之，其物之于是类，是别自若；盖其有无初不关于物性者也。此如一国之肤色、一人之姓名，不以异是而不得为是国家之民与人明矣。是则特寄焉而已，故曰寓也。名家于寓德又分二种。有不可离之寓，谓一受其成而不可变者，此如其人之好丑、长短、家世、生长之乡是已。有其可离者，此如服饰、事业、居处、官职、富贵而已；此虽百变，无关事实，故曰可离之寓德也。以五旌别物，其大经如此。②

撰德是类、别共有的德，但又不是类德、别德，而是它们区别于他类、他别的德。撰德即是传统逻辑中所讲的事物的固有属性，如"三角形的内角和是两个正角之和"等。撰德可以由类德、别德推出，如果某图形是三角形，那么它的内角和是180°，即"类、别为因，而撰为之果"。寓就是事物的偶有属性，一类、一别之事物所具有，即使不具有，物的类、

---

① 〔英〕约翰·穆勒：《穆勒名学》，严复译，商务印书馆1981年版，第111页。
② 〔英〕约翰·穆勒：《穆勒名学》，严复译，商务印书馆1981年版，第111—112页。

别也不会改变,"不关于物性者也",如国民的肤色、人的姓名。寓又分为不可离之寓和可离之寓,如人的美丑、高矮等是不可离之寓,人的服饰、居处等是可离之寓。

现在,我们把严复翻译的"五旌"与李之藻的"五公"、艾儒略的"五公称之论"进行一下比照,见表7-1。

表7-1

英文术语	李之藻《名理探》	严复《穆勒名学》	严复《名学浅说》	艾儒略《西学凡》
genus	宗	类	类	万物之宗类
species	类	别	别	物之本类
difference	殊	差	差德	物之分类
		差德		
property	独	撰	常德	物类之所独有
		常德		
accident	依	寓	寓德	物类听所有无物体自若
	依赖	偶德		

可见,严复、李之藻在译著过程中创造了大量的词汇,他们创造新词的方法大都是折中其他翻译者的个人术语以及选取不常用的词汇,依照简洁的思想,尽可能使用单音词,从上面对"五公"的翻译可以看出。李之藻译著中的"类"相当于传统逻辑中的"种",用"宗类"表示属种关系;严复"五旌"中的"类"相当于传统逻辑中的"属",他用"类别"表示属种关系。

综上所述,我们不难发现,严复对"类"的阐释显然比李之藻要详尽,他注意到了穆勒分类注重"类"之外延,他还根据内涵与外延的反变关系,从内涵的不同分析了"五旌"之异。我们从严复对"五旌"的解释中,能明显感受到中国古代逻辑思想中"类"范畴的特点。他认为"物之有同德者,皆可以为类",与《墨子·经说上》中的"有以同,类同也"相似。他认为中国逻辑中的"类"注重"类"之内涵的分析,与希腊诸名家的分类方法有异曲同工之妙。另外,严复的译注对中国近代思想家产生了深远的影响,他"在译介西方逻辑理论的过程中,曾引借培根的话,将逻辑视为'一切法之法,一切学之学',他将先秦的'正名'学说与西方逻辑直接联系起来,认为'言名学者深浅精粗虽殊,要皆以正名为始事',并提出'科学人手,第一层工夫便是正名'。他的主张为近代学者将先秦逻辑思想比作为西方逻辑的研究模式奠定了思想基础"①。自此，西方逻辑学的基本理论也在中国扎下了根，为后来中西逻辑的比较研究奠定了坚实的理论基础。

第三节 "类"范畴的比较研究

20世纪初至40年代，在前人校释、训诂研究成果的基础上，一批初步掌握了西方逻辑理论的学者，以西方逻辑理论为参照，研究中国古代文献中的逻辑，开创了中西逻辑比较研究的先河，这一时期对于"类"范畴的研究具有明显的西方逻辑的痕迹，主要著作有：梁启超的《墨子之论理学》（1904年）、《墨子学案》（1923年）；章士钊的《逻辑指要》（1943年）；胡适的《中国哲学史大纲》（1919年）、《先秦名学史》（1922年）；陈启天的《中国古代名学论略》（1924年）；郭湛波的《先秦辩学史》（1932年）；冯友兰《中国哲学史》（1947）；张岱年的《中国哲学大纲》（1994）；虞愚的《中国名学》（1937年）；伍非百的《中国古名家言》（1983年）；谭戒甫的《墨辩发微》（1964年）。（注：著作后面的年份都是该著作的出版时间）

虽然有些著作出版时间稍晚，但大都完成于20世纪初至40年代。章士钊的《逻辑指要》完成于1917年。② 伍非百的《中国古名家言》1914年完成初稿，1932年脱稿，③ 谭戒甫在《墨辩发微·序》中说，他"在四十多年前即开始研究此书"，后来"认为这六篇书是大概弄清楚了，料想人家看了也会懂得了的；因而于一九三五年，先把《上下经说》在上海商务印书馆出版，改题《墨经易解》"④。可见，谭戒甫对《墨经》的研究于1935年前完成。冯友兰的《中国哲学史》全书最初出版于1933年。⑤ 张岱年的《中国哲学大纲》1937年完成初稿。⑥

---

① 翟锦程：《用逻辑的观念审视中国逻辑研究——兼论逻辑史研究中的几个问题》，《南开学报》（哲学社会科学版）2007年第4期。
② 中国逻辑史研究会资料编选组：《中国逻辑史资料选》（现代卷下），甘肃人民出版社1991年版，第306页。
③ 中国逻辑史研究会资料编选组：《中国逻辑史资料选》（现代卷下），甘肃人民出版社1991年版，第390页。
④ 谭戒甫：《墨辩发微·序》，中华书局1964年版，第5—6页。
⑤ 冯友兰：《中国哲学史·自序三》，中华书局1947年版，第1页。
⑥ 张岱年：《中国哲学大纲·再版序言》，中国社会科学出版社1994年版，第1页。

根据近代学者研究中国逻辑的观念、方法的侧重点不同,分为两个不同的研究进路,一是以梁启超、胡适、章士钊为代表的研究进路,他们主要以西方逻辑理论为参照,主要运用比较研究的方法挖掘中国古代文献中的逻辑;二是以陈启天、郭湛波、伍非百、谭戒甫、虞愚、冯友兰、张岱年等为代表的研究进路,他们主张中国古代有固有的逻辑,主要以历史分析的方法进行研究,但是,他们中国古代固有的逻辑与西方逻辑、印度因明相一致的地方,也采用了比较研究的方法。

从文献上看,这一时期的学者主要从五个方面把中国古代逻辑"类"范畴与西方逻辑进行了比较研究。(当然,也有些学者把墨家逻辑中"类"范畴与印度因明进行了比较)

一 西方逻辑、印度因明与中国古代逻辑

随着清朝末年逻辑学的不断传入,西方逻辑开始在中国扎下了根,中国学者试图在中国文本中寻找自己的逻辑。梁启超是近代着重研究墨家逻辑思想的学者之一,他对"墨家逻辑学研究的一个重要特点和贡献,是在于他在中国逻辑史上,第一次自觉地运用印度因明和西方逻辑学的基本原理来解释和阐发墨家逻辑学的主要内容,自觉地进行了人类思维史上三种古老的逻辑科学的对比分析和研究"①。

梁启超的逻辑学著作主要有《墨子之论理学》《墨子学案》《墨经校释》等。梁启超认为中国旧学墨家逻辑与西方论理学有相印证的地方,他在《墨子之论理学》中说:"近世泰西之文明,导源于古学复兴时代,循此例也。故今者以欧西新理比附中国旧学,其非无用之业也明矣。本章所论墨子之论理,其能否尽免于牵强附会之消,盖未取自信,但勉求忠实,不诬古人,不自欺,则著者之志也。"②尽管梁启超尽量避免牵强附会的指责,但在他的研究中还是存在一定的比附成分。如他接着说:"墨子全书,殆无一处不用论理学之法则,至专言其法则之所以成立者,则惟《经说上》、《经说下》、《大取》、《小取》、《非命》诸篇为特详。今引而释之,与泰西治此学者相印证焉。"③这种牵强附会的比较,在梁启超的《墨子之论理学》一书中表现得较为明显,他认为:

---

① 彭漪涟:《中国近代逻辑思想史论》,人民出版社1991年版,第101页。
② 梁启超:《子墨子学说·附墨子之论理学》,载《饮冰室合集:专集之37》,中华书局1989年版,第55页。
③ 梁启超:《子墨子学说·附墨子之论理学》,载《饮冰室合集:专集之37》,中华书局1989年版,第56页。

> 墨子所谓辩者，即论理学也。
> 墨子所谓名，即论理学所谓名词 Term 也。
> 墨子所谓辞，即论理学所谓命题 Proposition 也。
> 墨子所谓说，即论理学所谓前提 Premise 也。
> 墨子所谓实意故，皆论理学所谓断案 Conclusion 也。①

梁启超把墨子的辩、名、辞解释为论理学、名（即概念）、命题有其合理之处，但他把说、实意故解释为前提和断案，就有些讲不通，牵强附会之意很明显。

关于中国古代是否有逻辑的问题，章士钊在《逻辑指要》中明确提出了中国古代有逻辑的言论。他在"自序"中说："寻逻辑之名，起于欧洲，而逻辑之理，存乎天壤。其谓欧洲有逻辑，中国无逻辑者，瞽言也。其谓人不重逻辑之名，而即未解逻辑之理者，尤妄说也。"② 他在"例言"中也强调："先秦名学与欧洲逻辑，信如车之两轮，相辅相成。"③ 对此，他在《逻辑指要》中进行了充分论证。他力图在《墨经》和中国古代的其他文献中，寻找与西方逻辑相同的理论。

章士钊认为"逻辑为正思之学，曩已言之。思想之物，逻辑家取其内容析之，分为三部：一、名词，二、命题，三、三段论式"④。也就是说，传统形式逻辑的主要内容是概念、判断和推理。因此，他从传统形式逻辑的主要内容入手，在中国古代逻辑中寻求共同点，从而论证中国古代逻辑的存在。正如《逻辑指要·张序》中所言："章节次第虽同于西方逻辑，而所征引为中土学者关于逻辑学之言论：一以辨中土逻辑说之非，二以明中土旧逻辑学西方学说之相合。"⑤

章士钊指出，西方逻辑中的概念，道家曰旨，墨家曰意相，《易》曰物宜，他"试取诸家所用之字，相与参证以求其通"⑥。也就是说，诸家对此称谓不同，却有相通之处。他指出概念是通过人的知觉、记忆、想象等抽取出不同事物的共相而得来的。概念有内涵与外延两个方面，名也有内

---

① 梁启超：《子墨子学说·附墨子之论理学》，载《饮冰室合集：专集之37》，中华书局1989年版，第56页。
② 章士钊：《逻辑指要》，载《章士钊全集》第7卷，文汇出版社2000年版，第293页。
③ 章士钊：《逻辑指要》，载《章士钊全集》第7卷，文汇出版社2000年版，第295页。
④ 章士钊：《逻辑指要》，载《章士钊全集》第7卷，文汇出版社2000年版，第385页。
⑤ 章士钊：《逻辑指要》，载《章士钊全集》第7卷，文汇出版社2000年版，第2页。
⑥ 章士钊：《逻辑指要》，载《章士钊全集》第7卷，文汇出版社2000年版，第324页。

涵与外延之别，"凡名对于物有所命，对于德有所涵。所命，示名之广狭，为横。所涵，示名之深浅，为纵。横者，汉密敦字之曰外周，纵者曰内涵"①。概念的内涵与外延间具有反变关系，"夫涵与周，互为消长者也。外内之数，大抵周大则涵小，涵大则周小以为常"②。他认为私名"无周"，"私名不涵"，但并不是真正意义上的无内涵与无外延。

章士钊还引用刘师培《荀子名学发微》的解释，表明中国古代逻辑具有西方形式逻辑的归纳与演绎的方法：

> 夫名学之大要，不外演绎归纳二端，而荀《正名篇》早明其斯。《正名篇》有言："有大共，有小共。物也者，大共名也；推而共之，至于无共而后止。"共即公名。即荀子所言归纳法也，故立名以为界。《正名篇》又曰："有大别，有小别。鸟兽，大别也；推而别之，至于无别而后止。"别即专名。此即荀子所言演绎法也。③

章士钊认为《荀子·正名》中的"推而共之"是归纳推理，"推而别之"是演绎推理，但荀子的这种推理只是"其中一小小部分"。章士钊对荀子客观、公允的评价，说明他对中国古代文献的理解是比较透彻的，比较过程中没有拔高或贬低之意。他认为中国古代逻辑中的"辞"就是命题，墨家对于同异的分析是立辞的基础，如人与木石为内涵相据之异，白马与马，则内涵大小之异。两异并用，即可立辞：人非木石，白马是马。④章士钊的这种说法是印证了我们前面阐释的观点：墨家对同异的分析是正名、立辞的基础，也是推类的依据。

胡适首先采用了西方近代哲学的体系和方法研究中国先秦哲学。与梁启超一样，胡适对墨学的训诂也深受西洋逻辑的影响，主张通过借鉴和借助于现代西方哲学去研究这些久已被忽略了的本国学派，他的《先秦名学史》"则完全是用西方哲学和逻辑学的观点和方法，将先秦逻辑直接比作为西方逻辑。他虽然注意到了先秦时期社会政治伦理对'先秦名学'的影响，但更强调先秦逻辑是如何符合于西方逻辑的"⑤。例如，胡适认为："凡名皆

---

① 章士钊：《逻辑指要》，载《章士钊全集》第7卷，文汇出版社2000年版，第335页。
② 章士钊：《逻辑指要》，载《章士钊全集》第7卷，文汇出版社2000年版，第337页。
③ 章士钊：《逻辑指要》，载《章士钊全集》第7卷，文汇出版社2000年版，第385页。
④ 章士钊：《逻辑指要》，载《章士钊全集》第7卷，文汇出版社2000年版，第354页。
⑤ 翟锦程：《用逻辑的观念审视中国逻辑研究——兼论逻辑史研究中的几个问题》，《南开学报》2007年第4期。

词也。英文谓之 Terms。……说即今人所谓'前提'(Premise)。"①

陈启天认同中国墨家逻辑、西洋逻辑以及印度因明有相通之处,他在《中国古代哲学论略》中指出:"辩经——经说上下等六篇向叫做墨辩或者墨经,我以为不如叫做辩经直截了当,因为墨经是墨家所用为辩论的经典,犹之 Aristotle 的连珠律令——即三段论法的规则。""墨家的名学简直可与 Aristotle 的 Organon 及陈那的因明正理门论相比拟;而同为世界名学最古而又有条理的著作。"②

值得注意的是,郭湛波对中国逻辑提出了不同的看法。他认为中国逻辑、西方逻辑和印度因明是不同的哲学方法的体现,是不同的逻辑。他在《先秦辩学史》"自序"中指出:"哲学思想,共有三支:一、印度,二、西洋,三、中国。各支的哲学思想,有各支的哲学方法。印度哲学方法是'因明',西洋的方法是'逻辑',中国的方法是'辩学'。"由此看出,他认为哲学方法即是逻辑。"中国哲学方法:一、自古代至秦,是'辩学';二、自汉至明末,是'因明';三、自明末至现在,是'逻辑'。但因明与逻辑都是舶来品,归印度、西洋方法来研究。所谓中国方法,就是专指古代的'辩学'。"③ 他用"辩学"来指称中国古代逻辑。他在谈论《墨经》时指出,"明是非""审治乱""明同异""察名实""处利害""决嫌疑"是"辩"的用处。"焉摹略万物之然,论求群言之比"是"辩"的倾向。"以名举实,以辞抒意,以说出故"是演绎的方法。谭戒甫在《墨辩发微》"序言"中也指出,中国古代有独立的辩学思想。他说:"自来不少学者利用西方逻辑三段论法的形式,把来一模一样的支配,因说东方也有逻辑了。及仔细查考,只是摆着西方逻辑的架子,再把我们东方的文句拼凑上去做一个面子。这不是我们自己的东西,虽有些出于自然的比附,但总没有独立性。其实,我国本有独立性的辩学,其论式组织即在《小取》《大取》二篇中,而《经说》各条就是辩学论式的例证。"④ 郭湛波和谭戒甫主张中国古代有自己的辩学思想,但是,他们也认为中国古代的辩学与西方逻辑、印度因明有相一致的地方。

二 西方逻辑与"类"范畴

近代学者把中国古代的"类"范畴与西方逻辑相比较(主要是与西方

---

① 胡适:《墨子小取篇新诂》,载《胡适文存》卷2,民国丛书编辑部1989年版,第39页。
② 陈启天:《中国古代名学论略》,《东方杂志》1922年第4期。
③ 郭湛波:《先秦辩学史·自序》,中华书局1932年版,第1页。
④ 谭戒甫:《墨辩发微·序言》,中华书局1964年版,第3页。

逻辑相比较，当然也有与印度因明的比较），但由于他们的研究观念、研究进路的不同，对这一问题的看法也不尽相同。

对于中国逻辑中的"类"，梁启超认为：

> 什么是类呢？就是看他同不同，若甲然乙必然，便是同了。例如玻璃杯结露，墨盒盖结露，树叶亦结露，看他同一的现象，就知道同一的原因。①

对于《小取》中的"以类取，以类予"所提到的"类"，梁启超认为：

> 墨子所谓类，殆论理学所谓媒词 Middle Term 也。②

对于何为媒词，梁启超接着指出：

> 论理学三段论法，凡含三名词。其断案之主位名词，亦曰小词；其断案之宾位名词，亦曰大词；其不见于断案之名词曰媒词。……媒词者，在大前提与小前提之间为取，在小前提与断案之间为予者也。③

这里，梁启超把"类"比附为"媒词"，也就是亚氏三段论中的"中项"。谭戒甫则把墨家"以类取，以类予"中的"类"与印度因明进行了比较，他认为：

> "类"可当因明三支式之"喻"。④

章士钊将墨家的"类"与亚里士多德的"类"进行比较，发现了它们的不同之处：

---

① 梁启超：《墨子学案》，商务印书馆1923年版，第135—136页。
② 梁启超：《子墨子学说·附墨子之论理学》，载《饮冰室合集：专集之37》，中华书局1989年版，第57页。
③ 梁启超：《子墨子学说·附墨子之论理学》，载《饮冰室合集：专集之37》，中华书局1989年版，第57页。
④ 谭戒甫：《墨辩发微》，中华书局1964年版，第421页。

盖自雅里士多德以来，凡论 A 辞（即全称肯定命题——笔者），眼光往往专注于类，未尝转移于同。……墨家析辞，首标同谊，然后及于重、体、合、类德，单提类言，号曰类同。盖由同而因及类，将不至泥类而略同，此其为识之卓，似非希腊诸哲所逮，故不具论。①

章士钊认识墨家的"类"与亚里士多德及其他希腊哲学家所讲的"类"不同，亚氏命题所用的"类"，是指"类"的属种关系，是从概念的外延方面来讲的；墨家的"类"则偏重于概念的内涵，是同的一种，称为类同。

胡适则认为"类""故""理"是墨辩逻辑学中的基本逻辑范畴，"墨家的名学虽然不重法式，却能把推论的一切根本观念，如'故'的观念，'法'的观念，'类'的观念，'辩'的方法，都说得很明白透彻"②。那么，"类"的含义是什么？胡适在《中国哲学史大纲》中解释为：

（"以类取，以类予"）这六个字是"以名举实，以辞抒意，以说出故"的根本方法。取是"举例"，予是"断定"。凡一切推论的举例和断语都把一个"类"字作本，"类"便是相似。③

在《中国哲学史大纲》中，与梁启超一样，胡适也把"类"作为三段论的"中词"（Middle Term）：

凡同法的必定同类。依此理看来，可以说求立辞的法即是求辞的类。三支式的"因"，三段论法的"中词"（Middle Term），其实只是辞的"实"（因明学所谓宗之前陈）所属的类。如说"声是无常，所作性故"。所作性是声所属的类。如说"孔子必有死，因他是人"。人是孔子的类名。但这样指出的类，不是胡乱信手拈来的，须恰恰介于辞的"名"与"实"之间，包含着"实"，又正包含在"名"里。故西洋逻辑称他为"中词"。④

很明显，胡适对"类"的解释，前后互相矛盾。他在《先秦名学史》

---

① 章士钊：《逻辑指要》，载《章士钊全集》第 7 卷，文汇出版社 2000 年版，第 372 页。
② 胡适：《中国哲学史大纲》，上海古籍出版社 1997 年版，第 161 页。
③ 胡适：《中国哲学史大纲》，上海古籍出版社 1997 年版，第 145 页。
④ 胡适：《中国哲学史大纲》，上海古籍出版社 1997 年版，第 151 页。

中讲到墨家的推理时说:"不必同时具有大前提和小前提,因为在推论中我们总是使用类的原理:当只提到小前提时,类就作为大前提;当只提到大前提时,类就作为小前提。"① 这时,他认为"类"可以作为三段论式的大前提或小前提,这时"类"指某一命题;而在《中国哲学史大纲》中解释为"中项",也就是梁启超所说的"媒词",此时的"类"指某一概念。这种现象的出现表明这一时期的学者急于在中国古代逻辑思想中找到类似于西方逻辑的推理论式,忽视了对《墨经》原文准确的理解。

陈启天认为,"辩经的根本原理只在一个'类'字,根本的方法只在'以类取,以类予'"②。陈启天对"类"的含义进行了详细考证:

> 什么叫做"类"?《经上》说:"重体合类……二体不合不类。"这是说两个事件有相同的,就是类,不然,就不类了。《经说上》解说:"合同也有以同,类同也……不合也,不有同,不类也"。由这看来,所谓类与不类,就是异同的问题了,相同就是"类",不相同就是"不类"。③

陈启天认为中国古代名学可以批评之点有四:A、重人事,不重自然;B、重玄理,不重事实;C、重辩论,不重实验;D、重达观,不重分析。其中,中国古代名学重达观、不重分析是由于不重视"类"的观念。他指出:"科学上有一个重要的观念,就是'类'。苟不明于事物的类,则学问无系统了。西洋自 Aristotle 提出类的观念,至今各种科学大受其赐,都是有条理脉络可寻。而中国虽墨家曾提出类的观念,为辩经的根本方法,然未实用于何种科学,故在思想界无大影响。更经庄子蔑视类的分析……于是类的观念,扫地无余。"④ 陈启天对中国古代名学的批判一语中的,尤其是对"类"范畴的认识,通过与亚里士多德的类观念相比较,认识到中国古代墨家的类观念没有得到充分发展,实在是一件憾事。

郭湛波依据《墨经》中的"有以同,类同也"(《经说》)以及"止类以行之,说在同"(《经》),分析了墨家"类"的含义:"类"就是同不同,同异是归纳法的根本方法。⑤ 伍非百对墨家逻辑"类"的理解也是依

---

① 胡适:《先秦名学史》,学林出版社 1983 年版,第 87—88 页。
② 陈启天:《中国古代名学论略》,《东方杂志》1922 年第 4 期。
③ 陈启天:《中国古代名学论略》,《东方杂志》1922 年第 4 期。
④ 陈启天:《中国古代名学论略》,《东方杂志》1922 年第 4 期。
⑤ 郭湛波:《先秦辩学史》,中华书局 1932 年版,第 228 页。

据《墨经》来解释的,他认为类就是"类"同也。即《经说上》曰:"有以同,类同也。"

虞愚也认为,墨家的"类"范畴是"同类之物具有相同的性质,是类同"①。他还指出正名学派荀子的方法论就是以类为基础的,荀子的"类"也是"类同",他说:"夫物无孤立,事不独行,大块虽恢恢广广,要皆相有维系,各有同点,即所谓类也。由一类推至于多类,即演绎法(deductive method)也(以人度人,以情度情,以类度类,以说度功即此)。由多类归为一类,即归纳法(inductive method)也(千万之情,一人之情。天地始者,今日是也。百王之道,后王是也。不下堂室而海内之情举积,即此意)。类不悖,虽久同理也。故明乎类,依乎法,则进退皆得不为邪曲杂物所迷惑矣。"②虞愚对荀子推类方法的概括是合理的。

综上所述,这一时期学者们对"类"范畴的解读,主要是和西方逻辑三段论中的中项以及因明中的"喻"进行了比附,借助的文献主要是《墨经》,也就是把墨家的"类"范畴与西方逻辑进行了比较,尽管这种比较带有强烈的比附倾向,但是,这种比附客观上推进了中国古代逻辑的发展。

三 西方逻辑与"类同"观念

"类同"是推类的依据,是以客观事物的同异认识为基础的,近代学者认识到了这一点,有些学者解释了其内涵,并把他与西方逻辑的归纳法相比较。

在章士钊看来,同异是立辞的基础,所以他在命题篇讲到"类"的同异问题,对于《墨经》中的"类同"与"不类",他说:

> 类同,如本经盗与人、狗与犬之相同。③
> 不类,《墨经》曰木与夜,智与粟。庄子曰"果蓏有理,人伦难以相齿"(《知北游》)。不类在逻辑为 disparate or heterogeneous concepts,以内涵各异,德不相通,未由建类以为之统故也。④

他认为《墨经》中的"类"是从概念的内涵方面划分的,内涵相同则类同,内涵各异则不类。

---

① 虞愚:《中国名学》,载刘培育主编《虞愚文集》,甘肃人民出版社1993年版,第511页。
② 虞愚:《中国名学》,载刘培育主编《虞愚文集》,甘肃人民出版社1993年版,第472页。
③ 章士钊:《逻辑指要》,载《章士钊全集》第7卷,文汇出版社2000年版,第354页。
④ 章士钊:《逻辑指要》,载《章士钊全集》第7卷,文汇出版社2000年版,第369页。

胡适指出墨家逻辑推理是以类同的原理为基础的，对于"类同"问题，他认为：

> 经说上曰，"有以同，类同也。"既以甲乙为同类矣，则甲所有不以非诸乙，乙所无亦不以求诸甲。故曰"有诸己，不非诸人，无诸人无诸己，不求诸人。"①

陈启天指出，对于如何界定区分类与不类的界限——异同，他认为分类要有一定的标准：

> 《经下》说："止类以行，说在同。"更可证明。然则又怎样知道什么是同？怎样是异呢？《经上》说："同异，而俱于之一也，异同交得知有无。"这是说我们辩异同，而论点要同一，才知道类与不类，同类与异类都知道了，方可断定那有那无的是非。②

郭湛波也对同异观进行了深入考察，他认为惠施、公孙龙、庄周的"合同异"说属于惠施所说的"大同异"，《墨经》和荀子的"离同异"说属于惠施所说的"小同异"。他还把惠施"小同异"思想中的"大同"和"小同"与西洋逻辑的演绎法、印度因明的三支作法以及培根的归纳法等同起来，他说：

> "小同异"是形式逻辑（Formal Logic）思维，是承认有同异，是说"大同而与小同异"，说"同而有异，异而有同"，这就是形式逻辑根本出发点。……"大同"就是所谓"同而有异"；西洋逻辑的演绎法（Deductive Method），印度因明的三支作法，都是这个"大同"原则的应用……"小同"就是所谓"异而有同"，这是培根归纳法（Indutive Mothed）的应用。归纳法是不同的（异）找出同的出来。③

惠施等人所讲的"同异"说只是强调客观事物之间的普遍联系，郭湛波把它演变为形式逻辑中的演绎法和归纳法，对此解读不敢苟同。

---

① 胡适：《墨子小取篇新诂》，载《胡适文存》卷2，民国丛书编辑部1989年版，第39页。
② 陈启天：《中国古代名学论略》，《东方杂志》1922年第4期。
③ 郭湛波：《先秦辩学史》，中华书局1932年版，第72—74页。

郭湛波还把同异看作归纳的根本方法，他认为归纳的方法有"求同法""求异法"和"同异交得法"，并指出这些方法与穆勒的归纳法相同。怎样求同、求异呢？

"同，异而俱于此一也。"（《经》）"法同则观其同。"（《经》）"法：法取同，观巧传。"（《经说》）这就是求同的方法，就是"异而俱于一"，本不同的里面找出同的出来。①

"法异则观其宜。"（《经》）"法：取此择彼，问故观宜。以人之有黑者有不黑者正黑人，与以有爱人者有不爱人者正爱人，是孰宜。"（《经说》）这就是求异的方法，是从同的里头挑出异的出来。②

所谓"同异交得法"就是"同异交得知有无"（《经上》），并引用胡适的话来解释这种方法：

这是参用同异两术以求知有无的方法……例如有人说"共和政体但适用于小国，不适用于大国"，又举瑞士法兰西……为证。我们该问，"你老先生为什么不举美国呢？"这里面便含有"同异交得"的法子。③

郭湛波的这一思想与胡适的归纳法基本一致。虞愚也认同《墨子·经上》中的"法同则观其同""法异则观其宜""同异交得知有无"是讲"求同法""求异法"和"同异交得法"，把它们看作归纳推理最重要的法则，而且他指出"同异交得为归纳演绎最重要之法则"④。

谭戒甫认识到墨家辩学的推理有着自身的特点，推理是以类同为根据，只要是同类事物就可以进行以类相推。他认为墨家逻辑中的"类同"是指特有属性相同的事物，他说："'若谓之禽，知其二足而羽；谓之兽，知其四足而毛。'此即所谓有以同也，是谓类同。"⑤

综上所述，对墨家"类同"的研究成果主要体现在两个方面，一是注

---

① 郭湛波：《先秦辩学史》，中华书局1932年版，第228页。
② 郭湛波：《先秦辩学史》，中华书局1932年版，第229页。
③ 胡适：《中国哲学史大纲》，上海古籍出版社1997年版，第159页。
④ 虞愚：《中国名学》，载刘培育主编《虞愚文集》，甘肃人民出版社1993年版，第513页。
⑤ 谭戒甫：《墨辩发微》，中华书局1964年版，第176页。

重对《墨经》原文中"类同"的解读。学者们对墨家"类同"含义的解读有着较为一致的看法,认为特有属性相同的事物为"类同","类同"是推类的理论基础,这是符合墨家原意的。二是把墨家"类同"范畴与西方逻辑、印度逻辑相比较。难能可贵的是,章士钊指出,内涵相同则类同,内涵各异则不类,突出了中国逻辑"类"范畴的特点。但是,墨家对于同异的分析是为了考察"类同"与"不类",如果把它们作为归纳法的根本方法,本书认为,这样做有失墨家逻辑的原意。

四 西方逻辑与"以类取,以类予"

本书把"以类取,以类予"作为推类的基本原则,但是,关于"以类取、以类予"的逻辑性质历来是学者们争议的焦点。

梁启超指出,《小取》中的"以名举实,以辞抒意,以说出故"这三句是"演绎法的要件","以类取,以类予"这二句是"归纳法的要件"①。在《墨子学案》中,梁启超对"以类取,以类予"作为"归纳法的要件"进行了详细的介绍:

> 何谓以类取?看见玻璃杯在这种条件之下结露,玻璃窗,墨盒,树叶,都是在这种条件之下结露,凡属同条件的都引来做例证,便是"以类取"。何谓以类予?把同类的现象,总结起来,下一个断案。说到"凡传热难散热易本体比周围空气较冷的东西和那含水分太多遇冷物变成液体的空气相接触一定要结露。"便是"以类予"。②

梁启超认为"以类取、以类予"就是《墨子·小取》中的"推",是讲归纳法的。③ 他上面列举的事例也说明这一点。《小取》中说:"推也者,以其所不取之同于其所取者,予之也。"其中,"其所取者"指归纳法定义中的"某类部分对象具有某种属性","其所不取之"指某类中其他对象。"其所取者"与"其所不取之"两者相同,我们就能推出这一类的所有对象都具有这一属性。

虞愚的观点与梁启超相似。对于《墨子·小取》中的"以类取,以类予",愚虞认为是归纳法的原则,墨家所谓的"推"("推也者,以其所不

---

① 梁启超:《墨子学案》,商务印书馆 1923 年版,第 96 页。
② 梁启超:《墨子学案》,商务印书馆 1923 年版,第 140 页。
③ 梁启超:《墨子学案》,商务印书馆 1923 年版,第 124—125 页。

取之同于其所取者，予之也。"）就是这种"以类取，以类予"的归纳法。他说：

> 往古观察之例，即"其所取者"。现在及将来未观察之同事物，即"其所不取者"。因其所不取之物与所取之物同，故可决定以其所不取之同于所取者予之也。"以类取，以类予"，亦同此意。①

虞愚还把名学的推理方法分为七种：或、假、效、辟、侔、援、推。他列举了《墨子·公输》中"义不杀少而杀众，不可谓知类"的事例来解释"推"，这时"推"就是类比的推理方法，与前面他把"推"解释为归纳的方法相比较，这种解释更接近墨家的原意。

郭湛波也进一步指出"以类取，以类予"即《墨经》中所谓"推"的方法。《小取》篇云："推也者，以其所不取之同于其所取者，予之也。是犹谓他者同也，吾岂谓他者异也。夫物有以同而不率遂同。"他也认为"以类取，以类予"是归纳的方法。

章士钊则认为《墨子·小取》篇的"以类取，以类予"即推类，并举例说明：

> 推类者，原语为 class-inclusion。此义如其文，率以谓词为一类名，主词属焉。至主为独称而谓为类，抑主为小类，而谓为大类，皆不计。……盖吾有取于穆勒，以其为逻辑家之一也。是不啻以逻辑家为一类，而穆勒属焉。吾有取于人，以其为有死者之一人也，是不啻以有死者为一大类，而人属焉。浸假由穆勒思及郝伯思，郝伯思有类于穆勒之所以为穆勒也，因即以有取于穆勒之名予之，而郝伯思逻辑家也之辞立焉。浸假由人思及马，马有类于人之所以为人也，因即以有取于人之名予之，而"马皆有死"之辞立焉。浸假由人之全思及人之独，苏格拉第有类于尽人之所以为人也，因即以有取于人人之名予之，而"苏格拉第有死"之辞立焉。凡能予者，以其类也；设若不类，则不能予。格兰斯顿不类穆功，不能予以逻辑家之名，而辞乃为负式，曰"格兰斯顿非逻辑家"。②

---

① 虞愚：《中国名学》，载刘培育主编《虞愚文集》，甘肃人民出版社1993年版，第510页。
② 章士钊：《逻辑指要》，载《章士钊全集》第7卷，文汇出版社2000年版，第404—405页。

推类就是"以类取，以类予"的过程，如穆勒是逻辑家，郝伯思与穆勒类似（"类取"），所以郝伯思是逻辑家；格兰斯顿与穆勒不同，所以格兰斯顿不是逻辑家（类予）。这就是《墨子·小取》篇中解释的"有诸己不非诸人，无诸己不求诸人"，即同类可以予之，不类而不予之。

陈启天认为，墨家立辞明类的方法有两种：（1）以类取；（2）以类予。对于"以类取"的方法，陈启天认为近似于西洋演绎法：

> 以类取的方法——这是说我们要推论一个道理，所取的事实必出于同类……这种以类取的方法很近于西洋的演绎法，不过不拘于三段论的形式而已。①

对于"以类予"，陈启天认为这是一种"援"和"推"的方法，即归纳推理和类比推理：

> "援"就是类推，援例相推，以彼论此，本是常法，只是或然，不是必然……"推"就是真正的归纳推论。②

陈启天认识到墨家逻辑在世界逻辑史上的重要地位，并且认为"类"是墨家辩学的根本原理，这与其他学者的意见一致，但他认为"以类取"近似于西洋的演绎法，"以类予"是归纳法和类比法，与其他学者略有不同。

胡适认为墨辩逻辑中的推理，完全是以类同的原理为基础，即所谓"以类取，以类予"。怎样叫作"以类取，以类予"？他指出："'以类取，以类予，'二分句综上二分句而言，以名举实而成辞，合辞而成辩说，其综合之根据，要不外乎辨别同异有无，以类相从，要不外乎'以类取，以类予'而已。"③胡适举例说明何谓"以类取、以类予"。他说：

> 有所选择之谓取，有所是可之谓予。取即是举例，予即是判断。于物之中举牛马，是以类取也。曰，"牛马皆四足兽也，"是以类予也。④

---

① 陈启天：《中国古代名学论略》，《东方杂志》1922 年第 4 期。
② 陈启天：《中国古代名学论略》，《东方杂志》1922 年第 4 期。
③ 胡适：《墨子小取篇新诂》，载《胡适文存》卷 2，民国丛书编辑部 1989 年版，第 39 页。
④ 胡适：《墨子小取篇新诂》，载《胡适文存》卷 2，民国丛书编辑部 1989 年版，第 39 页。

对于"以类取,以类予",伍非百则认为"类取""类予",是"类行"的两大原则,《大取》中的"夫辞以类行者也"、《经》中的"止类以行之说在同"都是以"类行"的:

> "类取",谓就其有以同者而取之也。"类予",谓就其有以同者而予之也。例如说"白人","白马","白羽","白雪"而取其"白"之一点,是"类取"也。就"凡白者必白"一例,而以"在外者之色若是其色",而因谓之白,是"类予"也。①

从伍非百的举例看出,"类取"就是选取相同性质的事物,"类予"就是根据性质相同作出判断。

对于墨家逻辑中的"以类取,以类予",谭戒甫首先对"取""予"进行了训诂,又对"以类取,以类予"进行了详细解释:

> 取,即上经第九十四条"法取同"及第九十五条"取此择彼"之取。予,即说文"予、相推也"之义。以类予者,谓以类为推也。例如经上第五条"知,接也"。说云"知也者以其知过物而能貌之。若见"。此之论"知",取"若见"以为譬者,以"见""知"皆具有"过物能貌"之一法;则"知"与"见"为同类,故取"见"以喻"知":此即谓之"以类取"。又"见"既有"过物能貌"之性,则"见"者"接"也;因而推得"知"亦有"过物能貌"之性,则"知"亦"接"也:此即谓之"以类予"。②

通过谭戒甫的解读,我们发现,"以类取"即是选取同类事物作为例证,"以类予"相当于推类。

冯友兰指出"以类取,以类予"是类比推论:

> 甲与乙同类,对方承认了甲,就不得不承认乙,不承认甲,就不能承认乙;这是"以类取"。甲与乙同类,对方承认了甲,我就把乙提出来,看他是不是也承认,这就是"以类予"。③

---

① 伍非百:《中国古名家言》,中国社会科学出版社1983年版,第442—443页。
② 谭戒甫:《墨辩发微》,中华书局1964年版,第421页。
③ 冯友兰:《中国哲学史新编》,人民出版社2001年版,第576页。

张岱年在《中国哲学大纲》的"名与辩"一章中，对《墨经》中的"类"进行了阐述。他认为《小取》中的"以说出故"要遵循"以类取，以类予"的规律：

"取"是就已知者举例，"予"是推断所未知者。取与予以"类"为枢纽；在辩说中，"类"是根本重要的。①

综上所述，这一时期对墨家"以类取，以类予"的研究主要体现在两个方面。

一是注重从《墨经》原文中解读"以类取，以类予"，认为"取"是举例，"予"是判断。本书比较赞同谭戒甫对此作出的解读，"以类取"是选取同类事物做例证，"以类予"相当于以类相推。这比较符合墨家推理的实际。事实上，墨家的推类形式就是依据这一原则展开的。

二是在此基础上把墨家的"以类取，以类予"与西方逻辑的归纳法、演绎法进行了比较。梁启超、虞愚、郭湛波的意见较为一致，他们认为"以类取，以类予"是墨家逻辑中所谓的"推"，是讲归纳法的。陈启天认为，"以类取"的方法近似于西洋演绎法，"以类予"是"援"和"推"的方法，具有归纳推理和类比推理的性质。本书认为，"以类取，以类予"即推类的基本原则，墨家的推类形式效、辟、侔、援、推等都是依据这一原则进行的推理。在某种程度上我们可以说，"以类取，以类予"即推类，兼有演绎推理、归纳推理和类比推理的性质。

五　三段论、因明论式与墨家论式

近代学者对推理论式的不同形式进行了比较，认为亚氏三段论、因明论式与墨家论式之间是相通的。这一时期的学者注重三种论式之间的相通地方的比较。

梁启超对墨家论式与印度的因明论式进行了比较，他说墨家"名学之布式，则与印度'因明'有绝相类处"②。"墨家论式为'辞'、'故'、'类'结构，因明论式为'宗'、'因'、'喻'结构，二者基本一致。"在梁启超看来，墨家的"类"相当于因明的"喻"。他举例说明这两种论式

---

① 张岱年：《中国哲学大纲》，中国社会科学出版社1994年版，第570页。
② 梁启超：《墨经校释〈读墨经余记〉》，载《饮冰室合集：专集之38》，中华书局1989年版，第7页。

是相通的：

宗——损而不害。——辞
因——说在馀。——故
喻——若"饱者去余"。"若疟病者之于虐也。"——类

同时，梁启超认为墨家也有西洋逻辑的三段论式，他举例说：

西洋逻辑之三支合大前提小前提断案三者而成，其式如下：
大前提——凡人必有死。
小前提——墨子人也。
断　案——故墨子必有死。
墨经中亦有用此式，例如下篇第十条：
大前提——"假必非也而后假。"
小前提——"狗假虎也。"
断　案——"狗非虎也。"①

梁启超在《墨子学案》中也提到三种论式之间的关系，他说："墨经论理学的特长，在于发明原理及法则，若论到方式，自不如西洋和印度的精密，但相同之处甚多。"②梁启超把墨家论式与因明论式、西方逻辑三段论式相比较，说明它们之间的相通性，有一定的合理因素。

章太炎在 1906 年发表的《论诸子学》一文中指出，因明论式与西方逻辑的三段论有相似之处，只是推论的顺序不同。梁启超、胡适也大都采用了这一说法。章太炎在 1909 年撰写的《原名》中对印度因明、西方逻辑与墨家逻辑作了进一步的比较研究，指出这三种逻辑的推理论式也是相通的。他举例详细说明：

（1）印度因明的推论顺序："印度之辩，初宗，次因，次喻。"
宗：声是无常。
因：所作性故。

---

① 梁启超：《墨经校释〈读墨经余记〉》，载《饮冰室合集：专集之38》，中华书局1989年版，第8页。
② 梁启超：《墨子学案》，商务印书馆1923年版，第107页。

喻：凡所作者，皆是无常（喻体），喻如瓶（喻依）。

（2）西方逻辑三段论式的推理顺序："大秦之辩，初喻体，次因，次宗。其为三支比量一矣。"

喻体：凡所作者皆是无常。……大前提

因：声是所作。……小前提

宗：声是无常。……结论

（3）墨家的推理顺序："《墨经》以因为故。其立量次第，初因，次喻体，次宗，悉异印度、大秦。"

因：声是所作。……小故

喻体：凡所作者皆是无常。……大故

宗：声是无常。①

章士钊则把"三物必具，然后辞足以生"中的"三物"称为三物语经，认为"三物"并不像其他学者所说的"故、理、类"三物，而是实实在在三物，如"曰白马、曰马、曰驹，是为三物"。他认为墨家的三物语经与亚氏三段论完全符合，而且亚氏三段论与因明论式也是相同的，"宗者，断案也。因，与媒词相当。喻，视大前提"②。

对于亚氏三段论，章士钊并不赞同严复将三段论译作演连珠，他认为："盖连珠为傅玄创制，当时正名定义，在'假喻以达其旨'。假喻其旨，在逻辑曰安奈罗支（analogy）。"③ 他认为傅玄创制的演连珠是逻辑中的类比，不能与亚氏三段论等同。他认为墨家的"推"式推论才是三段论式，可以与之媲美。他说：

《小取》诂推之言曰："推也者，以其所不取之同于其所取者予之也。"所取，指媒词外之两词言之，以两词俱为断案收纳，故曰所取。所不取，指媒词，媒词者，"婚姻成而媒妁退"，故曰所不取。凡三段式之命脉，全操于所不取者之一词，所取者有与之同。④

也就是说，在章士钊看来，"推"式推论中的"所取"是指亚氏三段论的大项和小项，"所不取"指媒词，即中项，三段论根据中项与大项、

---

① 章太炎撰、陈平原导读：《国故论衡》，上海古籍出版社2003年版，第121页。
② 章士钊：《逻辑指要》，载《章士钊全集》第7卷，文汇出版社2000年版，第398页。
③ 章士钊：《逻辑指要》，载《章士钊全集》第7卷，文汇出版社2000年版，第397页。
④ 章士钊：《逻辑指要》，载《章士钊全集》第7卷，文汇出版社2000年版，第399页。

小项之间的相同部分进行推理，所以他认为"推"式推论才是三段论式。

对于墨家的推理论式，胡适不同意章太炎把"大故"和"小故"解释为三段论的大前提和小前提的说法，他认为墨家的演绎法理论不需要三段论的形式。① 如："狗，犬也，杀狗，非杀犬也。"(《墨子·经说上》) 胡适指出，如果墨家主张亚氏三段论的形式，就不能由一个全称肯定大前提推出一个否定的结论。也就是说，墨家的推理论式与亚氏三段论的推理规则不同。

胡适认为墨家逻辑学的演绎理论"不需要三段论的形式，只需要故必须与法一致"②。在这里，"法"就"在于主词所属的种或类"。如果我们"找到了主词该属的，并且与其分子相似的类，也就是找到了法"。胡适认为，"类""故""法"三者是相通的，他说："故和法是一致的，是一回事，只不过观察的角度不同罢了。一事物的法就是一事物已知的，为了推论而明确表达的故。"而"法是一个或一类同样的事物据以形成的原型。而这正是类名所代表的东西"③。他在《先秦名学史》中举例说，"苏格拉底必死，因为他是人"或"苏格拉底必死，因为凡人必死"，胡适认为：

> 这两种形式都是正确的演绎法，因为二者都指出了苏格拉底所属的类："人"。不必同时具有大前提和小前提，因为在推论中我们总是使用类的原理：当只提到小前提时，类就作为大前提；当只提到大前提时，类就作为小前提。④

胡适虽然强调墨家的演绎推理不需要三段论的理论，但在上面的分析中，我们可以看出这种演绎推理形式其实是一种三段论的省略式，"类"既可作大前提，也可作小前提。就此看来，胡适"并没有否定西方逻辑的三段论与墨家逻辑基于'类'的推演的二段论之间的相通性"⑤。

虞愚把墨家学派称为立名学派，认为《墨子·小取》的"以名举实""以辞抒意"和"以说出故"即西方逻辑所谓"概念""判断"和"推理"。他将"以说出故"的"故"分为大故和小故。总原因谓之大故，别

---

① 胡适：《先秦名学史》，学林出版社1983年版，第86页。
② 胡适：《先秦名学史》，学林出版社1983年版，第87页。
③ 胡适：《先秦名学史》，学林出版社1983年版，第85—86页。
④ 胡适：《先秦名学史》，学林出版社1983年版，第87—88页。
⑤ 杨武金：《论梁启超、胡适、沈有鼎对墨家逻辑的开拓性研究》，《贵州师范大学学报》(社会科学版) 2006年第1期。

原因谓之小故。他认为，小故，即逻辑谓之"小前提"，因明谓之"因"；大故即逻辑谓之"大前提"，因明之"喻体"。虞愚对三种推理论证形式进行了详细的比较。他认为西洋逻辑演绎辩式是由大前提、小前提和断案三部分组成的，其推理形式如下：

　　大前提……凡所作性必无常，
　　小前提……声是所作性物，
　　断案……故声是无常。①

新因明三支论式如下：

　　宗……………声是无常，
　　因……………所作性故，
　　喻 { 同喻……若是所作，见彼无常（同喻体），如瓶等（同喻依）。
　　　　 异喻……若是其常，必非所作（异喻体），如空等（异喻依）。②

墨家论式由小故、大故组成，其式如下：

　　小故………声（宗依）是所作性（因）。
　　大故………凡所作性皆是无常（同喻体）。③

通过对墨家与印度因明、西方逻辑之论式的详细比较，虞愚认为："此三种演绎推理辩式墨子最为简便，然反证以异喻之遍无性，使所成之宗颠扑不破，则'因明'量为最谨严矣。逻辑演绎推理与《墨》经辩式，斯其短于因明也。"④他指出，西方逻辑和墨经辩式缺少异喻而不及因明论式严谨。但是本书认为，这是由于它们推理强调的重点不同，不存在优劣的问题。因明重在论证，在因明论式中的"宗"即三段论的"断案"在最前面，异喻起到例证的作用，而三段论重在推理，"断案"是推理的结论，所以，三段论是演绎推理，不需要例证的支持，也能得出必然的结论。

对于墨家的"辞""故""理""类"，冯友兰认为墨家的"理"就是

---

① 虞愚：《中国名学》，载刘培育主编《虞愚文集》，甘肃人民出版社1993年版，第508页。
② 虞愚：《中国名学》，载刘培育主编《虞愚文集》，甘肃人民出版社1993年版，第509页。
③ 虞愚：《中国名学》，载刘培育主编《虞愚文集》，甘肃人民出版社1993年版，第509页。
④ 虞愚：《中国名学》，载刘培育主编《虞愚文集》，甘肃人民出版社1993年版，第509页。

三段论的大前提,"故"就是三段论的小前提,"辞"就是由大前提、小前提推出来的结论,"类"就是为了加强说服力而列举的相类似的例子,作为大前提的例证。①"类"对应于因明论式中的"喻"。

张岱年对《大取》中的"三物"进行了研究,他认为"三物"是指"故""理""类",是墨家关于论辩的理论。"故"是"论辩的根据"。"理"是论辩必须遵循的事物之规律。"类"是推演的关键,"辞之推演,以'类'为枢纽,如立辞而不明其类,是无从推演的"②。张岱年以历史分析的方法,对"三物"的解释是较为合理的。

谭戒甫认为墨家论式是由"辞、故、理、类"构成的四物论式,因明论式中的"喻"可分为喻体、喻依,其论式也变成四支论式,这两种论式的对应关系如下:③

```
         辞……牛马为物…………………………宗 ⎫
         故……四足兽故…………………………因 ⎬ 因明
墨辩     理……凡四足兽皆为物……⎫      体 ⎪
         类……若犬羊等…………… ⎭喻  依 ⎭
```

谭戒甫把墨家的"三物论式"说成是"四物论式",没有得到后来学者的认可,但是他对于墨家论式与因明论式的比较却被后来众多学者所沿用。

通过对三种论式的比较,本书认为,它们之间有相似之处,但由于它们的侧重点不同,发展水平存在差异,因此,不能把它们完全等同起来。亚氏三段论式缺少墨家三物论式中的"类"以及三支论式中的"喻依",我们不能由此断定三段论式推理会减弱推理、辩说的力量,因为三段论式是一种严谨的演绎推理形式,不需要例证等归纳方法。另外,墨家的三物论式尽管具有演绎推理的性质,但没有提炼出严格的演绎推理形式,甚至连固定的语言形式结构也不具备,墨家的三物论式是我们从《墨经》文本中解读出来的,文本中没有明确提出,可以说,墨家的三物论式只是处于初级的自然语言阶段。

综上所述,随着西学东渐的不断深入,中国学者对西方逻辑的认识不

---

① 冯友兰:《中国哲学史新编》,人民出版社2001年版,第575页。
② 张岱年:《中国哲学大纲》,中国社会科学出版社1994年版,第571页。
③ 谭戒甫:《墨辩发微》,武汉大学出版社2006年版,第204页。

断深化，他们开创了新时期中西逻辑的比较研究。对于"类"范畴的比较研究取得了阶段性的研究成果。这一阶段的研究特点主要归纳为以下几点。

（一）研究方法

20世纪初，一批初步掌握了西方逻辑理论的学者，以西方逻辑理论为参照，研究中国古代文献中的逻辑，主要代表人物有梁启超、胡适、章士钊等人。他们在掌握西方逻辑理论的基础上，对墨家逻辑思想的研究主要采用了中西逻辑比较研究的方法。

后来，陈启天、虞愚、谭戒甫、郭湛波、冯友兰和张岱年等人，他们所研究的中国古代逻辑实际上都是中国古代的名学或辩学理论。他们提出中国有自己的名学或辩学，反对"利用西方逻辑三段论法的形式，把来一模一样的支配，因说东方也有逻辑了"①；他们从中国古代的思想实际出发，展开中国古代固有逻辑的研究，他们主要以历史分析的方法解释了中国名辩理论中包含的"类"范畴思想，但事实上，在他们认为名辩理论与西方逻辑、印度因明相一致的地方，他们也采用了比较研究的方法。

（二）研究成果

首先表现为对西方"类"的解读。西学东渐前期，通过西方传教士对西方逻辑著作的译介，使中国学者接触到了不同于中国古代逻辑的亚里士多德逻辑，而且，徐光启、李之藻等学者和这些传教士一起对一些西方逻辑著作进行了翻译。从总体上看，这一时期对逻辑的研究主要表现在对西方逻辑的译介上，对"类"范畴的研究则主要体现在对西方"类"范畴的解读上，其主要内容是亚里士多德的谓词理论和"十范畴"。

其次是中西"类"范畴的比较研究。西学东渐后期在"西体中用"之知识配置模式的影响下，中国学者展开了以西方逻辑为参照研究中国古代逻辑的模式。在"类"范畴的研究上，主要表现为对墨家"类"范畴的反思以及在西方逻辑"类"范畴再次引入的基础上，展开了中西逻辑"类"范畴的比较。其中，梁启超的"类"范畴比较研究意义深远，尽管他把墨家的"类"范畴看作三段论中的"中项"，存在一些牵强附会之意，但在当时，他首创中西逻辑的比较研究，为中国逻辑研究开辟了一条崭新的道路，也向世人展示中国逻辑确确实实存在着，"我们切

---

① 谭戒甫：《墨辩发微·序言》，中华书局1964年版，第3页。

不可看到他比较研究中的一些不准确和比附之谬而对他全盘否定"①。梁启超对《墨经》的研究表明,"西方逻辑是评价中国逻辑的标准,进而西方文化也当是评价中国文化的标准。这种观念在一定程度上反映了中国近代文化转型过程中颇有代表性的思想倾向"②。也就是说,最初的中西"类"范畴比较具有牵强附会之意,但是这一时期开创的比较研究却产生了深远影响,成为我们研究中国逻辑必不可少的方法之一。由此,中国古代逻辑中的"类"范畴就由封闭的、自身的渐进发展,进入到中西逻辑比较研究的突变时期。

最后,历史分析方法的采用。西学东渐后期,中国学者对"类"范畴的研究,注重社会伦理政治对"类"范畴的影响,采用了历史分析的方法与比较研究的方法并行,这为今后的中国逻辑研究开辟了崭新的途径。通过历史分析的方法,我们可以挖掘出社会背景、历史条件、思想家的哲学观点等对逻辑理论的影响,这样就会对中国逻辑思想形成的原因及特点有一个全面的认识,识别出它们各自具有的特殊性,从而可以避免盲目地把中国逻辑比附为西方逻辑或印度因明的现象出现。

(三) 研究不足

这一时期的研究也存在明显的不足。首先是由于比较过程中存在比附现象。在"类"范畴的比较研究中,梁启超直接把中国古代逻辑中的"类"范畴比附为西方逻辑的"媒词"(即亚氏三段论的"中项"),胡适将其作为亚氏三段论推理的大前提或小前提,这都是不合理的。这时期的学者急于用西方传统逻辑的归纳法或演绎法比附中国古代逻辑中的"以类取,以类予",而没有对《墨经》进行系统的校勘、注解,缺乏对墨家逻辑思想的全面系统地把握。墨家"以类取,以类予"的推理方法是以"类同"为依据,不像西方逻辑推理那样是在抽象的、纯外延的"类"关系上进行的,因此,不能简单地把墨家的"以类取,以类予"等同于西方传统逻辑中的演绎推理和归纳推理。我们可以说,如果忽视了墨家的推理与"类"之间的这种内涵上的关系,把中国古代的"类"范畴直接比附为亚氏三段论的"中项",显然是站不住脚的。章士钊认识到墨家的"类"与西方逻辑中的"类"存在差异,他甚至认为,墨家对"类"所取得的成就似乎是希腊哲学家未能达到的,遗憾的是,他没有详

---

① 刘培育:《20世纪名辩与逻辑、因明的比较研究》,《社会科学辑刊》2001年第3期。
② 翟锦程:《用逻辑的观念审视中国逻辑研究——兼论逻辑史研究中的几个问题》,《南开学报》(哲学社会科学版) 2007年第4期。

细论述。

其次，西学东渐前期传入的西方逻辑实际上是中世纪的古逻辑，是经过经院哲学家改造过的，与古希腊哲学的本来面目相比已经发生了变化。也就是说，中国学者最先接触到的并非纯正的古希腊亚里士多德逻辑，这也给中国学者认识真正的亚氏逻辑造成了障碍。

最后，20世纪初至20世纪40年代，中国学者对"逻辑观"不能达成一致意义，导致在"类"范畴的研究中出现很多分歧，如对"以类取，以类予"的解读，对"三物"论式的阐释等，这也为后来的研究提出了新的要求。

第八章 "类"范畴思想的逻辑意义

"类"作为中国古代逻辑思想中的一个基本范畴，是经历了漫长的历史发展过程才形成的。"类"概念第一次作为逻辑上的范畴是从墨子开始的，他自觉把"类"概念作为论辩的武器，有力地驳斥了论敌"不知类""不察类"的逻辑错误。在后期墨家的著作中，他们提出了一种推理思想："夫辞，以故生，以理长，以类行也者。"（《墨子·小取》）这句话的意思是辞的提出要依据故，由故得出辞则要依据理，而立辞的基础则是类，"辞以类行"可以看作对墨家推理的高度概括。对于这种推理思想，《墨子·小取》和《墨子·经下》进而指出，推理要遵循"以类取，以类予""异类不比"的原则。确切地说，"以类取，以类予""异类不比"是"推类"的基本原则，"类同"是"推类"的依据，"类"范畴的特点决定了"推类"的逻辑性质，也决定着中国逻辑的特性。中国古代的"类"思维是在特定的历史条件下形成的，有着不同于亚氏逻辑"类"范畴的特征。通过对中西逻辑中"类"范畴的含义、演绎推理和类比推理的比较，更有助于我们进一步了解亚氏逻辑的性质和中国逻辑的特性。

第一节 "类"范畴与亚氏逻辑的比较

中国古代逻辑作为世界三大逻辑传统之一，其存在的必然性是毋庸置疑的。在中国古代逻辑思想史上，以《墨经》《荀子·正名》以及《公孙龙子》等为代表的中国古代逻辑著作，形成了一套比较完整的逻辑理论体系，其中《墨经》成就最高，所以，以墨家逻辑代表的中国古代逻辑与亚里士多德的三段论（简称亚氏逻辑）、印度因明逻辑相提并论，构成世界三大逻辑传统。墨家逻辑是中国古代独立创造的一个逻辑体系，与西方逻辑比较有其自身的特征。接下来，本书主要从"类"范畴的角度，探讨亚氏逻辑与墨家逻辑之间的同异，从中分析中国逻辑的特性。

逻辑学的产生和建立是基于"类"范畴的自觉认识，亚里士多德逻辑与墨辩逻辑都把"类"范畴作为逻辑推论的基础和出发点，对"类"的同异关系进行了研究，也就是说它们的出发点是相同的，但由于不同的历史条件和文化背景，它们研究的角度以及强调的重点很不相同，这些不同也就构成了它们之间相互区别的标志。

一　中西逻辑中的"类"范畴含义

逻辑主要是研究推理的学问。亚里士多德逻辑和墨辩逻辑都研究了推理，但他们的主导推理类型不同，亚里士多德逻辑的主导推理类型是三段论，而墨辩逻辑的主导推理类型是推类。亚氏三段论所基于的"类"范畴，着重探讨概念的外延方面，也就是从两个类有无相同的分子来断定类的同异，说明亚里士多德已从类和分子的关系方面来考察"类"概念。亚氏三段论逻辑是"根据概念外延的同异关系构成的概念逻辑即类的逻辑"①。

亚氏对属种概念进行了详细探讨，"属"作为谓词理论的重要范畴，他定义为："所谓的属是对一些不同种的事物的本质范畴的述说。"②"属"在命题中是作为谓词，是相对于种来说的，是对种的说明和表述，离开种也就无所谓属。所以亚氏说："一般来说，种应该与属处在同一个范畴分类中；因为如果属是实体，种也应该是实体；如果属是性质，种也应该是某种性质。"③ 亚氏在他的《工具论·范畴篇》中也说道："所有相反者都必须或者在相同的类属里或者在相反的类属里，或者它们自身就是类属。因为白和黑在同一个类属里（因为颜色是它们的类属），但正义和非正义在相反的类属里（因为一个的类属是美德，另一个的类属是恶习），而好的和坏的不在一个类属里，但实际上它们自身就是某些事物的类属。"④ 也就是说，亚氏从内涵方面认为，属种应该是同一划分中的一个种类。亚氏逻辑中的属种概念是具有包含关系的，"属"是外延较大的类，"种"是外延较小类，"属是由一些不同的'种'（小类）组合而成的大类，它对事物'是什么'这个问题回答的较一般的包含了较大的概括"⑤。李匡武

---

① 陈孟麟：《〈墨辩〉逻辑范畴三题议》，《哲学研究》1978 年第 11 期。
② 马玉珂主编：《西方逻辑史》，中国人民大学出版社 1985 年版，第 30—31 页。
③ 苗力田主编：《亚里士多德全集》第 1 卷，中国人民大学出版社 1990 年版，第 415 页。
④ 〔古希腊〕亚里士多德：《工具论》，张留华等译，上海人民出版社 2015 年版，第 30 页。
⑤ 杨百顺：《西方逻辑史》，四川人民出版社 1984 年版，第 60 页。

译《工具论》时，直接把"属"译为"类"①。

属种的区别主要表现为："凡是属具有的属性不一定种也具有；因为'动物'是会飞的、四足的，而人不是。反之，凡是种具有的属性必然属也具有；以为如果'人'是善的，则'动物也是善的。'"②另外，亚氏还从外延方面探讨了属种之间的不同，属所包含的对象是诸多不同种的事物，属的外延一定比种的外延宽，例如，动物的对象包含了马、牛、羊、人等不同的种。他明确提出概念之间的全同、全异、交叉、包含关系等，并对这些概念外延关系的逻辑性质进行了详细、深入的研究，得出了类包含关系的传递性规律。三段论推理就是以类包含关系的传递性规律为基础的，"三段论公理指出：对于一类对象所肯定的一切东西，对于属于这一类的任何个别对象以及对于这些对象的任何一个集团都是肯定；对于一类对象所否定的一切东西，对于这一类的任何个别对象以及这些对象的任何一个集团都是否定的。这就是客观物类的包含关系"③。亚氏三段论就具有这样的特点，亚里士多德指出："如若三个词项相互间具有这样的联系，即小词整个包含在中词中，中词整个包含在或不包含在大词中，那么，这两个端词必定能构成一个完善的三段论。"④亚氏正是基于对属种关系的外延讨论，三段论推理才能撇开思维的内容，只研究思维形式，从而奠定了亚氏推理模式的形式化研究。

墨辩逻辑则主要从概念的内涵方面进行"类"概念的考察，即从概念所反映的事物的本质属性出发，把握"类"的规定性。墨家提出"以类取，以类予"（《墨子·小取》），强调立辞就是依据"类"选择理由，并依据"类"得出结论的推论过程。墨家认为，作为推类基础的"类"是类同，即《墨子·经说上》中的"有以同，类同也"。"类同与不类、异类相对……指的是事物或现象间的一种关系，这些事物或现象普遍地具有某些属性，其他事物或现象则普遍不具有这些属性。这些属性可称为特有属性。推类是以事物或现象间的类同关系为依据的推理，其结论没有必然性。"⑤《墨经》的推类是依照事物之间本质上的类同关系进行的推演，墨辩逻辑并没有深入地探讨类与分子之间的外延关系，它的推理理论不是注

---

① 李匡武译：《工具论》，广东人民出版社1984年版，第270页。
② 王路：《亚里士多德的逻辑学说》，中国社会科学出版社1992年版，第20—21页。
③ 温公颐：《先秦逻辑史》，上海人民出版社1983年版，第143页。
④ 苗力田主编：《亚里士多德全集》第1卷，中国人民大学出版社1990年版，第88页。
⑤ 崔清田：《墨家逻辑和亚里士多德逻辑的比较研究》，《南开学报》（哲学社会科学版）2002年第6期。

重外延之间的类属包含关系，是以类同为基础的推理，而类同是指特有属性相同的事物。

中国逻辑中的"类"范畴与社会实际生活息息相关，追求一种意义和功用上的联系，具有认识论和伦理学的意义。中国古代思想家最初对"类"范畴的认识，并不是纯逻辑意义上的考察，而是从对客观事物的分类开始的，这时的"类"范畴更多地包含认识论的意义。如对客观事物同异地不断分析，得出"有以同，类同也"的"类"概念思想。除此之外，中国古代"类"范畴的运用常常是为政治伦理服务的，如荀子提到的"统类"思想，特指当时社会秩序和社会礼义的总原则。

对于中国古代的"类"范畴的性质，我国学者也提出了自己的观点，董志铁指出："中国古代这个'类'不同于现代科学中的类属包含关系的类，更不是现代逻辑中的集合。当然，某些地方的用法，又包括现代科学中的类属包含关系的类，但其内容远比这一含义广泛。"① 汪奠基也认为："古代逻辑学家们对于'类'的观念非常丰富。他们所谓'类'不仅摄概念的包含关系，而且具有概念的辩证关系。"②

一些学者从亚氏逻辑和墨家逻辑的推理论式中，对两种"类"范畴进行比较研究，认为它们之间是相通的，"在演绎推理——三段论中，大前提和小前提是推出结论的'故'，S、M、P之间的关系就是'类'的包含关系，由前提推出结论过程所遵循的规律和规则就是'理'"③。但有些学者不赞成这种观点，坚持主张"亚氏三段论是从类的包含关系来探讨前提和结论的制约关系，《墨经》'效'式三段论是从类的类比，即类的同异关系来讨论前提和结论的制约关系"。所以我们不能把"《墨经》类范畴理解为指'M包含在P中，S又包含在M中，所以S必包含在P中'这样类的包含关系的传递性的含义"④。沈有鼎认为"《墨经》中的'类'与因明的'喻依'、'合'以及逻辑的类比推理相当"⑤。孙中原把因明"三支"、亚氏"三段"与《墨经》"三物"（指"故、理、类"三物）的推理结构进行了比较分析，认为"它们的基本结构大体一致"。关于《墨经》中的"类"，他认为"'类'指所立之辞的典型事例。如《大取》列

---

① 董志铁：《"推类"的构成、本质与作用——三论"引譬、援类"》，《毕节学院学报》2010年第7期。
② 汪奠基：《中国逻辑思想史》，上海人民出版社1979年版，第46页。
③ 朱志凯：《〈墨经〉中逻辑学说的特征》，《哲学研究》1984年第7期。
④ 陈孟麟：《〈墨辩〉逻辑范畴三题论》，《哲学研究》1978年第11期。
⑤ 刘培育：《20世纪名辩与逻辑、因明的比较研究》，《社会科学辑刊》2001年第3期。

举了十三个一般判断,在'其类在'的字样下都附带有作为事实证明的典型事例。这相当于因明中的同喻依(亚氏三段论中没有于此相当的东西)"①。事实上,墨家强调两个对象同类,是说它们同属于一类,而不是说它们之间是属种包含关系;同样,如果两个对象不同类,是说它们不属于一类,不是说它们之间没有属种包含关系。因此,本书认为中西逻辑中的"类"范畴是存在差异的,不能把它们等而视之。

二　中西逻辑中的演绎推理

亚氏三段论是根据"类"的包含关系进行的推演,是一种必然性的演绎推理,"其中只要确定某些论断,某些异于它们的事物便可以必然地从如此确定的论断中推出"②。我们举个极其普通的例子,如果说"苏格拉底要死的",何以推出他是要死的呢?因为可以用三段论的形式表示出来。如:

　　大前提——凡人都要死,
　　小前提——苏格拉底是人,
　　结论——苏格拉底是要死的。

这种三段论的形式首先提出苏格拉底所属的类"人","人"具有"要死的"的性质,苏格拉底是这一全类中的个体,构成了类的系统,形成了合理性的法式,从而推出"苏格拉底是要死的"。也就是说,亚氏三段论是有严格的法式的,是根据类属的包含关系进行的推演。

亚里士多德对三段论成立的条件进行了详细的研究,提出三段论的格与式,规定了严格的三段论推理规则等。如他说:"如果 A 可以作为一切 B 的谓项,B 可以作为一切 C 的谓项,那么 A 必定可以作一切 C 的谓项。……同样,如果 A 不能作一切 B 的谓项,B 可作一切 C 的谓项,那就可以推出,A 不能作一切 C 的谓项。"③ 总之,亚氏三段论把思维内容与形式分开,注重对推理形式的研究,这是墨家在推理形式方面逊色于亚氏三段论的地方。

推类是中国逻辑的主导推理类型,首先是以"类同"为依据来选取推

---

① 孙中原:《印度逻辑与中国、希腊逻辑之比较研究》,《南亚研究》1984 年第 4 期。
② 苗力田主编:《亚里士多德全集》第 1 卷,中国人民大学出版社 1990 年版,第 84—85 页。
③ 苗力田主编:《亚里士多德全集》第 1 卷,中国人民大学出版社 1990 年版,第 89 页。

类成立的根据，然后再以"类同"为基础推出结论，因此，"类同"的性质决定了推类的性质。"类同"所指的"类"为两个对象之间是否同类的问题，它们不属于类属包含关系，而强调它们是否都属于一类。由于中国古代对本质属性的要求不同，造成了分类的模糊性，从而使"推类"的逻辑性质呈现出多样性的特点，对于推类的逻辑性质，孙中原作出了更为清楚的表述：

> "推类"范畴，是泛指推论意义，只是类比、归纳、演绎各种推论形式原始、初步、简单和朴素的结合，还没有把3种推论形式明确区分开来，分门别类研究。①

也就是说，中国古代的推类兼有演绎、归纳和类比的性质，不仅表现为一种或然性的推理，有时也是一种必然性推理。

我们来看一例具有演绎推理性质的推类：

> 昔者子贡问于孔子曰："夫子圣矣乎？"
> 孔子曰："圣则吾不能，我学不厌而教不倦也。"
> 子贡曰："学不厌，智也；教不倦，仁也。仁且智，夫子既圣矣。"（《孟子·公孙丑上》）

孔子认为自己不是圣人，子贡经过推理得出孔子为圣人的结论，其推理过程为：孔子属于"学不厌而教不倦"之类，"学不厌而教不倦"又属于"仁且智"之类，"仁且智"又属于"圣人"之类，所以，孔子属于"圣人之类"。"这里，类同原则的工作机制就表现为：推理者根据类同关系，对某个对象进行（一次或多次的）归类，以确认该对象具有一种新的类同属性。究其实质，这个推类是一个后退式的复合三段论，其前提与结论之间具有必然联系。"②

墨家逻辑中"效"式推论有其演绎推理的性质，是必然性推理，而且其推理结构形式与亚氏三段论相似。如《墨子·耕柱》中具有演绎性质的推类，我们归纳为如下形式：

---

① 孙中原：《传统推论范畴分析——推论性质与逻辑策略》，《重庆工学院学报》（社会科学版）2009年第5期。
② 晋荣东：《推类等于类比推理吗？》，《逻辑学研究》2013年第4期。

> 所谓贵良宝者，为其可以利也
> 而和氏之璧、隋侯之珠、三棘六异，不可以利人；
> （和氏之璧、隋侯之珠、三棘六异）是非天下之良宝也。

> 所为贵良宝者，可以利民也，
> 义，可以利人
> 所以，义，天下之良宝也。

《墨子·公输》也讲到具有演绎性质的推类形式：

> 政者，口言之，身必行之。
> 今子口言之，而身不行，是子之身乱也。
> 子不能治子之身，恶能治国政？

这些三段式的推理是墨家"效"式推理的表现形式，具有演绎推理的性质，是必然性推理。它们具有和亚氏三段论相似的结构形式，但推理规则完全不同。前面我们讲过，墨家的"效"式推理，是根据是否"中效"作为推理规则的。"效"式推理的方法是"若以尺度所不知长"。所谓"尺"指的是概念内涵所表明的事物的本质属性，凡是符合这一本质的是同类，即"中效"；不符合这一本质的是不类，即"不中效"。可见，墨家逻辑中"效"式推论是根据事物本质属性的同异进行的推理。更为重要的是，亚氏三段论有着严格的推理规则和推理形式。虽然上述墨家的推理形式有些是符合亚氏三段论推理规则的，但是，墨家在现实生活中应用的"效"式推理没有明晰规范的论式，与亚氏三段论逻辑比较起来，形式化的程度不同。墨家的"效"式推理对于逻辑形式的提炼未臻完善，"没有如亚里士多德那样的精详研究"①，因而墨家推理论证的形式、有效性都没有明确的规定，呈现出含糊、笼统的特点。

对于墨家的"效"式推论与亚氏三段论的根本不同，陈孟麟认为这是因为它们对于中词的理解不同：

> 亚里士多德认为中词是"我们把那个本身被包含于另一个名辞、又包括另一个名辞（于其中）的名辞，叫做中辞"（《前分析篇》

---

① 沈有鼎：《墨经的逻辑学》，中国社会科学出版社1980年版，第50页。

25b–35。见李匡武译《工具论》第 96 页），而《墨经》的中辞则被理解为说明本质属性的、作为"中效"或"不中效"的标准的那个概念。可见亚里士多德是从概念外延的可传递性，赋予中词以外延传递的推理职能，《墨经》是从概念内涵的可类比性，赋予中词以内涵类比的推理职能的。所以，在亚里士多德三段论中，中词起着小词和大词之间类的包含关系的中介作用。而在《墨经》，中词首先是充当"法"（标准），成为"中效"或"不中效"的类比尺度（"若以尺度所不知长"）。所以，"效"式推理，从实质上看，是类比推理。不过这种类比，并不是逻辑教科书里的类比含义，而是类的同异关系的演绎类比。①

本书比较认同陈孟麟的上述观点，墨家的"效"式推论是以类同为依据，根据概念内涵的可类比性进行的推理，即"凡对一类事物的本质有所肯定，那么，对具有这种本质的同类事物必然有所肯定，对不具有这种本质的异类事物必然有所否定，这道理也是不证自明的。其结论所断定的，同样没有超出前提断定的范围"②，显然这是一种演绎性质的推类。但是，墨家的推类理论受到当时社会政治伦理的影响，注重实际问题的解决，出现了重内容、轻形式的现象。虽然墨家逻辑也提出了"效、辟、侔、援、推、止"等具体的推论形式，但是墨家并没有对这些推论形式进行独立地、抽象的研究，墨家的这些推论形式与其内容是紧密联系在一起的，这就决定了中国逻辑的特性是非形式的。

三　中西逻辑中的类比推理

亚里士多德把类比推理称为"类推"，指的是"如果端词（大词）之属于③中词是用类似小词的一个词来证明的，那就是类推；同时应该知道，中词属于小词，而大词属于类似小词的一个词"④。可见，亚氏类比推理包含了四个词：大词 A，中词 B，小词 C，类似小词的词 D。亚里士多德举例说明：

---

① 陈孟麟：《〈墨辩〉逻辑范畴三题论》，《哲学研究》1978 年第 11 期。
② 陈孟麟：《〈墨辩〉逻辑范畴三题论》，《哲学研究》1978 年第 11 期。
③ 参照《工具论》的译本、卢卡西维茨的《亚里士多德的三段论》和王路的《亚里士多德的逻辑学说》，这里的三个"属于"有特定含义：如果词项 x 属于 y，那就说外延上 x 真包含 y，不是通常所理解的 x 真包含于 y。
④ 〔苏联〕阿·谢·阿赫曼诺夫：《亚里士多德的逻辑学说》，马兵译，上海译文出版社 1980 年版，第 287 页。

A 表示"罪恶"，B 表示"对邻国发动战争"，C 表示"雅典人反对忒拜的战争"（同邻国战争），D 表示"忒拜反对福奥克斯的战争"（同邻国战争）。如果我们想要证明"雅典人反对忒拜的战争是罪恶"，就必须用类似的例证来证明，即用"忒拜反对福奥克斯的战争是罪恶"推出"对邻国发动战争是罪恶"，而"雅典人反对忒拜的战争是对邻国发动战争"，所以得出结论"雅典人反对忒拜的战争是罪恶"①。

亚氏类比推理的结构分析如下：

忒拜反对福奥克斯的战争是罪恶，
忒拜反对福奥克斯的战争是对邻国发动的战争，
所有对邻国发动的战争都是罪恶。（根据不完全推理）

然后把推出的这一结论作为大前提，构成三段论推理：

所有对邻国发动的战争都是罪恶，
雅典人反对忒拜的战争是对邻国发动战争，
所以，雅典人反对忒拜的战争是罪恶。

很显然，亚氏类比"其实质是不完全归纳和三段论的联合"，② 至少涉及三类对象的关系。亚里士多德明确指出，类比是一种或然性的证明，不同于三段论推理的"科学的证明"。

然而，墨家具有类比性质的推类，仅仅强调一个"类"，依据类同推论，并不追求科学、准确，只要求形象、生动、有说服力。墨家的推类基本上都具有类比推理的性质，崔清田也指出："推类是以类同为依据的推理，有类比推理的逻辑形式。"③ 这种推理方法可以从下面的例子中得到明确的体现：

且出门，非出门也，止且出门，止出门也。若若是，且夭，非夭也，寿夭也。有命，非命也。非执有命，非命也。无难矣。此与彼同类，世有彼而不自非也，墨者有此而众非之，无也故焉，所谓内胶外

---

① 苗力田主编：《亚里士多德全集》第 1 卷，中国人民大学出版社 1990 年版，第 235—236 页。
② 陈克守：《论墨家的类比》，《齐鲁学刊》1994 年第 6 期。
③ 崔清田：《推类：中国逻辑的主导推理类型》，《中州学刊》2004 年第 3 期。

闭，与心毋空乎，内胶而不解也。(《墨子·小取》)

这段话的目的是论述墨家所倡导的"非命"主张是正确的，其大体意思是将要出门，不是出门；阻止将要出门，就是阻止出门。如果像这样，将要夭折，不是夭折；寿终才是夭折。有命，不是命；不认为有命，不是命，这没有什么疑难。这个与那个同类。世人称赞那个却不以为自己错了，墨家提出这个他们却来非议。其论证方式归纳如下：

墨家的观点与世人的观点都有"不是而然"的属性；(墨家观点与世人观点是类同。)
世人具有"无难"的属性。
墨家具有"无难"的属性

《墨子·尚贤上》有一则这样的推类：

譬若欲众其国之善射御之士者，必将富之，贵之，敬之，誉之，然后国之善射御之士，将可得而众也。况又有贤良之士厚乎德行，辩乎言谈，博乎道术者乎，此固国家之珍，而社稷之佐也，亦必且富之，贵之，敬之，誉之，然后国之良士，亦将可得而众也。

我们把上述内容概括为如下的形式：

使善于射御之人增多与使贤人增多的道理是一样的，(两者属于类同)
使他们富裕，使他们富贵，尊敬他们，赞誉他们，可以使善于射御之人增多，
所以，使他们富裕，使他们富贵，尊敬他们，赞誉他们，可以使贤人增多。

《墨子·尚同上》也有这样一则推类：

丝线的纪、网罟的纲所起的作用与刑法是同样的，(两者类同)
丝线的纪、网罟的纲可以起到收拢的作用，
圣王制定刑法可以收紧那些与上面意见不一致的老百姓。

本书认为具有类比性质的推类大致具有如下的逻辑架构：

$$p 与 q 都有属性 s;（p 与 q 类同）$$
$$\underline{p 具有属性 a;}$$
$$q 具有属性 a$$

具有类比性质的推类，我们简单称为中国古代类比，这种推理形式在中国古代得到了极其广泛的应用。中国古代类比推理的结构形式与传统逻辑中的类比推理相似，传统逻辑中的类比是这样一种推理，它根据两个或两类对象在一系列属性上相同或相似，而且已知其中的一个对象还具有其他特定属性，由此推出另一个对象也具有同样的其他特定属性的结论。传统类比推理的结论超出了前提的断定范围，也就是说，它的结论并不是被前提所蕴含的，即使前提是真的，其结论也不具有必然性，而只具有或然性。但是，关于中国古代类比推理的性质，本书认为沈有鼎先生的理解是有道理的。沈有鼎也认为，墨家的"推类"包含了"类比推论"，只是这里的"类比推论"与传统逻辑中的类比有所不同，因为"善于运用类比推论的，一定是能在表面上不相似的东西之间发现本质上'类同'的人"①。中国古代的类比推理对于类比对象的要求较高，要求本质方面的相同，其结论比传统类比推理的结论更可靠。

事实上，中国古代的"譬"式推理是最常用的类比推理形式，主要是根据类同关系，用已知事物的道理或规律说明另一事物的道理或规律，前提是这两个事物是类同，如惠施的"以其所知谕其所不知而使人知之"（《说苑·善说》）、墨家的"辟也者，举他物而以明之也"（《墨子·小取》）的推论方式。如《墨子·非攻下》云："今天下之诸侯，将犹多攻伐并兼，则是有誉义之名，而不察其实也。此譬犹盲者之与人同命白黑之名，而不能分其物也。则岂谓有别哉？"墨子根据盲者命黑白之名与诸侯有誉义之名是类同现象，盲者不能分辨黑白之实，推出诸侯也不能察其实。譬式推理是以类为据的推理，强调思维的对象必须是"同类"，但是譬式推理"既没有说明本体和喻体为什么'同类'，也没有指出它们之间的逻辑联系"。譬式推理的"同类""其实多是近类、远类"②。譬式推理不受"客观界限"的约束，通常是指两者之间的道理或规律相同或相似，

---

① 沈有鼎：《墨经的逻辑学》，中国社会科学出版社1980年版，第43页。
② 黄朝阳：《譬的思维》，《晋阳学刊》2001年第4期。

并不是严格意义上的科学分类。譬式推理经常用通俗易懂的客观事物类比某一社会现象或说明某一复杂的社会问题,只要它们的道理或规律是一致的,就可以通过这种引譬、援类的方法达到说明道理的目的。因此,这种譬式的类比推理在先秦时期得到极其广泛的运用。

墨家的推类理论是以客观存在的事物类为依据,提出了"以类取,以类予""异类不比"的推类原则,避免了唯心主观比附推理的出现,具有演绎、归纳和类比的性质。但在中国古代,类比推理却有着最为广泛的应用,中国古代的类比受到当时社会政治伦理的影响,在类比过程中"参进了许多非科学的推论组织"[1],类比法本身又不是"必然性"的推理,容易使中国古代的类比有唯心论的倾向。例如儒家的正名思想,由于其正名是为政治伦理服务的,大部分使用"连类隐喻"的类比法,便于进行主观比附的说明,所以儒家的论证主要是属于唯心论的推理。中国古代出现了许多非科学的类比,阻碍了中国古代逻辑走向科学证明发展的道路。东汉时期最著名的唯物主义哲学家王充的著作《论衡》,对这些非科学类比进行了有力批判。王充提出"推类"与"验物"要结合起来,认为只有"推"而无"验",就会陷入主观臆测。王充这种"方比物类"的思想,给唯心论推理以沉重的打击,在一定程度上为中国逻辑的发展指明了方向。但是,魏晋至宋明时期,中国古代的推类理论一直与神学、理学纠缠在一起,在"天人合一""天理"至上的思想影响下,推类始终囿于唯心论的怪圈里,未能得到长足的发展。

综上所述,中国逻辑有别于亚里士多德逻辑,这是因为逻辑学有共同性的一面,也有特殊性的一面。"共同性指的是:逻辑思维主要显现为推理;任何推理都是由前提与结论构成,由前提推出结论的过程;推理过程有着大体相同的几种认知方向,即由特殊到一般、由一般到特殊和由特殊到特殊。特殊性主要指在不同的历史与文化背景下,不同的逻辑中居主导地位的推理类型及其具体的表现形式不尽相同。"[2] 也就是说,这两种逻辑都是对人类思维规律的研究成果,只是由于不同历史和文化背景的差异,形成了两种不同的逻辑传统,我们应该合理对待。以《墨辩》逻辑为代表的中国古代逻辑,未能创造出亚里士多德那样的严密的三段论形式,主要是由于《墨辩》的推理只是要求遵循类同、类异的原则。陈孟

---

[1] 汪奠基:《关于中国逻辑史的对象和范围问题》,载汪奠基等《中国逻辑思想论文选(1949—1979)》,生活·读书·新知三联书店1981年版,第19页。
[2] 崔清田:《"中国逻辑"名称困难的辨析》,《逻辑学研究》2009年第2期。

麟对墨辩逻辑学和西方传统逻辑的论述是非常合理的,他说:"墨辩逻辑学和西方传统逻辑的着眼点是不同的。后者研究命题形式,从命题形式来揭示命题之间的关系,以考察某一种形式的命题能推出怎样的结论来,它注意推理形式结构的逻辑分析。《墨辩》不然,《墨辩》虽然对概念的外延关系和假言推理的形式规则作过探讨,但那是零散的,非主要的。墨辩逻辑学主要着眼于概念的内涵,从明确概念的性质去判定某一事物的'类',以给予事物以同类或异类的确定性认识。所以在推论中,概念实质的分析占有核心地位。"① 温公颐也认为:"西方逻辑侧重外延方面的研究(即类的推衍),从量方面着手,推论的准确度较高,当然为求推论的更精确,中国逻辑较侧重概念、判断、推理等的实质性的研究,较少注意形式方面的分析。所以,从这方面说中国逻辑稍逊于西方的逻辑。但中国逻辑的研究结合我国语言的特点也自有其独到之处。中国逻辑不纠缠于形式,而注重思维的实质性的研究,所以它就可避免西方逻辑的某些繁琐处。"②

诚然,中国和古希腊有着悠久的历史和深厚的文化底蕴,中国先秦的逻辑也曾经有着古希腊逻辑一样的成就和辉煌。但是,自汉代统治者提出独尊儒学、罢黜百家以后,先秦逻辑研究逐渐衰微;魏晋、明清虽几度复苏,亦未能持续发展,直到西方逻辑再次传入中国之后,中国逻辑史研究取得了一些阶段性的成果。但是,中国逻辑自身的发展缓慢,在一定程度上是由于我们对中国逻辑的认识不够,我们专注于西方逻辑的学习,忽略了对中国逻辑本身的研究。当然,这并不是说明学习西方逻辑不重要,西方逻辑在人类知识系统中,拥有基础性和工具性的地位,可以作为我们研究中国逻辑的工具和手段。在掌握西方逻辑的基础上,我们如何发展中国逻辑,"正确的逻辑策略,是磨制锐利的思维工具,汲取西方逻辑先进成就,借鉴西方逻辑观点方法,对中国传统逻辑进行现代式元研究,给予创造性新诠释,建立有中国特色、与国际接轨,融合西方逻辑和中国传统逻辑现代转型的创新体系"③。这也许是我们未来中国逻辑发展的方向。西方逻辑知识已经植根于我们的思想,我们应该以此为工具进行中国逻辑的元研究,为中国逻辑的进一步发展做一点贡献。

---

① 陈孟麟:《墨辩逻辑学》(修订本),齐鲁书社 1983 年版,第 102—103 页。
② 温公颐:《惠施、公孙龙的逻辑思想》,载《中国逻辑思想论文选(1949—1979)》,生活·读书·新知三联书店 1981 年版,第 180 页。
③ 孙中原:《传统推论范畴分析——推论性质与逻辑策略》,《重庆工学院学报》(社会科学版)2009 年第 5 期。

第二节 "类"范畴与中国逻辑

推类是我国特有的一种思维方式，也是世界逻辑史上的一朵奇葩，这种推理方式是依据两种不同的事物或者现象在"类"属性上是否具有同一性或者相像性，而进行的一种由此达彼的推理方式。很明显，这种推理方式是建立在"类"范畴的基础之上的。因此，中国"类"范畴的特点影响着中国逻辑的性质。

中国"类"范畴思想的产生是从古人认识世界开始的，先秦诸子对"类"范畴的阐释也各有不同。孔子对"类"范畴的含义并未进行明确解释，但他的"能近取譬"的推理模式的使用，却包含着丰富的"类"范畴思想，这时的"类"范畴主要是在政治伦理范围内使用，是以人与人的伦理关系为对象的。邓析在中国古代逻辑史上首次提出"类"概念，从他的"循名责实""按实定名"的名实观可以看出他关于"类"的思想，这时的"类"范畴思想也由政治伦理之类转变为客观事物之类。真正在逻辑意义上使用"类"范畴是从墨子开始的，墨子的"类"具有了本质的含义，并提出"察类明故"的推类原则和要求。孟子的"故凡同类者，举相似也"对"类"范畴的认识更具科学性，不仅分析了人有不同的类别，也分析了客观事物之类，尤其是类的属种关系的使用也更具有逻辑性。惠施的"历物十事"包含类及种属关系的问题，还提出类的种属关系本身是一个相互转化的过程。公孙龙也强调类与类之间有区别，但在一定条件下可以相互转化，类概念可以根据实际情况进行限制和概括。老子和庄子承认客观事物有不同的种类，然而在很多情况下模糊了"类"的确定性认识。后期墨家在当时自然科学的基础上，总结了墨子以来的"类"范畴思想，对"类"范畴进行了理论上的概括和说明，提出"有以同，类同也""不有同，不类也"，明确类同、类异的依据是"偏有偏无有"，并把"故""理""类"作为推类的基础。荀子是先秦时期唯物主义的集大成者，他的"类"范畴思想受到后期墨家的影响，明确提出事物的同异关系是"类"范畴的基础，也承袭了儒家从政治伦理的角度阐释"类"范畴的思想，提出了相从之类，并把这种相从关系与人事中的秩序条理联系在一起。

先秦不同学派之间的"类"思想，也有一些细微差别。儒家的"类"主要是对"心""理"而言的，如孟子讲"故凡同类者，举相似也"，这里的"同类"就是指相似,但是这种相似性更多的是指人的根本相似,犹如孔子的推己及人的推理。孟子的"知类"主要是"知心",这里的"类"显然是与"心"而言的,孟子讲:"今有无名之指屈而不信,非疾痛害事也,如有能信之者,则不远秦楚之路,为指之不若人也。指不若人,则知恶之;心不若人,则不知恶。此之谓不知类也。"(《孟子·告子上》)再如荀子的观点"义,理也,故行"(《荀子·大略》),"理"是"义"的表现,也是"行"的根据,"可说是正当行为所体现的模式,并且,相对行为动机如'心'来说'理'或行为模式当然是外在的。而荀子论'类',正以'理'为焦点"①。正如荀子所讲"类不悖,虽久同理"(《荀子·非相》),同一类行为具有相同的理,荀子的"理"是合乎"法"的规定的,"其有法者以法行,无法者以类举"(《荀子·王制》),他把"法"与"类"并举,荀子最深层次的"法"为"统类",即"礼仪之统",就是要符合儒家的伦理道德。

墨家的"类"范畴主要与"名""辞"相联系。如"名,达、类、私"(《墨子·经上》),"夫辞,以故生,以理长,以类行也者"(《墨子·大取》)。墨家逻辑是中国逻辑中最具代表性的成果,它是建立在"类"范畴的基础之上的,墨家的"类"范畴是以事物的同异关系为基础的分类,性质和事理相同的事物为类同,性质和事理不同的事物属于类异。很明显,墨家逻辑中的"类"范畴注重内涵方面的把握,这是中国逻辑的一大特点。

我国古人在运用"认识之类"来认知世界的过程中,对于外部世界的认识也越来越深入,实践经验的积累也越来越多。在这种认知世界的过程中,人们总会碰到一些认知困难难以决断,这就必然需要对这些认知自然和世界的知识进行梳理、总结、概括、提升,从而得到更加准确的判断,这时候就需要一种普遍适用的逻辑思维模式来解决这一问题,于是建立在"类"范畴基础上的逻辑思维模式——推类思想自然而然地就产生了。尽管这种推理方式最早被视为上天所赋予的,但是,这种思维方式毕竟给古人比较事物的是非曲直提供了一种确定的标准,因而,我们认为,"类"范畴的形成是社会历史发展的必然,也是人们思维发展的一种必然结果。从文献上我们也不难发现古人对于普遍思维模式的应用。《墨经》中的"谓四足兽,牛与、马与,物不尽与,大小也。此然是必然,则误"。"异。

---

① 李巍:《逻辑方法还是伦理实践?——先秦儒墨"推类"思想辨析》,《文史哲》2016年第5期。

木与夜孰长？智与粟孰多？爵、亲、行、贾，四者孰贵？麋与鹤孰高？蝉与瑟孰悲？"都说明了古人对于推类这种逻辑思维的使用。《墨经》中的"推类之难，说在名之大小""异类不吡，说在量"也明确说明了这一点。古人对人类思维研究的结果使得他们意识到普遍思维模式对思维内容的表达具有重要的作用，从另一个角度说，思维形式也有自己的规律性。

同时，利用这种以"类"范畴为基础的推类思想，可以扩展到古人认识自然的思维过程中，使得人们认知世界的能力得到一种有效的规范。《淮南子·说山训》中的"见窾木浮而知为舟，见飞蓬转而知为车，见鸟迹而知著书，以类取之"。这句话的意思是人观察到中空的木头能浮在水面上，知道了造船的方法，看到飞蓬随风而动，知道了造车的方法，看到鸟的足迹，知道了写书，这都是用以类相推的方法获得的。同样在《淮南子·说山训》中，古人的这种以类相推的方法更是得到了完美的诠释："尝一脔肉，知一镬之味；悬羽与炭，而知燥湿之气；以小明大。见一叶落，而知岁之将暮；睹瓶中之冰，而知天下之寒；以近论远。"这句话的意思是尝一小块肉，就能知道一锅肉的味道；通过悬挂的羽毛和木炭，就能知道天气的干湿，因此，通过小的事例能知道大的事例。看到一片叶子凋落了，就可知道快到冬天了；看到瓶里的水结冰了，就可知道天气已经很寒冷了，因此，通过眼前的事例能知道未来的事例。

我们认为"类"范畴在中国古代的形成有其内在的原因，并与社会的发展密切相关。"类"范畴是中国古代的推理类型——推类的基础，只有搞清楚中国古代"类"的观念，才能正确理解推类。

在中国古代逻辑思想中，谈到"类"范畴就涉及"推类问题"。《墨子·经下》篇中讲道："推类之难，说在名之大小。"《荀子·正名》篇也讲道："辨异而不过，推类而不悖，听则合文，辨则尽故。"《淮南子·氾论训》也讲道："同异嫌疑者，世俗之所眩惑也。夫见不可布于海内，闻不可明于百姓。是故因鬼神机祥而为之立禁，总形推类而为之变象。"中国古代的推类是一种以类同为基础的推理形式。

后期墨家在对"类"范畴认识的基础上，提出了推类的三个基本原则，分别是：辞以类行；以类取，以类予；异类不比。他们认为一个推类正确与否，要取决于上述三个原则。

一　辞以类行

"辞以类行"是中国古代逻辑中进行正确推理的一个基本原则，辞是墨家辩学中的一个重要概念，《墨子·大取》和《墨子·小取》篇明确指出了"辞"的特征：

> 夫辞以故生，以理长，以类行也者。《墨子·大取》
> 以辞抒意。《墨子·小取》

由"夫辞以故生，以理长，以类行也者"可知，墨家辩学中的"辞"和"故""理""类"密切相关，"故"在辩论中的意思是推出结论的前提，因此，"辞"的含义应该是由前提推出的结论。"以辞抒意"中的"意"含有想象的意思，如《墨子·经说下》就指出："意，相也。""抒"则有取出的意思，因此，"以辞抒意"中的"辞"具有语句的意思。由此可见，墨家辩学中的"辞"的含义是由不同名称或者语词组成，来表达一定意思的语句，这与亚里士多德逻辑中的命题的含义相似。对此，《吕氏春秋》就明确地说明了这一点："辞者，意之表也。"

古代论辩的核心问题都集中在"辞"与"类"的关系上，因为如果人们要立辞，所谓立辞，就是要确定论题，实际上就是进行推理或者论证，它首先要确定主语与谓语，只有做到这一点，才有可能进行"同则同之，异则异之"的推论。因此，进行论辩必须"明其类"。如果主语与谓语属于一类，那么可以进行辩说；如果主语与谓语不属于一类，那么不能进行辩说。也就是：

> 夫辞以类行者也，立辞而不明于其类，则必困矣。《墨子·大取》

也就是说，一个正确的推类，首先要进行察类、明类，只有明确了不同的事物类别，才能避免类别的混淆，才能根据类之间的关系进行推类。在此基础上，要分清类的范围，否则也会出现错误的结果。对此，《墨子·经下》就明确指出："推类之难，说在名之大小。"

二 以类取，以类予

在推类中，区分事物之间的同异是极其重要的，依据"类"的原则出现的"以类取，以类予"，很自然地成为中国古代逻辑推理中的一个基本原则：

> 焉摹略万物之然，论求群言之比，以名举实，以辞抒意，以说出故，以类取，以类予。有诸己不非诸人，无诸己不求诸人。《墨子·

小取》

这句话明确地说明了"出故""立辞"的方法,"取"的本意是选择、选取的意思,"以类取"的"取"则表述一种取此则彼的判断或者推论。"以类予"中"予"的含义是"相推予也",因此,我们可以把它理解为"推"的意思,意思是可以提出一个判断来反驳对方。而对于"以类取,以类予"的含义,崔清田先生认为:"'以类取',是依照类去选取理由。'以类予',是依照类去推出结论。'以类取,以类予'也简称'推类'。"[1]对于这种推类原则,后期墨家进行了详细的研究,下面的一个例子形象地说明了这一点:

> 恶多盗,非恶多人也;欲无盗,非欲无人也。世相与共是之。若若是,则虽盗人也,爱盗非爱人也,不爱盗非不爱人也,杀盗人非杀人也,无难矣。此与彼同类,世有彼而不自非也,墨者有此而非之,无他故焉,所谓内胶外闭,与心毋空乎,内胶而不解也。《墨子·小取》

世人的观点:厌恶多盗,并不是厌恶多人;希望没有盗,不是希望没有人。墨家的观点:虽然盗是人,但爱盗却不是爱人;不爱盗,不意味着不爱人;杀盗,也不是杀人。然而世人的观点与墨家的观点属于同类。世人赞同这个,自己不以为错,墨家提出同类的观点却遭到非议。这就是不知类。

对于后期墨家的这一推类的基本原则,其他的学者显然是支持的,关于"以类取,以类予"的这一基本推类原则,荀子就指出:

> 欲知亿万,则审一二;欲知上世,则审周道;欲知周道,则审其人所贵君子。故曰:以近知远,以一知万,以微知明,此之谓也。
> 圣人者,以己度者也。故以人度人,以情度情,以类度类,以说度功,以道观尽,古今一也。类不悖,虽久同理,故乡乎邪曲而不迷,观乎杂物而不惑,以此度之。《荀子·非相》

从某种意义上说,"以类取,以类予"的推类原则与"辞以类行"的

---

[1] 温公颐、崔清田主编:《中国逻辑史教程》,南开大学出版社2001年版,第133页。

推类原则有相通的地方，首先，它们都要求推类要在同类之间进行；其次，"以类取，以类予"是"说"的一种基本推理原则，按照这一原则，可以进行"立辞"。沈有鼎认为："甲与乙同类，那么承认了甲就不得不承认乙，不承认甲就不能承认乙。这是'以类取'。甲与乙同类，那么对方承认了甲我就可以把乙提出来给他，看他是不是也承认，对方不承认甲我就无须这样作。"①

三　异类不比

墨家认为由于不同事物之间有其本质的不同，因此不能用相同的标准进行度量，也不能以此进行推类：

> 异类不吡，说在量。《墨子·经下》

由此，"异类不比"成为中国古代逻辑推理的一个基本原则。墨家对此进行了详细的说明：

> 木与夜孰长，智与粟孰多，爵、亲、行、贾，四者孰贵？麋与鹤孰高？蝉与瑟孰悲？《墨子·经说上》

这句话的意思是木头与长夜在时间上不能比较，智慧的多少与粮食的多少也不能进行比较，爵位、亲属、操行、价钱由于标准不一，也无法进行比较。对于之所以不能比较的原因，墨家也进行了分析，他们认为是由于"殊类异故"的原因：

> 故言多方，殊类异故，则不可偏观也。《墨子·小取》

关于"异类不比"这一基本推类原则，其他的学者显然是支持的，荀子就指出：

> 案往旧造说，谓之五行，其僻违而无类，幽隐而无说，闭约而无解。《荀子·非十二子》

---

① 沈有鼎：《〈墨经〉关于"辩"的思想》，载汪奠基等《中国逻辑思想论文选（1949—1979）》，生活·读书·新知三联书店 1981 年版，第 265 页。

《吕氏春秋》还引用了鲁人公孙绰的例子进行了分析，由于他不懂得死人和偏枯之人不是同类，不能进行类比的道理，而闹出了笑话：

> 鲁人有公孙绰者，告人曰："我能起死人。"人问其故。对曰："我固能治偏枯，今吾倍所以为偏枯之药，则可以起死人矣。"（《吕氏春秋·别类》）

推类的三个基本原则都离不开"类"范畴思想。何谓"类"？后期墨家思想家对此进行了说明：

> 同，重、体、合、类。《墨子·经上》
> 有以同，类同也。《墨子·经说上》

由此可见，墨家所说的"类"的语义是种类的意思，也就是根据事物本身的性质或特点而分成的种类的意思，具有集合的内涵。

推类的依据是一个推类是否成立的基础或者根据。对于推类，墨家在论述"辞"的时候进行了详细的说明：

> 夫辞以故生，以理长，以类行也者。立辞而不明于其所生，妄也。今人非道无所行，唯有强股肱，而不明于道，其困也，可立而待也。夫辞以类行者也，立辞而不明于其类，则必困矣。《墨子·大取》

从传统逻辑的观点看，立辞相当于推理或者是论证。三物是指故、理、类。立辞故、理、类的关系是"三物必具，然后足以生"（《墨子·大取》）。也就是说，故、理、类三者具备，就可以进行推理了。从立辞的视角，我们能很清楚地看到"类"范畴的地位。"故"是事物成立的根据，立辞要有一定的依据，因此要"以故生"；"理"含有准则、道理的意思，立辞要按照一定的准则进行，因此，要"以理长"；"类"含有种类的意思，立辞要"以类取，以类予"。由此我们可以得知，"故"是立辞的根据，"理"是立辞的准则，"类"是"故"和"理"提出的依据，因此，我们不难发现，"类"范畴是立辞的根据，同样也是推类的依据。

从文献上看，墨家所讲的"类"是有两种含义，首先是同类事物之间的关系，也就是"同类之同"，简称类同。其次是异类事物之间的关系，也就是"不类"。《墨子·经上》云："异，二、不体、不合、不类。"墨家认为,进行正确推类所依据的"类"是同类,而不是"不类",《墨子·经下》就明确提出:"异类不比,说在量。"

另外,在进行论述推类时,《墨辩》多处涉及以下思想:

> 此与彼同类,世有彼而不自非也,墨者有此而非之,无他故焉,所谓内胶外闭,与心毋空乎,内胶而不解也。《墨子·小取》

因此,我们可以说推类中的"类"是指类同,而"类"是推类的依据,那么,我们可以更确切地讲,"类同"是推类的依据。《墨辩》论述了区分"类同"与"不类"的标准:

> 狂举不可以知异,说在有不可。《墨子·经下》

墨家更加详细地分析了这种标准:

> 狂,牛与马惟异,以牛有齿,马有尾,说牛之非马也,不可。是俱有,不偏有偏无有。"曰牛与马不类,用牛有角马无角,是类不同也。"若不举牛有角马无角以是为类之不同也,是狂举也。犹牛有齿,马有尾。《墨子·经说下》

这句话的意思是,牛和马不同,如果只是通过牛有牙齿,马有尾巴,就说牛和马不同类,这是不可以的。因为牛和马都有牙齿和尾巴,这并不是"偏有偏无有"的特征。又说,牛和马不同类,因为牛有角,马无角,所以不同类。如果说牛有角,马无角而认为它们不同类,这是狂举,就好像牛有齿、马有尾一样。由此,我们可知,《墨辩》认为区分"类同"与"不类"的标准是"偏有偏无有",即一类事物普遍具有,而其他类事物不普遍具有的属性。

推类的一般过程为先以"类同"为依据来选取推类成立的根据,然后再以"类同"为基础推出结论。因此,要理解"推类"的逻辑性质,首先要明确推类的依据——"类同",要明确"类同"的内涵,就先要确定"类"的内涵。我们认为,"类同"所指的"类"为两个对象之间是否同类的问题,它们不属于类属关系,而是它们是否都属于一类:

> 今遝夫好攻伐之君,又饰其说以非子墨子曰:"以攻伐之为不义,

非利物与？昔者禹征有苗，汤伐桀，武王伐纣，此皆立为圣王，是何故也？"子墨子曰："子未察吾言之类，未明其故者也。彼非所谓攻，谓诛也。"《墨子·非攻下》

这从上文不难看出墨子认为大禹、汤、周武王所进行的战争是"诛"，是属于正义的战争这一类，而讨伐则属于"攻"，属于非正义战争一类。"攻"与"诛"不是同类，因此不能作类比。

公输盘为楚造云梯之械，成，将以攻宋。子墨子闻之，起于齐，行十日十夜，而至于郢，见公输盘。公输盘曰："夫子何命焉为？"子墨子曰："北方有侮臣，愿借子杀之。"公输盘不说。子墨子曰："请献十金。"公输盘曰："吾义固不杀人。"子墨子起，再拜曰："请说之。吾从北方闻子为梯，将以攻宋。宋何罪之有？……义不杀少而杀众，不可谓知类。"公输盘服。（《墨子·公输》）

这段对话主要论述了公输盘不知类的情况。公输盘为了奉行义，不杀一人，却用云梯去攻打宋国，杀众多的宋国百姓，墨子认为这是他不知类，因为"杀少"与"杀众"皆是不义之事，属于同类。

传统逻辑中的类比推理是这样一种推理，它根据两个或两类对象在一系列属性上相同或相似，而且已知其中的一个对象还具有其他特定属性，由此推出另一个对象也具有同样的其他特定属性的结论。传统类比推理的结论超出了前提的断定范围，也就是说，它的结论并不是被前提所蕴含的，即使前提是真的，其结论也不具有必然性，而只具有或然性。但是，在关于中国古代类比推理的性质上，我们认为沈有鼎先生的理解是有道理的：

"类推"的根据在于事物间的"类同"。孟子说："凡同类者，举相似也。"（《孟子·告子上》）就是这个意思。归纳推论和类比推论都是用"类推"的方式进行的。但必须注意，我们这里所说的"类比推论"和西方人或现代人常说的"这只是一个类比"不同。古代中国人对于类比推论的要求比较高，这是因为在古代人的日常生活中类比推论有着极广泛的应用。①

---

① 沈有鼎：《墨经的逻辑学》，中国社会科学出版社1980年版，第42页。

我们现在所讲的推类是对所有以类为据的推理的总称。推类的逻辑方法，在中国古代具有极其广泛的运用，所谓"假物取譬""引喻察类"以及类比推理的形式，都包含在这种认识活动里。①《墨子·尚同上》有这样一则类比推理：

> 古者圣王为五刑，请以治其民。譬若丝缕之有纪，网罟之有纲，所连收天下之百姓不尚同其上者也。

墨子用丝线有纪（丝头的总束）、网罟有纲可以起到收拢的作用，说明圣王制定五种刑法来治理人民，可以统一那些不与上面意见一致的老百姓的。我们认为中国古代的推类还兼有归纳推理与演绎推理的双重性质，不仅表现为一种或然性的推理，而且有时也是一种必然性推理。如《墨子·兼爱上》中具有归纳性质的推类理论：

> 盗爱其室，不爱其异室，故窃异室以利其室。
> 贼爱其身，不爱人，故贼人以利其身。
> 大夫各爱其家，不爱异家，故乱异家以利其家。
> 诸侯各爱其国，不爱异国，故攻异国以利其国。
> 天下之乱物，具此而已矣。皆起不相爱。

对于"推类"的逻辑性质，孙中原先生作出了更为清楚的表述：

> "推类"范畴，是泛指推论意义，只是类比、归纳、演绎各种推论形式原始、初步、简单和朴素的结合，还没有把3种推论形式明确区分开来，分门别类研究。②

我们认为，墨家的推类理论是以依据客观存在的事物类为依据，避免了唯心论推理的出现，墨家提出了"以类取，以类予"的科学方法，使中国古代的推类具有了归纳和演绎的性质。但在中国古代，类比法却有着最为广泛的应用，中国古代的类比受到当时社会政治伦理的影响，在类比过

---

① 汪奠基：《略谈中国古代"推类"与"连珠式"》，载汪奠基等《中国逻辑思想论文选（1949—1979）》，生活·读书·新知三联书店1981年版，第87页。
② 孙中原：《传统推论范畴分析——推论性质与逻辑策略》，《重庆工学院学报》（社会科学版）2009年第5期。

程中"参进了许多非科学的推论组织"①,类比法本身又不是"必然性"的推理,容易使中国古代的类比有唯心论的倾向。例如儒家的正名思想,由于其正名是为政治伦理服务的,大部分使用"连类隐喻"的类比法,便于进行主观比附的说明,所以儒家的论证主要是属于唯心论的推理。先秦时期出现了许多非科学的类比,阻碍了中国古代逻辑走向科学证明发展的道路。东汉时期最著名的唯物主义哲学家王充的著作《论衡》,对这些非科学类比进行了有力批判。他提出"推类"与"验物"要结合起来,认为只有"推"而无"验",就会陷入主观臆测。王充这种"方比物类"的思想使中国古代逻辑走向了科学论证的道路。

纵观中国"类"范畴发展与演变的全过程,我们还可以将"类"范畴的演变与新发展分为两个大的时期,以西学东渐为界,在西学东渐以前的"类"范畴研究是第一时期,这一时期的"类"范畴研究主要体现为中国逻辑思想内部的、封闭的、自我继承与批判的渐进发展;第二个时期是西学东渐时期至1949年新中国成立之前,随着西方逻辑思想的不断输入,西方逻辑学中的"类"范畴被译介到中国,开创了中西逻辑"类"范畴的比较研究,中国逻辑"类"范畴的研究由此进入一个崭新的时期。

"类"范畴在第一时期的发展演变是漫长曲折的。"类"最初并不是作为一个逻辑范畴出现的,它是经历了无数次的实践和内容的转换之后,才逐渐在人们的思维中以逻辑思维规律的形式确定下来的。在先秦时期,"类"范畴的发展经历了三个阶段:以《周易》为代表的"以类命为象"阶段,以墨子为代表的"察类明故"阶段和以后期墨家为代表的"辞以类行"阶段。这是"类"范畴在先秦时期从萌芽到建立过程,也是"类"范畴发展的繁荣时期。到后期墨家"类"范畴的研究已经相当成熟,他们用"辞以类行"高度概括了中国古代推理的特点,提出推类的理论依据是"类同",还把"以类取,以类予""异类不比"作为推类的基本原则,列举了"效、辟、侔、援、推、止"等具体的推类形式。秦汉时期的逻辑思想基本上继承了先秦时期,他们对"推类"问题进行了深入研究。但是,自汉武帝提出独尊儒术、罢黜百家之后,墨家逻辑随之衰微,在这种情况下,"类"范畴研究也随之发生了转折,这种转折主要体现在对"类"范畴的研究不像墨家一样,是在纯粹的逻辑理论的意义上阐述,而是和其他的学科进行了交融,出现了文化意义和哲学意义上的"类"范畴。如在董

---

① 汪奠基:《关于中国逻辑史的对象和范围问题》,载汪奠基等《中国逻辑思想论文选(1949—1979)》,生活·读书·新知三联书店1981年版,第19页。

仲舒天人感应的神学思想与反儒的思想斗争中，"类"范畴成为他们斗争的思想武器。魏晋南北朝时期，由于玄学的兴起，论辩之风盛行一时，"类"范畴成为陆机、葛洪所提出的"连珠体"的基础，而"连珠体"主要和文学结合在一起。唐代因明传入时期，对"类"范畴的关注更少。在宋元明前后长达六百多年的时间里，"类"范畴又依附于理学。秦末至西学东渐前期，对于"类"范畴研究未能取得实质性的进展。

西学东渐前期对于"类"范畴的研究，主要表现为对西方逻辑著作的译介和解读上。西学东渐后期的"类"范畴的研究，在"西体中用"之知识配置模式的影响下，中国学者展开了以西方逻辑为参照研究中国古代逻辑的模式。在"类"范畴的研究上，主要表现为对墨家"类"范畴的反思以及在西方逻辑"类"范畴再次引入的基础上，展开了中西逻辑"类"范畴的比较。由此开始，中国古代逻辑中的"类"范畴就由封闭的、自身的渐进发展，进入到中西逻辑比较研究的突变时期。尽管这一时期的"类"范畴研究存在比附的成分，但是，这一时期开创的中西逻辑"类"范畴比较研究的方法却具有历史性的意义，它至今仍然是中国逻辑史研究必不可少的方法之一。这一时期的研究成果与研究方法，更为我们今后的中国逻辑研究提供了良好的借鉴和启发。

关于中国逻辑思想中"类"范畴的特点，当代西方学者也有一定的认识，本书把西方学者对"类"范畴性质的认识归纳为三点："类"是非抽象意义上的"类"范畴；"类"是部分整体学的类；"类"是指"相似性"。西方学者通过中西"类"范畴的比较，对中国"类"范畴的认识有一定的合理性，抓住了中国"类"范畴不同于西方"类"范畴的主要特点，但对有些内容的理解还是不够深入。

通过对中国"类"范畴的考察，本书认为中国逻辑思想中"类"范畴的一个主要特点就是注重"类"范畴的内涵分析，也可以说，中国逻辑中的"类"即本质。这是不同于西方逻辑"类"范畴的重要方面。虽然古希腊亚里士多德也是根据本质来分类，但是他在建立三段论理论时，是根据类的外延，即类属包含关系进行的。中国古代思想家最初对"类"范畴的认识，并不是纯逻辑意义上的考察，而是从对客观事物的分类开始的，这时的"类"范畴更多地包含着认识论的意义。《墨经》通过对同异的分析，提出"有以同，类同也"的"类"范畴思想，认为本质属性相同的事物为同类。《墨经》中的推类就是依据事物之间的类同关系进行的，认为本质属性相同的事物可以进行以类相推。墨家逻辑甚至整个中国古代逻辑并没有深入地探讨类与分子之间的外延关系，它们的推理理论不是建立在外延之间的类属包含关系基础上的，而是以类同为基础的推理。

"类"范畴理论是中西逻辑建立的基础，古希腊亚氏三段论是类的理论，根据类属包含关系进行推理；中国逻辑的推类是以"类同"为依据，以"以类取，以类予""异类不比"为推类原则，其推理注重内涵方面的分析。当然，中国逻辑思想中"类"范畴的一些用法，又包括类属包含关系的"类"，如后期墨家和荀子对名的分类，就分析了名称外延的大小，可是，他们没有把"类"范畴外延上的包含关系这一特点运用到推理中。由此可见，内涵与外延是"类"范畴研究必不可少的两个方面，只是由于两种逻辑对"类"范畴研究的侧重点不同，才形成了不同的推理形式。

中国逻辑中的"类"范畴与社会实际生活息息相关，追求一种意义和功用上的联系，具有认识论和伦理学的意义。中国古代的先秦时期，出现了"百家争鸣"的繁荣局面，论辩盛行，学术思想非常活跃。这种论辩的风气与古希腊相似，但论辩的内容与古希腊有所不同，先秦时期诸子百家主要探讨政治、伦理问题，推崇天人合一以及人与自然的和谐统一。中国自古"天人合一"的思想使"类"范畴不仅指客观事物之类，更多时候用来指代人事关系的类别，"类"范畴常常变成为政治伦理服务的工具，这给真正科学"类"范畴的建立造成了不良影响。

中国逻辑的主导推理类型是推类，它是以"类同"为依据，以"以类取，以类予""异类不比"为推理原则的一种推理形式。我们前面说过，中国古代逻辑中的"类"即本质，所以说，"类同"是指两个对象之间本质属性相同而属于同类，不强调是否具有类属包含关系，而是强调它们是否都属于一类的问题。中国逻辑根据客观事物的本质和规律来区分概念，如墨家的推理"子未察吾言之类，未明其故者也"《墨子·非攻下》），"入人之国而与人之贼，非义之类也"（《墨子·非儒下》），"义不杀少而杀众，不可谓知类"（《墨子·公输》）等，在论辩推理中有着相当正确而又精彩的论断。中国"类"范畴注重内涵分析的特点直接影响着推类的性质，使推类注重实质性的分析，出现了重内容轻形式的现象。

中国古代对"类"范畴本质的认识不够深入，在推类过程中并不完全追求科学、准确，只要求形象、生动、有说服力，经常表现为"异类相推"。如惠施的"以其所知谕其所不知而使人知之"（《说苑·善说》）、墨家的"辟也者，举他物而以明之也"（《墨子·小取》）的推论方式。譬式推理是以类为据的推理，强调思维的对象必须是"同类"，但是譬式推理不受"客观界限"的约束，通常是指两者之间的道理或规律相同或相似，并不是严格意义上的科学分类。按照西方传统逻辑的观点，譬式推理的两个对象之间不存在外延上的联系,根本无法进行推理,但是,譬式推论在中国古代却有着最广泛的应用。譬式推理经常用通俗易懂的客观事物类比某一社会现象或说明某一复杂的社会问题,只要它们的道理或规律是一致的,就可以通过这种引譬、援类的方法达到说明道理的目的,这就使得中国逻辑脱离了从外延方面把握"类"范畴,形成了注重意义分析的推类方法。

综上所述,由于古代中国人养成了从内涵方面理解"类"范畴的习惯,推类注重实质性的分析,虽然墨家逻辑也提出了"效、辟、侔、援、推、止"等具体的推论形式,但是墨家并没有对这些推论形式进行独立地、抽象的研究,这些推论形式与其内容是紧密联系在一起的,这就决定了中国逻辑的特性是非形式化的。

参考文献

著作类

(一) 古代文献

(战国) 吕不韦门客编撰,关贤柱等译注:《吕氏春秋全译》,贵州人民出版社1997年版。

(汉) 董仲舒著,(清) 凌曙注:《春秋繁露》,中华书局1975年版。

(汉) 王符:《潜夫论》,三秦出版社1999年版。

(汉) 王符著,(清) 汪继培笺:《潜夫论笺》,中华书局1979年版。

(汉) 许慎撰,段玉裁注:《说文解字注》,上海古籍出版社1981年版。

(魏) 王弼撰,楼宇烈释:《周易注校释》,中华书局2012年版。

(魏) 徐干:《中论解诂——新编诸子集成续编》,中华书局2014年版。

(唐) 窥基:《因明大疏校释》,中华书局2013年版。

(唐) 欧阳询主编:《艺文类聚》(五十七),上海古籍出版社1982年版。

(宋) 程颢、程颐著,王孝鱼点较:《二程集》,中华书局1981年版。

(宋) 程颢、程颐著撰,潘富恩导读:《二程遗书》,上海古籍出版社2000年版。

(宋) 黎靖德编,王星贤点校:《朱子语类》,中华书局1986年版。

(宋) 陆九渊:《象山先生全集》,商务印书馆1935年版。

(宋) 邵雍著,郭彧整理:《邵雍集》,中华书局2010年版。

(宋) 张载:《张载集》,中华书局1979年版。

(宋) 张载撰,(清) 王夫之注:《张子正蒙》,上海古籍出版社2000年版。

(宋) 朱熹:《四书章句集注》,中华书局1983年版。

(清) 孙诒让:《墨子闲诂》,中华书局1986年版。

(清) 王先谦注:《庄子集解》,中华书局1987年版。

(清) 王先谦撰,沈啸寰、王星贤点校:《荀子集解》,中华书局1988

年版。
（清）王先慎撰，钟哲点校：《韩非子集解》，中华书局1998年版。
（清）朱谦之：《老子校释》，中华书局1984年版。
安小兰译注：《荀子》，中华书局2007年版。
（二）今人著作
北京大学《荀子》注释组：《荀子新注》，中华书局1979年版。
陈鼓应：《老子今注今译》，中华书局2003年版。
陈孟麟：《墨辩逻辑学》，齐鲁书社1983年版。
陈奇猷：《韩非子新校注》，上海古籍出版社2000年版。
成中英：《中国哲学与中国文化》，台湾三民书局1985年版。
崔大华等：《道家与中国文化精神》，河南人民出版社2003年版。
崔清田：《名学与辩学》，山西教育出版社1997年版。
崔清田：《墨家逻辑与亚里士多德逻辑比较研究》，人民出版社2004年版。
董志铁：《名辩艺术与思维逻辑》，中国广播电视出版社2007年版。
方授楚：《墨学源流》，上海书局1989年版。
冯契：《中国古代哲学的逻辑发展》，上海人民出版社1983年版。
冯天瑜：《中国古代文化的类型》，载深圳大学国学研究所《中国文化与中国哲学》，东方出版社1986年版。
冯友兰：《中国哲学史》（全二册），中华书局1947年版。
冯友兰：《中国哲学简史》，北京大学出版社1985年版。
傅季重主编：《哲学大辞典·逻辑学卷》，上海辞书出版社1984年版。
高亨：《高亨著作集林》第7卷，清华大学出版社2004年版。
高流水、林恒森译注：《慎子、尹文子、公孙龙子全译》，贵州人民出版社1996年版。
《古代汉语词典》编写组编：《古代汉语词典》，商务印书馆1998年版。
郭沫若：《十批判书》，东方出版社1996年版。
郭桥：《逻辑与文化——中国近代时期西方逻辑传播研究》，人民出版社2006年版。
郭湛波：《先秦辩学史》，中华书局1932年版。
郭湛波：《近五十年中国思想史》，山东人民出版社1997年版。
侯外庐主编：《中国思想通史》第1、2卷，人民出版社1957年版。
胡适：《先秦名学史》，学林出版社1983年版。
胡适：《胡适文存》卷2，民国丛书编辑部1989年版。
胡适：《中国哲学史大纲》，上海古籍出版社1997年版。

黄朝阳：《中国古代的类比——先秦诸子譬论》，社会科学文献出版社2006年版。
黄晖：《论衡校释》（全四册），中华书局1990年版。
黄见德：《西方哲学东渐史》，人民出版社2006年版。
黄侃批校：《黄侃手批说文解字》，上海古籍出版社1987年版。
黄寿祺、张善文译注：《周易译注》，上海古籍出版社2001年版。
江天骥主编：《西方逻辑史研究》，人民出版社1984年版。
赖炎元注译：《春秋繁露今注今译》，台湾商务印书馆1984年版。
李匡武译：《工具论》，广东人民出版社1984年版。
李匡武主编：《中国逻辑史》（五卷本），甘肃人民出版社1989年版。
李匡武主编：《中国逻辑史资料选》，甘肃人民出版社1991年版。
梁启超：《墨子学案》，商务印书馆1923年版。
梁启超：《饮冰室合集：专集之37》，中华书局1989年版。
梁启超：《饮冰室合集：专集之38》，中华书局1989年版。
刘邦凡：《中国逻辑与中国传统数学》，香港教育出版社2004年版。
刘培育主编：《虞愚文集》，甘肃人民出版社1993年版。
吕澂：《因明幼要》，商务印书馆1926年版。
苗力田主编：《亚里士多德全集》第1卷，中国人民大学出版社1990年版。
苗力田主编：《亚里士多德全集》第7卷，中国人民大学出版社1993年版。
庞朴：《公孙龙子研究》，中华书局1979年版。
彭漪涟：《中国近代逻辑思想史论》，上海人民出版社1991年版。
任继愈主编：《中国哲学发展史》（先秦），人民出版社1983年版。
任继愈：《老子新译》，上海古籍出版社1985年版。
任继愈主编：《中国哲学发展史》（秦汉），人民出版社1985年版。
商务印书馆编辑部编：《论严复与严译名著》，商务印书馆1982年版。
沈有鼎：《墨经的逻辑学》，中国社会科学出版社1980年版。
石向焱：《鬼谷子》，黄山书社2002年版。
宋文坚：《西方形式逻辑史》，中国社会科学出版社1991年版。
宋文坚：《逻辑学的传入与研究》，福建人民出版社2005年版。
孙以楷主编：《道家与中国哲学》（先秦卷），人民出版社2004年版。
孙中原：《中国逻辑史》（先秦），中国人民大学出版社1987年版。
孙中原：《墨子及后学》，新华出版社1991年版。

孙中原:《墨学通论》,辽宁教育出版社1993年版。
孙中原:《中国逻辑研究》,商务印书馆2006年版。
谭家健、孙中原:《墨子今注今译》,商务印书馆2009年版。
谭戒甫:《墨辩发微》,商务印书馆1921年版。
谭戒甫:《公孙龙子形名发微》,武汉大学出版社2006年版。
田立刚:《先秦逻辑范畴研究》,中国社会科学出版社2012年版。
汪奠基、温公颐、梁启雄等:《中国逻辑思想论文选(1949—1979)》,生活·读书·新知三联书店1981年版。
汪奠基:《中国逻辑思想史料分析》第1辑,中华书局1961年版。
汪奠基:《中国逻辑思想史》,上海人民出版社1979年版。
王克喜:《古代汉语与中国古代逻辑》,天津人民出版社2000年版。
王路:《亚里士多德的逻辑学说》,中国社会科学出版社1991年版。
王路:《逻辑的观念》,商务印书馆2000年版。
王栻主编:《严复集》第4册,中华书局1986年版。
王守仁:《王文成公全书》,商务印书馆1934年版。
王宪钧:《逻辑史选译》,生活·读书·新知三联书店1961年版。
王云五主编:《孟子今注今译》,台湾商务印书馆1978年版。
王云五主编:《论语今注今译》,台湾商务印书馆1979年版。
温公颐、崔清田主编:《中国逻辑史教程》,南开大学出版社2001年版。
温公颐:《先秦逻辑史》,上海人民出版社1983年版。
温公颐:《中国近古逻辑史》,上海人民出版社1993年版。
温公颐:《中国中古逻辑史》,上海人民出版社1989年版。
吴克峰:《易学逻辑研究》,人民出版社2005年版。
吴毓江:《墨子校注》,中华书局1993年版。
伍非白:《中国古名家言》,中国社会科学出版社1983年版。
邢兆良:《墨子评传》,南京大学出版社1993年版。
徐子宏:《周易全译》,贵州人民出版社1991年版。
许富宏:《鬼谷子集校集注》,中华书局2008年版。
许抗生:《先秦名家研究》,湖南人民出版社1986年版。
严遵:《老子指归译注》,商务印书馆2004年版。
杨武金:《墨经逻辑研究》,中国社会科学出版社2004年版。
姚南强:《因明辞典》,上海辞书出版社2008年版。
翟锦程:《先秦名学研究》,天津古籍出版社2004年版。
詹剑峰:《墨家的形式逻辑》,湖北人民出版社1956年版。

詹剑峰：《老子其人其书及其道论》，华中师范大学出版社 2006 年版。
张斌峰：《近代〈墨辩〉复兴之路》，山西教育出版社 1999 年版。
张纯一：《墨子集解》，上海人文书局 1932 年版。
张岱年：《文化与哲学》，教育科学出版社 1988 年版。
张岱年：《中国哲学大纲》，中国社会科学出版社 1994 年版。
张家龙：《中国逻辑学的发展与特点》，香港公开大学出版社 2002 年版。
张家龙主编：《逻辑学思想史》，湖南教育出版社 2002 年版。
张觉等撰：《韩非子译注》，上海古籍出版社 2007 年版。
张晴：《20 世纪的中国逻辑史研究》，中国社会科学出版社 2007 年版。
张双棣等译注：《吕氏春秋译注》（上、下），吉林文史出版社 1987 年版。
张双棣：《淮南子校释》，北京大学出版社 1997 年版。
张晓芒：《先秦辩学法则史论》，中国人民大学出版社 1996 年版。
张晓芒：《中国古代论辩艺术》，山西人民出版社 2001 年版。
张云勋主编：《中国哲学基本范畴与文化传统》，贵州民族出版社 1999 年版。
章士钊：《章士钊全集》第 7 卷，文汇出版社 2000 年版。
章太炎撰，陈平原导读：《国故论衡》，上海古籍出版社 2003 年版。
赵纪彬：《赵纪彬文集》第 3 卷，河南人民出版社 1991 年版。
郑文辉：《欧美逻辑学说史》，中山大学出版社 1994 年版。
《中国逻辑史研究》编辑小组编：《中国逻辑史研究》，中国社会科学出版社 1982 年版。
中国逻辑史研究会资料编选组：《中国逻辑史资料选》（五卷本），甘肃人民出版社 1985 年版。
周山主编：《中国传统类比推理系统研究》，上海辞书出版社 2011 年版。
周叔迦：《因明入正理论释》，社会科学文献出版社 1989 年版。
周文英：《中国逻辑思想史稿》，人民出版社 1979 年版。
周云之、刘培育：《先秦逻辑史》，中国社会科学出版社 1984 年版。
朱伯崑：《易学哲学史》（上册），北京大学出版社 1986 年版。
朱维铮主编：《利玛窦中文著译集》，复旦大学出版社 2007 年版。
朱志凯：《先秦诸子思想研究》，复旦大学出版社 2010 年版。
祖湘主编：《天学初涵》第 1 册，台湾学生书局 1978 年版。
左玉河：《从四部之学到七科之学》，上海书店出版社 2004 年版。
〔德〕黑格尔：《哲学史演讲录》第 2 卷，贺麟、王太庆译，生活·读书·新知三联书店 1960 年版。

〔德〕亨利·肖尔兹：《简明逻辑史》，张家龙译，商务印书馆1977年版。
〔德〕文德尔班：《哲学史教程》上卷，罗达仁译，商务印书馆1987年版。
〔古希腊〕亚里士多德：《范畴篇·解释篇》，方书春译，商务印书馆1986年版。
〔美〕陈汉生：《中国古代的语言和逻辑》，周云之等译，社会科学文献出版社1998年版。
〔美〕史华兹：《古代中国的思想世界》，程钢译，江苏人民出版社2003年版。
〔葡〕傅泛际译义，李之藻达辞：《名理探》，生活·读书·新知三联书店1959年版。
〔苏联〕阿·谢·阿赫曼诺夫：《亚里士多德的逻辑学说》，马兵译，上海译文出版社1980年版。
〔英〕葛瑞汉：《论道者》，张海晏译，中国社会科学出版社2003年版。
〔英〕李约瑟：《中国古代科学思想史》，陈立夫主译，江西人民出版社1990年版。
〔英〕李约瑟：《中国科学技术史·数学》，《中国科学技术史》翻译小组译，科学出版社1978年版。
〔英〕罗素：《西方哲学史》，何兆武译，商务印书馆1976年版。
〔英〕威廉·涅尔、玛莎·涅尔：《逻辑学的发展》，张家龙、洪汉鼎译，商务印书馆1985年版。
〔英〕耶方斯：《辨学》，王国维译，生活·读书·新知三联书店1959年版。
〔英〕耶方斯：《名学浅说》，严复译，商务印书馆1981年版。
〔英〕约翰·穆勒：《穆勒名学》，严复译，商务印书馆1981年版。

论文类

包遵信：《名理探的翻译与〈墨辩〉之沉沦》，《读书》1986年第1期。
曹婉丰：《先秦秦汉儒家革命思想变迁》，《中国哲学史》2017年第2期。
陈克守：《墨辩、因明与亚里士多德的归纳逻辑研究》，《齐鲁学刊》1989年第6期。
陈克守：《论墨家的类比》，《齐鲁学刊》1994年第6期。
陈克守：《三大逻辑概念论比较》，《自然辩证法研究》1997年增刊。
陈孟麟：《〈墨辩〉逻辑范畴三题议》，《哲学研究》1978年第11期。
陈孟麟：《从类概念的发生发展看中国古代逻辑思想的萌芽和逻辑科学的

建立》,《中国社会科学》1985 年第 4 期。

陈孟麟:《荀况逻辑思想对〈墨辩〉的发展及其局限》,《中国社会科学》1989 年第 6 期。

陈孟麟:《墨辩逻辑学的特点及其历史命运》,《中国社会科学》1991 年第 5 期。

陈启天:《中国古代名学论略》,《东方杂志》1922 年第 4 期。

陈清春:《王阳明"良能"概念的理论意义》,《中国哲学史》2019 年第 3 期。

陈睿超:《周敦颐太极动静说新解》,《中国哲学史》2017 年第 1 期。

陈晓平:《类比推理与理论模型》,《自然辩证法研究》1993 年第 11 期。

崔清田:《吕才的因明研究》,《河北大学学报》1989 年第 3 期。

崔清田:《名学、辩学与逻辑》,《广东社会科学》1997 年第 3 期。

崔清田:《墨家逻辑与亚里士多德逻辑的比较研究》,《南开学报》(哲学社会科学版)2002 年第 6 期。

崔清田:《推类:中国逻辑的主导推理类型》,《中州学刊》2004 年第 3 期。

崔清田:《"中国逻辑"名称困难的辨析——"唯一的逻辑"引发的困惑与质疑》,《逻辑学研究》2009 年第 2 期。

丁四新:《数字卦及其相关概念辨析》,《中国哲学史》2019 年第 3 期。

董志铁:《〈淮南子〉推理论》,《北京师范大学学报》(社会科学版)1985 年第 2 期。

董志铁:《论〈淮南子〉对〈吕氏春秋〉推类理论的继承和发展》,《人文杂志》1989 年第 3 期。

董志铁:《言道、言事与援类引譬》,《信阳师范学院学报》(哲学社会科学版)2003 年第 2 期。

董志铁:《"扶义而动,推理而行"——引譬、援类再探讨》,《毕节学院学报》2009 年第 6 期。

董志铁:《"推类"的构成、本质与作用——三论"引譬、援类"》,《毕节学院学报》2010 年第 7 期。

冯必扬:《类概念:亚里士多德逻辑和墨家逻辑的锁钥》,《中国哲学史研究》1989 年第 2 期。

冯晨:《"正名"与"正心"——孔子"正名"说所体现的伦理价值》,《中国哲学史》2017 年第 2 期。

傅季重、周山:《中国传统思维方法探源》,《学术月刊》1993 年第 6 期。

谷振诣:《论〈墨经〉的"类"概念》,《中国青年政治学院学报》2001年第1期。

何洁、王克喜:《"推类"模式之拓展研究》,《江淮论坛》2018年第4期。

何洁、王克喜:《中国式"类"判定之探析——基于想象理论》,《河南社会科学》2019年第4期。

胡泽洪:《中西逻辑发展的不同特点及其原因》,《湖南师范大学学报》1989年第2期。

黄朝阳:《墨家对物类关系的认识与〈墨辩〉逻辑的特点》,《华侨大学学报》(社会科学版)1996年第3期。

黄朝阳:《譬的思维》,《晋阳学刊》2001年第4期。

黄朝阳:《墨子的譬——逻辑学意义的类比》,《学术研究》2004年第7期。

黄朝阳:《中外三种类比法的比较研究》,《广东社会科学》2009年第2期。

黄克剑:《老子之"道"义旨阐要》,《哲学动态》2018年第2期。

黄伟明:《〈荀子〉的"类"观念》,《逻辑学研究》2009年第3期。

季蒙:《〈周易·说卦〉中的类问题》,《中国哲学史》2018年第3期。

晋荣东:《推类等于类比推理吗?》,《逻辑学研究》2013年第4期。

康中乾:《魏晋玄学对老庄"道"的革新》,《中国哲学史》2015年第3期。

赖尚清:《论朱子哲学中的"太极"与"理一分殊"》,《中国哲学史》2016年第4期。

乐爱国:《朱熹的"推类"方法及其在科学研究中运用》,《洛阳师范学院学报》2009年第1期。

雷博:《张载〈正蒙〉"象"概念精析及其工夫论意义》,《中国哲学史》2015年第4期。

李包庚、魏娜:《墨家逻辑与亚里士多德逻辑的形式化和非形式化问题》,《天中学刊》2005年第6期。

李存山:《关于荀子的"以类度类"思想》,《人文杂志》1998年第1期。

李巍:《逻辑方法还是伦理实践?——先秦儒墨"推类"思想辨析》,《文史哲》2016年第5期。

李元庆:《中国逻辑史的基本特点及其形成原因》,《晋阳学刊》1982年第2期。

李泽厚:《论严复》,《历史研究》1977年第2期。

刘邦凡：《论中国逻辑与中国传统数学》，《自然辩证法研究》2005 年第 3 期。

刘邦凡：《论推类逻辑与中国古代科学》，《哲学研究》2007 年第 11 期。

刘长林：《〈易传〉的类概念和模型思想》，《中国哲学史研究》1988 年第 3 期。

刘霖：《〈淮南子〉的推类理论解析》，《邵阳学院学报》（社会科学版）2005 年第 6 期。

刘明明：《中国古代推类逻辑的历史考察》，博士学位论文，南开大学，2005 年。

刘明明：《从中国古代"类"的观念解读"推类"》，《毕节学院学报》2007 年第 6 期。

刘明明：《关于推类的"必然地得出"问题》，《贵州民族大学学报》（哲学社会科学版）2017 年第 1 期。

刘培育：《荀况名辩思想四题》，《哲学研究》1983 年第 12 期。

刘培育：《类比推理的本质和类型》，载中国逻辑学会形式逻辑研究会编《形式逻辑研究》，北京师范大学出版社 1984 年版。

刘培育：《譬喻古论——关于譬喻推理的探讨》，《哲学研究》1990 年增刊。

刘培育：《庄子名辩论》，《哲学研究》1991 年第 8 期。

刘培育：《〈易经〉是一部关于推理的书——读〈易经新论〉》，《周易研究》1992 年第 1 期。

刘培育：《20 世纪名辩与逻辑、因明的比较研究》，《社会科学辑刊》2001 年第 3 期。

倪鼎夫：《关于类比推理以及形式探讨》，载中国逻辑学会形式逻辑研究会编《形式逻辑研究》，北京师范大学出版社 1984 年版。

宁怡琳：《"良知即是易"——试论王阳明的易学思想》，《中国哲学史》2019 年第 2 期。

邱娅：《1910 年以前传入中国的西方逻辑及其影响研究》，博士学位论文，南开大学，2011 年。

任晓明、董云峰：《中国逻辑史研究的困难与出路——从逻辑与文化的视角看》，《湖北大学学报》（哲学社会科学版）2015 年第 1 期。

任晓明、那顺乌力吉、解丽：《类比推理辩护的常识模型困境及其解决策略》，《云南师范大学学报》（哲学社会科学版）2017 年第 3 期。

沈剑英：《玄奘和唐初的因明研究》，载周云之《中国历史上的逻辑家》，人民出版社 1982 年版。

沈剑英:《论吕才的逻辑思想》,《学术月刊》1986 年第 7 期。

孙中原:《印度逻辑与中国、希腊逻辑之比较研究》,《南亚研究》1984 年第 4 期。

孙中原:《秦后八百年逻辑发展概观》,《自然辩证法研究》1988 年第 6 期。

孙中原:《〈墨经〉的逻辑成就》,《中国人民大学学报》1990 年第 3 期。

孙中原:《墨家和荀子逻辑比较研究》,《广西师范学报》(哲学社会科学版) 2001 年第 2 期。

孙中原:《传统推论范畴分析——推论性质与逻辑策略》,《重庆工学院学报》(社会科学版) 2009 年第 5 期。

孙中原:《试论中国逻辑史的对象和方法》,载《中国逻辑史研究》编辑小组编《中国逻辑史研究》,中国社会科学出版社 1982 年版。

孙中原:《孙诒让在墨学史上的学术地位与贡献》,《南通大学学报》(社会科学版) 2010 年第 4 期。

孙中原:《中西智辩派比较》,《哲学与文化》2010 年第 8 期。

田立刚:《先秦逻辑史上"说"范畴的产生发展》,《南开大学学报》(哲学社会科学版) 1993 年第 5 期。

田立刚:《墨家辩学的研究对象和逻辑类型》,《自然辩证法研究》2002 年增刊。

汪奠基:《略谈中国古代"推类"与"连珠体"》,载周山、张学立编《回顾与前瞻:中国逻辑史研究 30 年》,中国社会科学出版社 2011 年版。

王加良:《墨子的"类"观念及逻辑意义》,《昆明学院学报》2011 年第 4 期。

王加良、任晓明:《基于"类"范畴的墨家推类思想新探》,《科学技术哲学研究》2018 年第 3 期。

王建鲁、彭自强:《〈范畴篇〉中"十范畴"与〈名理探〉中"十伦"比较研究》,《哲学研究》2010 年第 9 期。

王克喜:《论逻辑的个性》,《徐州师范大学学报》(哲学社会科学版) 2000 年第 1 期。

王克喜:《古代汉语与中国古代的非形式逻辑》,《中共南京市委党校行政学院学报》2004 年第 3 期。

王克喜:《过程语言与推类》,《信阳师范学院学报》(哲学社会科学版) 2004 年第 3 期。

王克喜：《中国逻辑史比较研究之反思》，《南京社会科学》2007 年第 12 期。

王克喜：《"推类"问题散论》，《华北水利水电大学学报》（社会科学版）2016 年第 2 期。

王克喜：《因明与连珠体比较研究》，《逻辑学研究》2019 年第 1 期。

王路、张丽娜：《逻辑的观念与理论——中国逻辑史研究的两个重要因素》，《求是学刊》2007 年第 3 期。

王兴文：《〈墨子闲诂〉与 20 世纪 30—60 年代墨学的全面复兴》，《学术交流》2006 年第 10 期。

王左立：《再谈无"是"即无逻辑》，《河南大学学报》2012 年第 3 期。

吴建国：《中国逻辑思想史上类概念的发生、发展与逻辑科学的形成》，《中国社会科学》1980 年第 2 期。

吴克峰：《易学的推类逻辑》，《周易研究》2002 年第 6 期。

吴震：《宋明理学视域中的朱子学与阳明学》，《哲学研究》2019 年第 5 期。

解启扬：《论孙诒让〈墨子闲诂〉的校释成就》，《中南大学学报》（社会科学版）2004 年第 5 期。

杨百顺：《简评外国逻辑史著作中关于中国逻辑的论述》，《哲学动态》1981 年第 3 期。

杨必仪：《中西逻辑发展差异的成因探析》，《贵州大学学报》（社会科学版）2005 年第 3 期。

杨岗营：《逻辑观念演变研究——中国文化的视角》，博士学位论文，南开大学，2009 年。

杨武金：《论梁启超、胡适、沈有鼎对墨家逻辑的开拓性研究》，《贵州师范大学学报》（社会科学版）2006 年第 1 期。

杨武金：《论中国古代逻辑的基本性质》，《中共南京市委党校学报》2008 年第 1 期。

杨武金：《中西逻辑比较》，《哲学与文化》2010 年第 8 期。

袁野：《论中国逻辑史的两个主要问题》，载《中国逻辑史研究》编辑小组编《中国逻辑史研究》，中国社会科学出版社 1982 年版。

曾祥云：《名学、辩学与逻辑学》，《逻辑学研究》2009 年第 2 期。

曾昭式：《墨家辩学：另外一种逻辑》，《哲学研究》2009 年第 3 期。

曾昭式：《"中国逻辑"合法性之辩护：从胡适到沈有鼎》，《学术研究》2012 年第 3 期。

曾昭式：《庄子的"寓言"、"重言"、"卮言"论式研究》，《哲学动态》2015年第2期。

曾昭式：《基于"位"范畴的"白马非马"论》，《逻辑学研究》2015年第3期。

曾昭式：《论〈《荀子·正名》逻辑的类型与规则》，《河南社会科学》2015年第9期。

曾昭式：《论先秦逻辑的价值特征》，《哲学研究》2015年第10期。

翟锦程：《从〈逻辑史手册〉看逻辑史研究与逻辑学发展的新趋势》，《东南大学学报》2007年第4期。

翟锦程：《用逻辑的观念审视中国逻辑研究——兼论逻辑史研究中的几个问题》，《南开学报》（哲学社会科学版）2007年第4期。

翟锦程、张栋豪：《逻辑哲学的新动态及其对中国逻辑研究的启发》，《南开学报》（哲学社会科学版）2009年第5期。

翟锦程、王加良：《论近现代时期关于墨家"类"范畴的研究》，《云南师范大学》（哲学社会科学版）2012年第3期。

张斌峰：《荀子的"类推思维"论》，《中国哲学史》2003年第2期。

张栋豪：《中国逻辑史方法论在近代的演变》，博士学位论文，南开大学，2010年。

张晴：《〈墨经〉中的推类理论》，《河南社会科学》2005年第2期。

张万强：《举物比类与属种归谬：中西哲学论辩原理比较——从墨家辩学和古希腊论辩术说起》，《宁夏社会科学》2019年第2期。

张晓光：《国内类比推理研究综述》，《哲学动态》2000年第5期。

张晓光：《墨家的"类推"思想》，《中国哲学史》2002年第2期。

张晓光：《中国逻辑传统中的类和推类》，《广东社会科学》2002年第3期。

张晓光：《孟子的推类思想》，《信阳师范学院学报》（哲学社会科学版）2002年第4期。

张晓光：《〈周易〉中的类比推论思想》，《哲学研究》2003年第5期。

张晓芒：《类推论辩中的非逻辑因素影响》，《佳木斯大学社会科学学报》2004年第2期。

张晓光：《荀子推类思想探析》，《逻辑学研究》2009年第3期。

张晓芒：《中国古代从"类"范畴到"类"法式的发展演进过程》，《逻辑学研究》2010年第1期。

张晓芒、董华、关兴丽：《先秦推类方法的模式构造及有效性问题》，《逻辑学研究》2013 年第 4 期。

张晓芒、董华：《从文化的视阈看先秦推类法式的历史必然性》，《南开学报》（哲学社会科学版）2014 年第 3 期。

赵继伦：《"三物"是〈墨辩〉中论辩方法的范畴》，《齐鲁学刊》1989 年第 3 期。

赵继伦：《〈墨辩〉是中国古代的非形式逻辑》，《天津师大学报》1989 年第 6 期。

郑伟宏：《论因三相》，《复旦学报》（社会科学版）1986 年第 2 期。

周山：《重新认识公孙龙》，《学术月刊》1981 年第 11 期。

周山：《邓析的名辩思想》，《学术月刊》1985 年第 12 期。

周山：《"譬"的本质是什么》，《探索与争鸣》1986 年第 4 期。

周山：《中国古代逻辑中几个重要范畴的历史考察》，《上海社会科学院学术季刊》1988 年第 2 期。

周山：《〈周易〉与类比逻辑》，《周易研究》2007 年第 6 期。

周云之：《略论惠施的逻辑思想》，《江西师院学报》1979 年第 3 期。

周云之：《论墨家"以说出故"的推论形式和性质》，《四川大学学报》（哲学社会科学版）1980 年第 4 期。

周云之：《论墨家"以类取"和"以类予"的推论性质和推论形式》，《辽宁大学学报》（哲学社会科学版）1980 年第 6 期。

周云之：《论荀子的辩说逻辑体系》，《百家论坛》1987 年第 4 期。

周云之：《后期墨家已经提出了相当于三段论的推理形式——论"故"、"理"、"类"与"三物论式"》，《哲学研究》1989 年第 4 期。

周云之：《墨辩逻辑是中国古代形式逻辑的代表——评所谓"论辩逻辑"说、"非形式逻辑"说和"前形式逻辑"说》，《孔子研究》1992 年第 2 期。

朱军：《理学与宋元时期文道关系的演变》，《中国哲学史》2018 年第 4 期。

朱志凯：《〈周易〉的类推思维方法》，《河北学刊》1992 年第 5 期。

〔叙〕波菲利：《〈范畴篇〉导论》，王路译，《世界哲学》1994 年第 6 期。

英文著作

A. C. Graham, *Disputers of the Dao: Philosophical Argument in Ancient China*, Chicago: Open Court Publishing Company, 1989.

A. C. Graham, *Later Mohist Logic, Ethics and Science*, Hong Kong: The Chinese University Press, 1978.

Anton Dumitriu, *History of Logic*, Tunbridge Wells: Abacus Press, 1977.

Chad Hansen, *Language and Logic in Ancient China*, Michigan: The University of Michigan Press, 1983.

Christoph Harbsmeier, *Logic and Language in Traditional China*, Cambridge: Cambridge University Press, 1998.

Hans Lenk and Gregor Paul, *Epistemological Issues in Classical Chinese Philosophy*, Albany: State University of New York Press, 1993.

Joachim Kurtz, *The Discovery of Chinese Logic*, Netherlands: Brill Academic Pub, 2011.